高等学校教材

碳中和概要

主 编 庞 欢 丁建宁
副主编 李文婷 刘 征 周会杰

中国教育出版传媒集团
高等教育出版社·北京

内容提要

本书共 11 章，分别为绪论、碳中和相关技术局限性与实现路径、碳中和与化学、碳中和与材料、碳中和与环境、碳中和与物理、碳中和与机械、碳中和与建筑、碳中和与信息、碳中和与农业、碳中和与碳排放经济。每章末附有思考题和参考文献。

本书可作为高等学校化学化工类、近化学类、物理类、机械类等专业本科生和研究生碳中和相关课程教材，也可供广大科技工作者和行政管理人员参考。

图书在版编目（CIP）数据

碳中和概要 / 庞欢，丁建宁主编 ；李文婷，刘征，周会杰副主编. -- 北京 ：高等教育出版社，2025.8.
ISBN 978-7-04-065166-9

Ⅰ．X511

中国国家版本馆CIP数据核字第20258JG290号

TANZHONGHE GAIYAO

策划编辑	刘 佳	责任编辑	付春江	封面设计	张申申	版式设计	杨 树
责任绘图	裴一丹	责任校对	高 歌	责任印制	刘弘远		

出版发行	高等教育出版社	网　　址	http://www.hep.edu.cn
社　　址	北京市西城区德外大街 4 号		http://www.hep.com.cn
邮政编码	100120	网上订购	http://www.hepmall.com.cn
印　　刷	唐山市润丰印务有限公司		http://www.hepmall.com
开　　本	787mm×1092mm 1/16		http://www.hepmall.cn
印　　张	17.75		
字　　数	310千字	版　　次	2025 年 8 月第 1 版
购书热线	010-58581118	印　　次	2025 年 8 月第 1 次印刷
咨询电话	400-810-0598	定　　价	45.00元

本书如有缺页、倒页、脱页等质量问题，请到所购图书销售部门联系调换
版权所有　侵权必究
物 料 号　65166-00

序

全球气候变化是 21 世纪人类共同面临的重大挑战。面向碳中和的低碳、零碳乃至负碳技术将成为未来全球产业革命和科技竞争的关键。实现碳达峰、碳中和关乎中华民族的可持续发展和亿万人民的福祉安康，是"国之大者"。2020 年 9 月 22 日，习近平总书记首次提出我国 2030 年实现碳达峰，2060 年实现碳中和的目标。围绕国家关于"双碳"的决策、部署及中长期发展规划的要求，高校应充分发挥科技第一生产力、人才第一资源、创新第一动力重要结合点的优势，结合各方优势，建立瞄准"双碳"领域的技术创新中心，开展前瞻性、针对性、储备性"双碳"政策研究、技术攻关、产业转化等工作。

为积极响应国家和教育部的行动计划，并进一步集聚学校碳中和技术人才和资源，扬州大学成立了直属实体研究机构"扬州大学碳中和技术研究院"。扬州大学碳中和技术研究院集聚机械工程学院、化学化工学院、电气与能源动力工程学院、环境科学与工程学院、物理科学与技术学院、动物科学与技术学院、生物科学与技术学院、植物保护学院、农学院、建筑科学与工程学院、商学院和社会发展学院等全校各学院的碳中和技术人才，组建高效光伏技术、新型储能技术、新能源制造装备创新、新型电力系统技术、农业减碳增汇技术、新能源汽车制造技术、节能减排新技术、风能氢能清洁能源技术、碳中和战略研究与咨询等九大研究方向。并成立由多位资深专家组成的战略咨询委员会，聚焦碳中和关键技术和创新，推动产学研用协同创新，促进碳中和产业健康快速发展；充分发挥战略规划和顾问咨询的作用，为碳中和产业的发展提供决策咨询和战略支持。

　　碳中和作为一个多学科交叉的综合性领域，旨在通过减少和抵消温室气体排放，实现温室气体净零排放。它不仅涵盖了科学和技术层面的创新，还涉及经济、社会、政策和管理等多个方面。碳中和的核心在于通过技术创新和政策实施，最大限度地减少二氧化碳和其他温室气体的排放，同时通过碳捕集、利用与封存等手段，抵消不可避免的排放。碳中和不仅是科学技术的挑战，更是社会转型的重要契机。它需要综合运用多学科知识，跨领域协作，创新思维和实践，才能实现全球气候目标，促进可持续发展。希望通过本书的系统介绍，读者能够全面了解碳中和的各个方面，掌握实现碳中和的关键技术和策略，为推动全球碳中和事业贡献力量。

　　自 2021 年碳中和被列入教育部新增的审批专业以来，尚缺少体系全面、专业性与通用性高、兼顾科学性与前瞻性的优秀教材。基于此，扬州大学丁建宁教授、庞欢教授组织编写了此教材，以适应碳中和学科发展和人才培养的迫切需求。全书从不同学科角度，如化学、材料、物理、能源、环境、机械、信息、农业等，系统全面地介绍了碳减排、碳零排和碳负排等技术的基本原理、技术特点和发展趋势。该书体系结构完整、内容系统全面，反映了国内外碳中和技术领域研究和应用的最新成果，能够帮助高等学校学生及碳中和相关技术管理人员全面了解碳中和相关知识。

　　最后，我衷心祝贺《碳中和概要》的出版，并衷心感谢所有关心和支持《碳中和概要》出版工作的师生及读者！

谢克昌

中国工程院院士
2024 年 10 月

前言

在全球气候变化日益成为影响人类未来发展的关键问题之际,我国作出了"碳达峰、碳中和"的庄严承诺,向世界宣告在应对气候变化、推动绿色低碳发展方面的坚定决心。当前各行各业正加速转型,科研机构和高等学校也在这一过程中扮演着至关重要的角色。在这样的大背景下,本书应运而生,旨在为广大读者提供一个关于中国实现碳达峰、碳中和目标的全面视角,同时展示扬州大学在这一领域所做的努力和工作。

我国在 2020 年宣布了力争于 2030 年前实现碳达峰、2060 年前实现碳中和的目标,标志着我国正式加入全球应对气候变化的行动队伍,向世界展现了作为一个负责任大国的担当。碳中和是指通过种植新林、节能减排等措施,减少二氧化碳等温室气体的排放量,使得企业、地区或国家的碳排放总量与其减排或碳汇量相抵,最终实现净零排放的目标。这一目标的实现,对于推动全球气候治理体系的变革、促进人类社会可持续发展具有深远的意义。

扬州大学,作为一所具有深厚历史底蕴和鲜明办学特色的高等学府,始终秉承"求是创新,为人师表"的精神,致力于培养德才兼备的高素质人才。在国家碳达峰、碳中和的大背景下,扬州大学积极响应,通过整合学校科研、教学资源,推动碳中和领域的科学研究与人才培养,为国家绿色发展和生态文明建设贡献力量。本书的编写,得到了校长丁建宁教授和化学化工学院院长庞欢教授的大力支持与亲自参与。高等教育出版社的组织与参与更是为本书的高质量完成提供了坚实的保障。

本书旨在为读者提供关于碳达峰、碳中和的基础知识,包括

国内外碳减排政策、碳交易市场、碳捕集与封存技术、低碳经济和可持续发展等内容。对内积极推动农学、材料、能源、机械、环境、信息、管理等学科的交叉融合，对外广泛开展与政府、企业和国际国内各方的协同合作，实现基于学科交叉的科学研究和政产学研的有机结合，旨在为我国碳达峰、碳中和目标的实现提供技术和决策支撑。本书注重理论与实践相结合，通过案例分析、实验操作等方式，引导学生深入理解碳中和背景下的科技创新和产业发展，培养学生的问题意识和解决问题的能力，为学生将来在碳中和相关领域的工作或研究奠定坚实的基础。

本书共分为 11 章，分别为绪论（庞欢编写）、碳中和相关技术局限性（丁建宁编写）、碳中和与化学（庞欢、刘征编写）、碳中和与材料（庞欢、李文婷编写）、碳中和与环境（庞欢、李文婷编写）、碳中和与物理（丁建宁、李文婷编写）、碳中和与机械（丁建宁、周会杰编写）、碳中和与建筑（丁建宁、周会杰编写）、碳中和与信息（丁建宁、刘征编写）、碳中和与农业（丁建宁、刘征编写）、碳中和与碳排放经济（刘征编写）。由庞欢负责统稿，丁建宁复核。

最后，希望本书能够成为广大师生了解和参与碳中和行动的重要工具，激发更多的青年学子投身于国家绿色发展事业，为实现碳达峰、碳中和目标贡献力量。在全球共同面对气候变化的今天，让我们携手前行，为建设一个更加绿色、可持续的地球家园而努力。

由于编者水平和经验有限，书中难免存在疏漏和不当之处，敬请相关领域专家和读者批评指正。

编者

2024 年 12 月

目录

第1章 绪论 ... 1
第1节 温室气体和气候变化 ... 2
- 1.1.1 温室气体的来源和作用 ... 2
- 1.1.2 气候变化的影响 ... 3

第2节 碳中和的背景 ... 4

第3节 碳中和知识体系 ... 6
- 1.3.1 关键概念 ... 6
- 1.3.2 思想基础 ... 7
- 1.3.3 涉及领域 ... 8
- 1.3.4 应对方案 ... 9

第4节 世界碳中和公约与行动 ... 12

第5节 我国碳中和目标、挑战和机遇 ... 16

思考题 ... 20

第1章参考文献 ... 20

第2章 碳中和的相关技术局限性与实现路径 ... 21
第1节 碳中和相关技术局限性 ... 22
第2节 碳中和实现路径 ... 26

思考题 ... 32

第2章参考文献 ... 32

第3章 碳中和与化学 ... 33
第1节 传统发电节能提效 ... 34
- 3.1.1 燃煤发电 ... 34
- 3.1.2 燃气发电 ... 36
- 3.1.3 燃油发电 ... 39
- 3.1.4 水力发电 ... 41

第2节 碳捕集与封存 ... 47
- 3.2.1 碳捕集 ... 47
- 3.2.2 碳分离 ... 50
- 3.2.3 压缩运输 ... 54
- 3.2.4 碳封存 ... 56

第3节 制氢与储氢减碳 ... 59
- 3.3.1 制氢与纯化 ... 59
- 3.3.2 氢气的储存和应用 ... 65

第4节 可再生能源的零碳转化 ... 72
- 3.4.1 太阳能 ... 72
- 3.4.2 潮汐能 ... 74
- 3.4.3 地热能 ... 76
- 3.4.4 生物质能 ... 78
- 3.4.5 风能 ... 80
- 3.4.6 实现可再生能源的零碳转化途径 ... 82
- 3.4.7 未来可再生能源零碳转化之路 ... 83

思考题 ... 84

第3章参考文献 ... 85

第4章 碳中和与材料 ... 87
第1节 光伏太阳能电池材料 ... 88
- 4.1.1 太阳能光电基础 ... 89
- 4.1.2 光伏太阳能组件材料 ... 91
- 4.1.3 光伏太阳能电池应用 ... 92

第2节 生物质清洁能源燃料 ... 93
- 4.2.1 生物质液体燃料 ... 94

4.2.2	生物质气体燃料	95
4.2.3	生物质固体燃料	96

第3节 新能源储能材料 97
- 4.3.1 超级电容器 97
- 4.3.2 锂离子电池 101
- 4.3.3 锂硫电池 107
- 4.3.4 钠离子电池 116
- 4.3.5 金属空气电池 119
- 4.3.6 燃料电池 124

思考题 127

第4章参考文献 128

第5章 碳中和与环境 129

第1节 大气环境污染低碳处理 130
- 5.1.1 碳排放时空分布 131
- 5.1.2 大气环境低碳防治措施 133

第2节 污水废水低碳治理 134
- 5.2.1 污水废水治理现状 134
- 5.2.2 污水废水低碳治理措施 135

第3节 有害废物低碳处理 138
- 5.3.1 有害废物的来源 138
- 5.3.2 有害废物的特点 139
- 5.3.3 有害废物防治措施 140

第4节 土壤污染低碳修复 141
- 5.4.1 土壤污染 142
- 5.4.2 土壤污染现状 142
- 5.4.3 土壤污染低碳修复措施 143

思考题 146

第5章参考文献 147

第6章 碳中和与物理 149

第1节 核能发电 150
- 6.1.1 核裂变发电 150
- 6.1.2 核聚变发电 152

第2节 热电能源转换 154
- 6.2.1 热电效应概述 154
- 6.2.2 热电性能参数 155
- 6.2.3 多层热电薄膜概述 155
- 6.2.4 多层热电薄膜制备与测试方法 156

第3节 摩擦纳米发电 157
- 6.3.1 摩擦纳米发电技术 157
- 6.3.2 摩擦纳米发电机概述 158
- 6.3.3 摩擦纳米发电机应用 161

第4节 辐射制冷 163

思考题 166

第6章参考文献 166

第7章 碳中和与机械 167

第1节 高效节能机械设计 168
- 7.1.1 优化机械设计 169
- 7.1.2 优化加工工艺 169
- 7.1.3 油电混合动力技术 170
- 7.1.4 节能设计与自动化的应用优势 170
- 7.1.5 高效节能机械设计的具体应用 171

第2节 智能控制系统零碳排 172
- 7.2.1 智能化制造在工程机械行业中的应用现状 172
- 7.2.2 机械制造中智能化技术的应用 173
- 7.2.3 智能制造对制造行业产生的影响 175

第3节 机械设备维护及技术改造 176
- 7.3.1 设备维护 176
- 7.3.2 设备维护模式 178
- 7.3.3 设备维护的主要内容 179
- 7.3.4 设备技术改进 180
- 7.3.5 工程机械节能途径 181

思考题 184

第7章参考文献 184

第8章 碳中和与建筑 …… 185
第1节 设计、建造与运营碳减排 …… 186
  8.1.1 发挥绿色建筑节能减排的优势 …… 186
  8.1.2 绿色建筑设计理念的应用原则 …… 187
  8.1.3 助力建筑行业节能减排的其他措施 …… 189
第2节 建筑固废资源化再生碳零排 …… 190
  8.2.1 建筑固废的分类、组成及危害 …… 190
  8.2.2 建筑固废资源化利用现状 …… 191
  8.2.3 建筑固废资源化技术存在的问题分析 …… 193
  8.2.4 建筑固废资源化及碳零排的提升策略 …… 194
  8.2.5 建筑固废资源化的前景展望 …… 195
第3节 城市与建筑环境优化碳负排 …… 196
  8.3.1 城市环境现状 …… 196
  8.3.2 建筑中的"碳负排" …… 197
  8.3.3 推动建筑固废综合利用,促进节能减排和资源再生 …… 199
  8.3.4 在城市生态环境中运用新型建筑材料 …… 200
思考题 …… 202
第8章参考文献 …… 202

第9章 碳中和与信息 …… 203
第1节 大数据与云计算节能 …… 204
  9.1.1 云计算与大数据 …… 205
  9.1.2 云计算飞速发展的痛点 …… 207
  9.1.3 云计算如何做到"绿计算" …… 208
  9.1.4 大数据和云计算技术的应用 …… 209
第2节 人工智能物联网 …… 216
  9.2.1 人工智能 …… 217
  9.2.2 物联网 …… 218

第3节 通信基础设施减碳 …… 222
  9.3.1 基础设施节能技术 …… 223
  9.3.2 无线网络低碳技术 …… 225
  9.3.3 设备休眠节能技术 …… 226
  9.3.4 智慧基站能耗管理技术 …… 234
思考题 …… 234
第9章参考文献 …… 235

第10章 碳中和与农业 …… 237
第1节 土壤碳循环过程 …… 238
  10.1.1 农田土壤的固碳过程 …… 238
  10.1.2 农田土壤固碳的影响因素 …… 240
  10.1.3 农田土壤固碳措施 …… 242
第2节 种植与养殖碳减排 …… 244
第3节 农业有机废弃物资源化利用 …… 249
  10.3.1 农业有机废弃物资源化利用现状及意义 …… 249
  10.3.2 农业有机废弃物资源化利用技术 …… 250
  10.3.3 农业有机废弃物资源化利用未来展望 …… 253
思考题 …… 254
第10章参考文献 …… 254

第11章 碳中和与碳排放经济 …… 255
第1节 碳排放监测 …… 256
  11.1.1 在线监测技术 …… 256
  11.1.2 遥感卫星反演技术 …… 257
  11.1.3 大数据监测平台 …… 258
第2节 碳排放核算 …… 259
  11.2.1 碳排放核算主体 …… 260
  11.2.2 碳排放核算范围 …… 261
  11.2.3 碳排放核算分类 …… 262
  11.2.4 碳排放核算方法 …… 262

第 3 节　净零碳导向下的低碳转型情景
　　　　分析 …………………………………… 264
　　11.3.1　"抓住"电力系统 ………………… 265
　　11.3.2　激活碳市场 ……………………… 265
　　11.3.3　乡村的净零碳可持续转型 ……… 266
第 4 节　基于学习曲线的技术发展路径 …… 268

　　11.4.1　学习曲线定义 …………………… 268
　　11.4.2　学习曲线计算 …………………… 269
　　11.4.3　其他发展路径 …………………… 271
思考题 ………………………………………… 272
第 11 章参考文献 ……………………………… 273

第1章
绪论

第1节
温室气体和气候变化

1.1.1 温室气体的来源和作用

温室气体指的是大气中能吸收地面发射的长波辐射,并能重新发射辐射的一些气体。水蒸气、二氧化碳（CO_2）、氧化亚氮（N_2O）、氟利昂、甲烷（CH_4）等是地球大气中主要的温室气体。这些气体对地球的气候和生态起着重要的作用,但过量的温室气体排放也会导致全球变暖和气候变化。

温室气体主要来源如下：

（1）化石燃料燃烧：煤、石油和天然气等化石燃料的燃烧是温室气体的主要人为排放源。这些燃料被用于能源生产、工业制造、交通运输等领域,产生大量 CO_2 排放。CO_2 是最主要的温室气体之一,对气候变化影响较大。

（2）森林砍伐和土地利用变化：大规模的森林砍伐和土地转换（如森林变为农田、城市化）会释放储存在植物中的碳,导致 CO_2 排放。此外,森林砍伐还会削弱吸收 CO_2 的能力,加剧气候变化。

（3）农业活动：农业产生了大量 CH_4 和 N_2O 等温室气体。CH_4 主要来自牲畜的消化系统和沼气,N_2O 则与化肥使用、动植物粪便等有关。

（4）垃圾处理：垃圾填埋场和焚烧厂产生 CH_4 和 CO_2 等温室气体。在没有适当处理措施的情况下,垃圾分解过程中产生的温室气体会大量释放到大气中。

（5）工业生产：工业生产过程中,燃烧化石燃料不仅产生 CO_2,还会释放其他温室气体,如六氟化硫（SF_6）、四氟化碳（CF_4）和氟氯碳化物（chlorofluoro carbon, CFCs）等。虽然 CFCs 主要影响臭氧层,但它们也导致温室效应。

（6）能源生产和使用：电力生产、加热、冷却和运输等过程都会释放温室气体。特

别是在电力生产中,化石燃料的燃烧导致大量 CO_2 排放。

温室效应是温室气体最为重要的作用。当太阳辐射进入地球大气层时,温室气体能够吸收地球表面所辐射的红外线,使得地球表面的温度得以提高,形成所谓的温室效应。然而,过量的温室气体排放也会导致全球变暖和气候变化。随着人类经济和社会的快速发展,化石燃料的大量燃烧和工业排放等活动不断增加温室气体的浓度,使得地球的温度不断升高。这种现象被称为全球变暖,这对地球的气候和生态系统都会产生深远的影响。除此之外,温室气体还能够对太阳辐射起到一定的保护作用。地球大气层中的臭氧能够吸收太阳辐射中的紫外线,从而保护地球上的生物免受过多的紫外线辐射。然而,人类活动也在破坏臭氧层,导致紫外线辐射增强,这给人类和生态系统都带来严重的危害。因此,人们应该采取有效的措施,减少温室气体的排放,以维护地球生态环境的稳定和可持续发展。

1.1.2　气候变化的影响

气候变化指的是地球在长时空尺度上气候模式和趋势发生变化的过程。这种变化主要由人类活动导致的温室气体排放量增加引起,如 CO_2、甲烷等。传统的化石燃料燃烧、工业生产和森林砍伐等活动不仅导致大量温室气体的释放,还破坏了自然环境的平衡,加剧了气候变化的速度和规模。气候变化带来的一系列的影响主要体现在以下四个方面。

1. 海平面上升

气候变暖可能使我国北方地区的降水有小幅增加,但可能抵不上蒸发消耗,严重的缺水形势将难以缓解,北方旱灾仍在继续波动扩大,干旱发生的频率和强度的增加,将加重草地土壤侵蚀,因而将增大荒漠化的趋势。全球变暖使海洋热膨胀和冰川融化,导致海平面上升。

2. 影响农业和生态

农业生产的不稳定性增加,产量波动大。据估算,我国种植业产量在总体上因全球变暖可能会下降 5%~10%,其中小麦、水稻和玉米三大作物均以减产为主。农业生产的布局和结构将出现变动。气候变暖将使我国作物种植制度发生较大变化。农业生产条

件改变,农业的成本和投资将大幅度增加。气候变暖后,土壤有机质的微生物分解速度将加快,造成地力下降。气候变暖还将导致病虫害增加,农业的化肥、农药施用量将增大,成本也随之增加。

3. 加剧其他灾害

气候变暖导致的气候灾害增多可能是一个更为突出的问题。全球平均气温略有上升,就可能带来频繁的气候灾害——过多的降雨、大范围的干旱和持续的高温,造成大规模的灾害损失。有的科学家根据气候变化的历史数据,推测气候变暖可能破坏海洋环流,引发新的冰期,给高纬度地区带来可怕的气候灾难。

4. 影响人类健康

气候变化对人体健康的不良影响是不难发现的:热浪冲击频繁加重可致死亡率及某些疾病的发病率上升,特别是心脏、呼吸系统疾病;对气候变化敏感的传染性疾病(如疟疾和登革热等)的传播范围可能增大。极端气候事件(如干旱、水灾、暴风雨等)使死亡率、伤残率及传染病疾病率上升,并增加社会心理压力。

第 2 节
碳中和的背景

碳中和(carbon neutrality)是当今全球最为重要和紧迫的目标之一。为了深入探讨碳中和的背景,需要了解气候变化的根本原因、全球社会对气候变化的认识以及国际气候协议的发展。

气候变化的根本原因是温室气体的排放。温室气体能够在大气中吸收和重新辐射地球表面的热量,类似于温室效应。这一过程使地球保持了适宜的温度,但当温室气体浓度增加时,会导致全球气温升高,引发一系列环境问题。

1. **社会对气候变化的认识**

2. **国际气候协议的发展**

社会对气候变化的认识

国际气候协议的发展

3. **碳中和的概念和实施方式**

碳中和是一种战略性的目标，旨在将净碳排放降至零。这意味着一个国家、企业或个体排放的温室气体数量必须等于吸收或移除的数量。实现碳中和的关键包括以下四个方面：

（1）减排措施：首先，需要采取措施来减少温室气体排放。这包括采用更清洁的能源、提高能源效率、改进工业和农业过程、推广可持续交通等。减排措施的实施需要国家政府、企业和个体的积极参与。

（2）碳抵消：除了减排，碳中和还需要通过吸收或移除温室气体来抵消不可避免的排放。这可以通过树木种植、森林保护、土壤改良、碳捕集技术和碳市场等手段来实现。碳抵消项目通常涉及投资，以支持这些吸收和移除措施。

（3）技术创新：为实现碳中和目标，需要不断推动气候友好技术的研发和应用，包括可再生能源、碳捕集与封存技术、电动交通等。这些技术的创新可以降低碳排放量，促进可持续发展。

（4）政策和法规：政府在碳中和的推动中发挥关键作用，可通过制定法律法规、提供激励措施和建立碳市场来鼓励减排和碳抵消。国际合作也至关重要，以确保全球减排和碳抵消的协调。

碳中和的背景可以追溯到气候变化的紧迫挑战、全球社会对气候变化的认识、国际气候协议的发展以及碳中和的概念和实施方式。面对气候危机，碳中和已成为减缓气候变化影响、保护地球生态系统和人类未来的关键战略之一。

第3节
碳中和知识体系

1.3.1 关键概念

碳排放（carbon emission）：是指人类生产经营活动过程中向外界排放温室气体（包括 CO_2、CH_4、N_2O、SF_6 和 CF_4 等）的过程。温室气体中最主要的气体是 CO_2，因此用碳（carbon）一词作为代表。

碳足迹（carbon footprint）：是人类行为产生的温室气体总量。碳足迹被用来衡量人类活动对生态环境的影响，指由个人、事件、组织、服务、地点或产品直接或间接引起的温室气体总排放量（以 CO_2 当量计）。

碳达峰（peak carbon dioxide emissions）：是指 CO_2 排放总量在某一个时间点达到历史峰值，期间碳排放总量依然会有波动，但总体趋势平缓，之后碳排放总量会逐渐稳步回落。

碳中和（carbon neutrality）：则是指企业、团体或个人在一定时间内直接或间接产生的 CO_2 排放总量，通过 CO_2 去除手段，抵消掉这部分碳排放，达到"净零排放"的目的。

碳固定（carbon fixation）：指将从 CO_2 从大气中捕集并将其封存在地球系统或人工设施中的过程，也是增加除大气之外碳库的碳储量的过程。

碳汇（carbon sink）：是指通过植树造林、植被恢复等措施，利用植物光合作用吸收大气中的 CO_2，从而减少温室气体在大气中浓度的任何过程、活动或机制。

碳抵消（carbon offsetting）：是指用于减少温室气体排放源或增加温室气体吸收汇，用来实现补偿或抵消其他排放源产生的温室气体排放的活动。

碳核算（carbon accounting）：衡量人类活动排放温室气体（CO_2 当量）的过程。

1.3.2 思想基础

碳达峰是指某个地区或行业年度 CO_2 排放量达到历史最高值,然后经历平台期进入持续下降的过程,是 CO_2 排放量由增转降的历史拐点,标志着碳排放与经济发展实现脱钩,达峰目标包括达峰年份和峰值。

碳中和是指某个地区在一定时间内(一般指一年)人为活动直接和间接排放的 CO_2,与其通过植树造林等吸收的 CO_2 相互抵消,实现 CO_2 "净零排放"。通过节能减排、产业调节、植树造林、优化资源配置等治理 CO_2 的手段,使得 CO_2 排放量减少甚至是回收利用,以此达到 CO_2 "零排放"的目的。

在环境日益恶劣的时代,全球的温室效应问题也越来越突出,人们在感受到环境逐渐恶劣的同时,也在为治理环境而不断努力着,毕竟这关乎着人类的共同家园,所以环境治理问题成为了一个备受关注的民生问题。碳达峰有其自身规律,政策驱动可提前达峰,目前全球已有 54 个国家的碳排放实现达峰,占全球碳排放总量的 40%,其中大部分是发达国家。排名前 15 位的碳排放国家中,美国、俄罗斯、日本、巴西、印度尼西亚、德国、加拿大、韩国、英国和法国已实现碳达峰。气候变化是当今人类面临的重大全球性挑战。我国提出碳达峰、碳中和目标,一方面是我国实现可持续发展的内在要求,是加强生态文明建设、实现美丽中国目标的重要抓手;另一方面也是我国履行负责任大国、推动构建人类命运共同体的重大历史担当。这是党中央统筹国内国际两个大局做出的重大战略决策,为推动国内经济高质量发展和生态文明建设提供了着力点,也为国际社会应对气候变化和全面有效落实《巴黎协定》注入了强大动力,更为共建地球生命共同体增添了新的动能,得到了国际社会的高度赞誉。

碳达峰与一国产业结构及城市化率有密切关系。一般来说,服务业占比达到 70% 左右时碳排放就开始达峰并持续下降;城市化率达到 80% 左右时,碳排放也开始达峰并下降。在此过程中,环境政策规制在客观上对碳达峰起到协同促进作用。

碳中和的意义:一方面,碳中和意味着经济发展和碳排放在很大程度上脱钩。这就要求从根本上改变高碳的发展方式,从过去过于强调工业财富的高碳生产和消费,转变到物质财富适度和满足人的全面需求的低碳新供给。另一方面,大幅减排和实现碳中和,是生态文明建设的重要抓手。从传统工业化模式向生态文明绿色发展模式转变,是一个"创造性毁灭"的过程。在这个过程中,新的绿色供给和需求在市场中"从无到有"出现,非绿色的供给和需求则不断被市场淘汰。

1.3.3 涉及领域

我国的碳排放来源于多个社会生产生活环节，这些领域相互关联，共同构成了复杂的排放网络，理解这些排放源的分布特点，是制定科学减排策略的基础。

1. 能源生产：煤炭依赖的核心矛盾

我国能源系统呈现"煤炭主导、清洁能源追赶"的显著特征，我国约 70% 的电力来自煤炭燃烧，这是最大的碳排放来源。火力发电厂每天需要燃烧数百万吨煤炭，产生大量二氧化碳。尽管近年来太阳能、风能快速发展，但在阴天或无风时，仍需要燃煤电厂保障电力供应。特别是在北方冬季供暖期间，数万个燃煤锅炉同时运行，使得碳排放量显著增加。

2. 工业生产：传统制造的技术惯性

钢铁、水泥等基础材料的生产过程需要高温环境，目前主要依赖煤炭提供热能。例如，生产建筑用钢筋需要将铁矿石与焦炭混合加热到 1600 ℃，这个化学反应本身就会释放二氧化碳。更值得关注的是，生产新能源设备（如风力发电机）所需的钢铁、铜等材料，其制造过程也会产生碳排放，这说明绿色技术的推广需要全产业链的配合。

3. 交通运输：持续增长的移动排放

随着交通运输业的快速发展，我国交通运输领域的碳排放量持续上升。公路上行驶的重型货车虽然数量不多，但其油耗高、行驶里程长，因此成为交通领域的主要排放源。随着电商物流的发展，城市配送车辆的数量十年间增长了 5 倍，快递包裹的运输排放问题日益突出。航空航运的碳排放也不容忽视，一架跨洋航班消耗的燃油相当于 300 辆家用轿车一年的用量。

4. 建筑运行：隐形的能源消耗

水泥、钢铁等建材的生产、施工过程中使用的机械设备和运输过程中的燃料消耗会产生大量碳排放，但最大的碳排放源是建筑用电和用热产生的间接碳排放，目前约占我国总碳排放量的 17%。

建筑在使用过程中需要持续消耗能源：北方冬季取暖、南方夏季制冷、高层建筑电

梯运行、商场照明等都在持续产生碳排放。许多老旧建筑保温性能差,空调需要多消耗 30% 的电力。近年来新建的玻璃幕墙大厦虽然美观,但夏季阳光直射导致制冷能耗倍增,这种现象被称为"建筑的能源陷阱"。

5. 农业活动:被忽视的排放与碳汇潜力

农业既是重要的碳排放源,又是吸收二氧化碳的天然"仓库"。水稻种植过程中,土壤里的微生物在缺氧环境下会产生甲烷,每公顷稻田的年甲烷排放量相当于一辆汽车行驶 1.5 万公里的碳排放。畜牧业中,牛、羊等反刍动物消化饲料时排放的甲烷量同样不可小觑,一头奶牛每年的甲烷排放量相当于汽车行驶 1.2 万公里。化肥的过度使用还会释放 N_2O,其温室效应是二氧化碳的 300 倍。但农业也有独特的减排优势:通过秸秆还田、种植绿肥等措施,农田土壤每年可吸收数亿吨二氧化碳,相当于数百万辆汽车的排放量。例如,东北黑土地推广保护性耕作后,土壤碳储量提升了 15%,既减少了碳排放,又增强了粮食生产能力。

6. 新兴领域:数字时代的碳排放

随着数字经济的快速发展,数据中心、云计算和人工智能等数字技术领域的能耗和碳排放问题日益凸显。数据中心作为互联网的"大脑",需要全天候运行大量服务器,其耗电量已超过部分制造业。短视频平台的流行导致数据流量激增,一次高清视频直播的能耗相当于点亮 1000 盏节能灯。电子产品的快速更新换代也带来碳排放增长的问题——生产一部智能手机的碳排放量,相当于汽车行驶 500 公里。

1.3.4 应对方案

碳达峰和碳中和的实现依赖于一个系统而复杂的技术体系,需要全方位的科技支撑。目前,相关关键领域的许多技术还不成熟,需要加强科学研究,加快提高科技支撑能力,这也为创新和风险投资提供了重要机遇。

1. 能源生产:多元化与清洁化转型

一方面要大力发展可再生能源,扩大太阳能、风能、水能等清洁能源的装机容量与覆盖范围,建设更多的大型风力发电场和太阳能光伏电站;另一方面,推动煤炭清洁高

效利用技术的研发与应用,如发展超临界、超超临界发电技术以提高煤炭发电效率,减少碳排放。同时,加强储能技术的研究与开发,例如利用锂电池储能、抽水蓄能等方式,解决可再生能源供电不稳定的问题。

能源结构的多元化与清洁化转型是降低能源生产领域碳排放的根本途径。减少对煤炭的依赖能从源头上降低碳排放总量,有助于改善空气质量,保护环境。发展可再生能源产业还能带动相关产业的发展,创造就业机会,促进经济的可持续发展。储能技术的发展则能保障能源供应的稳定性,提高能源系统的安全性和可靠性。

2. 工业生产:技术创新与产业升级

鼓励企业加大对绿色生产技术的研发投入,例如研发新型高温材料和加热方式,替代传统煤炭供热,减少钢铁、水泥等基础材料生产过程中的碳排放。建立绿色产业链标准,要求产业链上的各个环节都遵循环保要求,实现从原材料采购到产品生产、销售的全过程绿色化管理。推动工业智能化改造,通过数字化管理系统优化生产流程,提高生产效率,降低能源消耗。

技术创新和产业升级能够有效降低工业生产过程中的碳排放,提高资源利用效率,增强企业的竞争力。建立绿色产业链标准有助于形成全行业的环保共识,促进整个工业产业的可持续发展。工业智能化改造可以减少人工干预,提高生产的精准度和稳定性,降低能源浪费和碳排放。

3. 交通运输:优化结构与绿色出行

优化交通运输结构,提高铁路、水路等大运量、低能耗运输方式的占比。例如,加大对铁路货运的投入,提高铁路运输的服务质量和效率,减少公路重型货车的运输量。推广新能源汽车,通过补贴、税收优惠等政策鼓励消费者购买和使用电动汽车、氢燃料电池汽车等新能源车辆。同时,完善城市公共交通体系,建设更多的地铁、轻轨、快速公交等公共交通设施,引导市民优先选择公共交通出行。

优化交通运输结构可以减少高排放的公路运输比例,降低碳排放总量。推广新能源汽车能够减少对化石燃料的依赖,直接降低交通运输领域的碳排放。完善公共交通体系有助于缓解城市交通拥堵,提高交通运行效率,减少尾气排放,改善城市空气质量。

4. 建筑运行：节能改造与绿色设计

在建筑业实现碳中和的举措中，首要任务是对老旧建筑进行节能改造，如加强建筑外墙保温、更换高效节能门窗、安装智能温控系统等措施，降低建筑能耗。此外，在新建筑设计阶段，推广绿色建筑理念，采用节能的建筑材料和设备，优化建筑布局和朝向，充分利用自然采光和通风，减少建筑用电和用热需求。例如，建设屋顶花园、采用太阳能光伏板为建筑供电等。

既有建筑的节能改造能够快速降低已有建筑的碳排放，提高能源利用效率，减少居民和企业的能源支出。绿色建筑设计从源头上降低建筑的能耗需求，有助于推动建筑行业的可持续发展，减少建筑运行过程中的间接碳排放，为社会节约大量能源资源。

5. 农业活动：减排增汇与科学管理

目前，我国农业的减排至少还面临人均蛋白质供应将继续上升、化肥替代技术尚不成熟、人造肉口感和价格瓶颈等问题，需要进一步在技术支撑上加大力度。例如，在水稻种植方面推广间歇灌溉技术，改变传统的长期淹水种植方式，减少土壤微生物在缺氧环境下产生的甲烷排放。在畜牧业中，改进饲料配方，提高饲料的消化利用率，减少牛、羊等反刍动物消化饲料时排放的甲烷。同时，合理施肥，根据土壤肥力和作物需求精准施肥，减少化肥的过度使用，降低 N_2O 的排放。大力推广秸秆还田、种植绿肥等农业碳汇措施，增加农田土壤的碳储量。

此外，农业减排增汇措施能够有效降低农业活动中的碳排放，同时增加土壤碳汇能力，达到碳中和的目的。科学的农业生产管理方式可以提高农业资源利用效率，减少农业面源污染，保障农产品质量安全，促进农业的可持续发展。

6. 新兴领域：节能降耗与绿色计算

数据中心采用节能技术，如高效的服务器芯片和制冷系统，优化服务器布局和运行模式，提高能源利用效率。推动云计算、人工智能等技术与绿色技术的融合，实现绿色计算。例如，利用智能算法优化数据处理流程，减少不必要的计算和存储。同时，加强对电子产品的回收和再利用，提高资源回收率，减少电子产品生产过程中的碳排放。

节能降耗和绿色计算能够降低新兴领域的能耗和碳排放，使数字经济在快速发展的同时实现可持续发展。加强电子产品的回收和再利用有助于减少资源浪费和环境污染，提高资源利用效率，实现循环经济。

综上所述,在各个领域推进低碳发展是实现碳中和的关键。需要通过技术创新、政策引导等手段,促进各个领域向低碳发展转型,并为低碳发展提供资金支持。同时也需要加强对高碳排放产业的限制和管理,推动全社会形成低碳生活方式,共同实现碳中和的目标。

第4节
世界碳中和公约与行动

随着全球气候变化问题日益严峻,碳中和公约应运而生。

根据世界碳中和公约概述内容,碳中和是指将排放的温室气体(以 CO_2 为主)通过植树造林、节能减排等形式,实现 CO_2 的零排放或净零排放。这个概念提出后被联合国气候变化框架公约(UNFCCC)所接受,成为全球应对气候变化的一项重要措施。碳中和公约是 UNFCCC 下的一项重要协议,旨在推动各国实现碳达峰和碳中和目标。该公约要求各国制定和实施国家自主贡献(NDCs),以实现碳达峰和碳中和为目标,并采取一系列具体措施,包括提高能源效率、发展可再生能源、减少化石燃料的使用、植树造林、开展国际合作等。碳中和公约旨在通过减少温室气体排放、增加碳汇等方式,实现人为碳排放与碳吸收的平衡,以应对全球气候变化。这个公约覆盖了全球多个国家和地区,为全球能源转型和气候治理提供了重要支撑。

根据公约要求,各国需要制定和实施 NDCs,并根据 NDCs 中的目标和指标制定相应的政策和措施。这些政策和措施包括:提高能源效率、发展可再生能源、减少化石燃料的使用、植树造林、开展国际合作等。此外,公约还要求各国建立温室气体排放清单,并采取适当的措施来减少排放。

在能源转型中,实现碳中和则是减缓气候变化和推动全球绿色发展的重要途径。能源转型指的是从传统的化石能源转向清洁、可再生能源的转变。在能源转型的过程中,各种可再生能源(如太阳能、风能、水能等)逐渐取代化石能源成为主要的能源供应来源。而实现碳中和则是指在能源转型过程中,通过减少 CO_2 等温室气体的排放并

增加碳汇的方式来达到零排放的目标。在能源转型实现碳中和的过程中,政府、企业和个人都有责任。政府需要通过制定相应的政策和法规来引导和支持能源转型,同时需要加强监管和执法力度来确保清洁能源的安全和稳定供应。企业则需要积极探索新的清洁能源技术和生产方式,同时需要加强内部管理和技术创新来降低成本和提高效率。个人则可以通过改变生活习惯和消费行为来减少能源消耗和碳排放,例如,选择公共交通、减少汽车使用、使用节能电器等。能源转型实现碳中和是一项长期而艰巨的任务,需要全球各国和全社会的共同努力。只有通过合作、创新和投资,才能实现清洁、可再生能源的广泛应用和推广,推动全球绿色发展和可持续发展。

为实现碳中和这一目标,提高能源效率是必不可少的。首先,能源效率是指能源在使用过程中发挥的效果与能源消耗量之间的比例。提高能源效率意味着以更少的能源消耗来获得更多的经济效益。例如,采用更高效的照明系统、使用节能家电、改善建筑物的保温隔热性能等措施,都可以提高能源效率。其次,提高能源效率不仅可以减少能源消耗,还可以降低温室气体排放量。温室气体的排放是导致全球气候变暖的主要原因之一,而能源消耗是温室气体排放的主要来源。因此,提高能源效率可以帮助减少温室气体排放量,进而减缓气候变化的影响。

此外,提高能源效率还可以带来其他好处。提高能源效率可以降低能源成本,从而减轻人们的经济负担。提高能源效率可以促进技术创新和产业升级,带动经济发展。提高能源效率也可以改善环境质量,让人们生活更加健康美好。

植树造林作为一种有效的碳汇措施,对于实现碳中和具有重要意义。植树造林的作用非常多。森林具有强大的碳汇能力,通过植树造林可以增加森林面积,提高森林覆盖率,从而减少大气中的温室气体含量。植树造林不仅可以减少 CO_2 的排放,还可以减少 CH_4、N_2O 等温室气体的排放。植树造林可以增加生态系统的碳储量。树木通过光合作用将 CO_2 吸收并转化为有机物质,在生长过程中不断积累碳。森林可以吸收大量的 CO_2,是天然的"碳仓库"。植树造林不仅有助于应对气候变化,还可以促进可持续发展。森林在提供生态服务的同时,还可以为人类提供木材、纸张、药材等产品。此外,植树造林还可以改善农村经济发展、增加就业机会,同时提高当地居民的生活质量。实现碳中和需要制定科学的造林规划,确保造林的生态效益和社会效益相协调。根据当地的气候条件、地形地貌、植被特点等因素,选择适宜的树种、造林方式和抚育管理措施。加强公众生态保护意识教育,提高人们对森林的重要性和当前气候变化问题的认识。通过宣传教育,引导人们积极参与植树造林活动,形成全社会共同关注气候变化的

良好氛围。积极推广绿色技术,采用无公害肥料、高效灌溉等先进的林业生产技术和管理方法,提高树木的生长速度和抗病虫害能力,进一步提高森林的碳汇能力。加强对森林资源的管理和保护,建立完善的森林监测和管理体系。通过科学合理的采伐和经营管理,保证森林资源的可持续利用,提高森林的质量和效益。植树造林是实现碳中和目标的重要手段之一。通过植树造林,不仅可以增加碳吸收,降低大气中的温室气体浓度,还可以促进可持续发展,改善生态环境。因此,应该高度重视植树造林工作,加强生态保护意识教育,推广绿色技术和管理方法,共同为实现碳中和目标而努力。

实现碳中和不仅是保护环境的重要措施,也是推动全球经济可持续发展的关键。然而,由于各国经济和环境状况不同,要实现这一目标需要国际合作和共同努力。全球变暖是一个全球性的问题,需要各国共同应对。每个国家都有责任减少温室气体排放,并采取措施实现碳中和。然而,不同国家在实现这一目标方面面临着不同的挑战和困难。因此,国际合作是必要的,以便共同确定目标和制定实现这些目标的战略计划。要实现碳中和,需要技术和资金的支持。发达国家通常在这些方面具有优势,而发展中国家则需要更多的帮助。国际合作可以通过技术转让和资金支持来帮助发展中国家实现碳中和,这是一个双赢的结果,有助于缩小发达国家和发展中国家之间的差距。然而,国际合作也面临着一些挑战。例如,一些国家可能采取保护主义政策,设置贸易和投资壁垒,以保护其国内产业和就业。这可能会限制实现碳中和的进展。因此,需要采取措施解决这些问题,以促进国际合作和实现全球碳中和的目标。

近年来,国际合作中实现了碳中和。一些发达国家已经宣布将在未来几十年内实现碳中性,而一些发展中国家也已经采取了行动,减少碳排放,推动清洁能源和低碳经济的发展。其中,一些成功的国际合作是关于能源领域的。例如,美国和欧洲之间签署了一项能源协议,通过合作共同推动可再生能源的发展和电力行业的转型。这种合作将帮助各国更加经济有效地实现碳减排目标。此外,一些国家也采取了联合行动,以减少航空和航海运输的碳排放。例如,国际航空运输协会和国际海事组织已经制定了一项协议,旨在减少航空和航海运输的碳排放。该协议将要求各国减少航空和航海运输的碳排放,并鼓励各国采取更加清洁的能源。一些国家也采取了行动,推动清洁能源的发展。例如,美国和我国已经建立了清洁能源合作计划,以促进清洁能源技术的研发和应用。

为了支持各国实现碳中和,需要加强技术创新和资金支持。发达国家可以向发展中国家转让清洁能源技术,并为其提供资金支持,以帮助其实现能源转型和碳中和目标。

此外，各国可以加强研发合作，共同推动清洁能源技术的发展和应用。实现碳中和是一项具有全球性意义的任务，需要各国共同努力和国际合作。通过加强国际组织和多边机制的作用、加强技术创新和资金支持以及建立公平合理的国际贸易和投资规则体系等措施，可以克服国际合作中面临的挑战，并推动全球实现碳中和的目标。国际合作中已实现碳中和的成功案例表明，国际社会已经认识到气候变化的重要性，并采取了行动来应对它。这种合作是全球性的，只有各国共同努力，才能实现全球碳减排的目标。

区分碳减排和碳移除，图 1-4-1（a）是网络上常用的碳中和示意图，存在两个明显的错误。一是没有强调"人为"的特征，碳中和对象：人为而非自然，无论是《巴黎协定》还是政府间气候变化专门委员会（Intergovernmental Panel on Climate Change, IPCC）系列报告，各国碳中和目标，无论使用"净零"，还是碳中和、气候中和等不同表述，各类定义都共同强调了"一段时间内人为排放量与人为移除量之间的平衡"，无论是排放还是移除，都强调了是人为，而非自然，这是碳中和概念的一个关键要素。一些研究报告将陆地生态系统和海洋的自然系统碳吸收用于平衡人为碳排放，是对碳中和概念的误解。二是将风车放在吸收一侧，混淆了碳减排和碳移除的概念。因为利用风车代表的可再生能源替代传统化石能源是碳减排措施，不是碳吸收。图 1-4-1（b）中，通过风能、太阳能开发和智能电网组成的新型电力系统逐渐替代传统的化石能源，实现大幅度减排，剩余少量的排放再通过右侧增加森林碳汇和人工技术手段去吸收，以达到人为碳排放量与人为碳移除量之间的平衡。因此，该图更符合碳中和概念的内涵。

图 1-4-1 碳中和概念示意图

总之，世界碳中和公约是一项重要的国际协议，旨在推动各国实现碳达峰和碳中和目标。各国政府正在积极响应这项公约，制定和实施相应的政策和措施。实现碳中和是全球应对气候变化的一项重要措施，也是未来可持续发展的必要条件。

第 5 节
我国碳中和目标、挑战和机遇

实现碳中和,是一个长期过程,需要有一个指导全局性工作的规划,并根据形势的发展、技术的进步,能形成不断完善规划的工作机制。2020 年 9 月,习近平总书记在第七十五届联合国大会一般性辩论会上的发言提出了"双碳"目标,即中国二氧化碳排放力争于 2030 年前达到峰值,努力争取 2060 年前实现碳中和。显然,在目前的认知水平下,要做一个能覆盖近 40 年时间长度的规划是不太现实的,但有一点是必须一开始就要做到心中有数的,那就是我国到时候还可以排放多少 CO_2,或者说从目前约 100 亿吨的 CO_2 排放减少到多少才可以宣布完成了碳中和目标。

这个问题不易确切回答,但寻找答案的思路是具备的,那就是"排放量 = 海洋吸收量 + 生态系统固碳量 + 人为固碳量 + 其他地表过程固碳量"这个公式(见图 1-5-1)。对此,可以逐项作出分析。

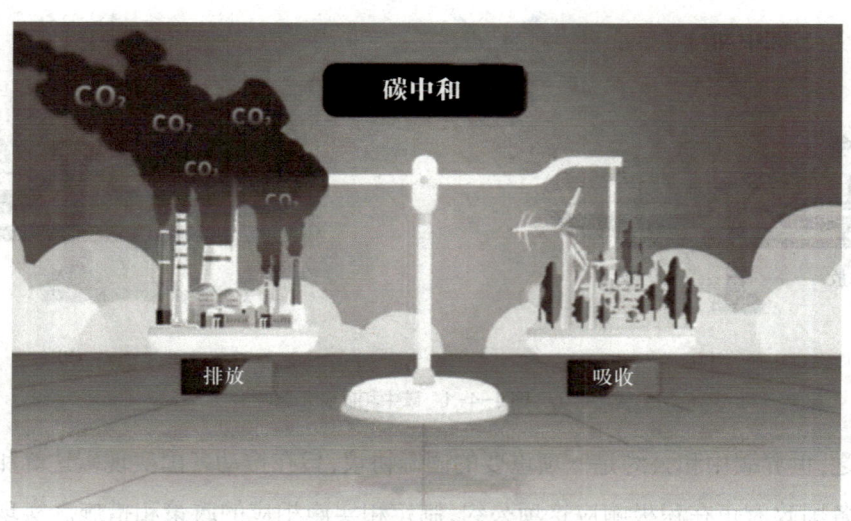

图 1-5-1　碳中和示意图

过去几十年,海洋对人为排放 CO_2 的吸收比例为 23%,这个过程还是比较稳定的,尽管很难预测未来是否会产生重大改变,但假定海洋将保持这个吸收比例不变,应该是有依据的。

我国陆地生态系统固碳能力非常强。根据相关研究,2010—2020 年我国陆地生态系统每年的固碳量为 10 亿~13 亿吨 CO_2;一些专家根据这套数据采用多种模型综合分析后,预测 2060 年我国陆地生态系统固碳能力为 10.72 亿吨 CO_2/年,如果增强生态系统管理,还可新增固碳量 2.46 亿吨 CO_2/年,即 2060 年我国陆地生态系统固碳潜力总量为 13.18 亿吨 CO_2/年。此外,我国近海的生态系统固碳工程还没启动,这部分也应该有较大潜力。

至于碳捕集后作工业化利用及封存的量有多大,这要取决于技术水平与经济效益,目前要对此作出估计是有难度的。但也可以作出这样的假定:如果届时实现碳中和有"缺口",政府将对人为工业化固碳予以补贴,争取每年的工业化固碳与地质封存量达到 3 亿~5 亿吨 CO_2。以我国的工业技术发展速度,这个假定还是相对"保守"的。

其他地表过程固碳是指地下水系统把有机碳转化成石灰石沉淀、水土侵蚀作用把有机碳埋藏于河流-湖泊系统之中等地表过程,它一年能固定的碳总量目前没有系统研究数据,但粗略估计其中位数在 1 亿吨 CO_2 左右。

为此,可以作出这样的分析,假定我国 2060 年前后 CO_2 年排放量在 25 亿吨左右,那么海洋可吸收 25 亿吨 $CO_2 \times 23\% = 5.75$ 亿吨 CO_2,陆地和近海生态系统固碳约 14 亿吨 CO_2,工业化固碳和地质封存约 4 亿吨 CO_2,基本上可以做到"净零排放"。当然,CO_2 排放量要从 100 亿吨降到 25 亿吨,难度亦是非常之大的,这需要人们先有一个宏观的粗线条规划。根据我国五年规划的惯例,可考虑以两个五年规划为一个阶段,分四个阶段,四十年时间实现碳中和目标。

第一步为"控碳阶段",争取到 2030 年把 CO_2 排放总量控制在 100 亿吨之内,即"十四五"期间可适当增长,"十五五"期间再减至该水平。在这第一个十年中,交通运输部门争取大幅度提升电动汽车和氢能运输占比,建筑部门的低碳化改造争取完成半数左右,工业部门利用煤+氢+电取代煤炭的工艺过程大部分完成研发和示范。这十年间电力需求的增长应尽量少用火电满足,而应以风电、光电为主,内陆核电完成应用示范,制氢和用氢的体系完成示范并有所推广。

第二步为"减碳阶段",争取到 2040 年把 CO_2 排放总量控制在 85 亿吨之内。在这个阶段,争取基本完成交通运输部门和建筑部门的低碳化改造,工业部门全面推广用

煤/石油/天然气+氢+电取代煤炭的工艺过程,并在技术成熟领域推广无碳新工艺。这十年间,火电装机总量争取淘汰15%的落后产能,风、光资源制氢和用氢的体系完备并大幅度扩大产能。

第三步为"低碳阶段",争取到2050年把CO_2排放总量控制在60亿吨之内。在此阶段,建筑部门和交通运输部门达到近无碳化水平,工业部门的低碳化改造基本完成。这十年间,火电装机总量再削减25%,风、光发电及制氢作为能源主力,经济适用的储能技术基本成熟。据估计,在这个阶段我国对核废料的再生资源化利用技术将基本成熟,核电上网电价将有所下降,故用核电代替火电作为"稳定电源"的条件将基本具备。

第四步为"中和阶段",力争到2060年把CO_2排放总量控制在25亿~30亿吨。在此阶段,智能化、低碳化的电力供应系统得以建立,火电装机总量只占目前总量的30%左右,并且一部分火电用天然气替代煤炭,火电排放的CO_2量力争控制在每年10亿吨,火电只作为应急电力和一部分地区的"基础负荷",电力供应主力为光、风、核、水。除交通和建筑部门外,工业部门也全面实现低碳化。除此之外,尚有15亿吨的CO_2排放空间主要分配给水泥生产、化工、某些原材料生产和工业过程、边远地区的生活用能等"不得不排放"领域。其余5亿吨CO_2排放空间机动分配。

"四阶段"路线图只是一个粗略表述,由于技术的进步具有非线性,所谓十年一时期也只是为表达方便而定。

综上所述,实现碳中和,可以理解为经济社会发展方式的一场大变革,对当今世界的任何一个国家来说,都是一场巨大的挑战。对我国来说,主要的挑战在以下几个方面。一是我国的能源禀赋以煤为主。在煤、油、气这三种化石能源中,释放同样的热量,煤炭排放的CO_2量远远高于天然气的,也比石油的高不少。我国的发电长期以煤炭为主,这同石油、天然气在火电中占比很高的那些欧美发达国家比,是资源性劣势。二是我国制造业的规模十分庞大。在前面的介绍中提到,我国接近70%的CO_2排放来自工业,这个占比高出发达国家很多,这同我国制造业占比高、"世界工厂"的地位有关。三是我国经济社会还处于压缩式快速发展阶段,城镇化、基础设施建设、人民生活水平提升等方面的需求空间巨大。四是我国的能源需求还在增长,意味着我国的CO_2排放无论是总量还是人均都会继续增长。五是我国2030年达峰到2060年中和,其间只有30年时间,而美国、法国、英国从人均碳排放量考察,在20世纪70年代就达峰了,他们从达峰到2050年中和,中间有80年的调整时间。

为了更加清晰地阐明碳中和对我国的挑战性,下面用几组碳排放有关的数据,以国

际比较的方式来做进一步说明。第一组数据是从1900年到2020年,不同国家的累计CO_2排放量(以亿吨CO_2为单位):美国4047,欧盟27国2751,中国2307,俄罗斯1152,日本655,英国618,印度545,墨西哥201,巴西156。这个累计排放量可大略表明一个国家长期以来积累起来的"家底",但这样的统计没有考虑人口基数,因此需要第二组数据,从1900年到2020年的人均累计排放量,这套数据以国家为单位,把每年的全国排放量除以人口,获得逐年人均排放量,再把这120年来的人均排放量加和即可得出(数据以吨CO_2为单位),具体数据为:美国2025,加拿大1522,英国1209,俄罗斯848,欧盟27国713,日本575,墨西哥295,中国190,巴西107,印度58,全球人均累计375,我国迄今为止人均排放量只有全球的一半,不到美国的十分之一。

第三组数据是目前以国家为单位的排放量(以亿吨CO_2为单位),具体数据为:中国100,美国52,欧盟27国30,印度25,俄罗斯16,日本11。如果考虑人均,那么有第四组数据(从2016年到2020年人均排放,以吨CO_2为单位),具体数据为:美国15.9,加拿大15.3,俄罗斯11.4,日本9,中国7.2,欧盟27国6.6,巴西2.3,印度1.9。从以上四组数据可知,我国最近几十年的发展具有压缩性特征,故目前的人均和国别排放数据比较高,这也是掌握话语权的西方媒体不断给我国戴上"最大排放国",甚至是"最大污染国"帽子的所谓"理由"。但如果考察人均累计排放,我国对全球的"贡献"非常小。另外,我国的人均GDP已达全球平均水平,而人均累计排放量只是全球的一半,这还是在我国能源以煤炭为主、每年净出口大量制造业产品的基础上达到的,由此说明我国绝不是如一些研究者所说的是"能源资源消耗型"经济体。

第五组数据很有意思,它是由国际能源署、世界银行等建立的居民人均消费碳排放,它考虑了国家间通过进出口而产生的"碳排放转移"。2018年到2019年的数据如下(单位为吨CO_2):美国15.4,德国7.6,加拿大7.5,日本7.4,俄罗斯7.0,英国5.7,法国4.4,中国2.7,巴西1.5,印度1.1。这组数据说明,世界上一些国家只是"生存型碳排放",而有的国家早已进入"奢侈型"或"浪费型"国家行列!

碳中和给我国带来的不仅有挑战也有机遇,下面就是五点机遇。一是我国光伏发电技术在世界上已是"一骑绝尘",风力发电技术处在国际第一方阵,核电技术也跨入世界先进行列,建水电站的水平更是无出其右者。二是我国西部有大量的风、光资源,尤其是西部的荒漠、戈壁地区,是建设光伏电站的理想场所,光伏电站建设还可带来生态效益;东部有大面积平缓的大陆架,可以为海上风电建设提供大量场所。三是我国的森林大都处在幼年期,还有不少可造林面积,加之草地、湿地、农田土壤的碳大都处在

不饱和状态,因此生态系统的固碳潜力非常大。四是实现碳中和目标的过程,也是环境污染物排放大大减少的过程,这意味着大气污染问题将彻底解决,其他污染物排放也将实质性降低。此外,碳中和也意味着人们将实现能源独立,国内自产的原油、天然气将能满足化工原料之需要,进口油气将大幅减少,所谓的"马六甲困境"将不再是一个实质性威胁。能源独立从某种程度上还会为粮食安全提供助力。五是我国的举国体制优势将在碳中和历程中发挥重大作用,因为碳中和涉及大量的国家规划、产业政策、金融税收政策等内容,需要真正下好全国一盘棋。这点从我国推动光伏产业的历程中就可以看出,并且诸如此类的经验未来还会不断被总结、深化。甚至可以预计,即使是坚持自由市场经济的国家,如想真正实现碳中和,也将在国家产业政策设计上获得助力。

思考题

1. 我国碳中和的目标是什么?
2. 我国碳中和发展所面临的挑战是什么?
3. 我国碳中和发展的机遇是什么?

第 1 章参考文献

第 2 章
碳中和的相关技术局限性与实现路径

第 1 节
碳中和相关技术局限性

1. 太阳能和风能彻底取代火电

近年来，电力系统面临着越来越多的挑战，包括发电环节中一次能源要求利用清洁能源及可再生能源，对供电可靠性和电能质量的严格要求，以及停电事故将给用户带来巨大的损失等。电力系统由发、输、变、配、用五个环节组成，风能和太阳能发电必须接入电网才能最终为电力用户所用。而不同于传统的化石燃料机组，风能和太阳能发电无法实现人为控制。这类具有间歇性、多变性和不确定性的电功率的注入，会改变电网的潮流流向，对电网的稳定运行影响很大。

有人认为如果储能技术进步，太阳能和风能就能彻底取代火电。这个假设太不切实际了，因为自铅酸电池发明至今一百多年来，人类花了数千亿美元的研发经费研究储能技术，可从铅酸电池的 90 $kWh·m^{-1}$ 增加到如今特斯拉蓄电池的 600 $kWh·m^{-1}$，电池的能量密度并没有得到革命性的根本改变。同时，迄今大规模吉瓦级（GW，gigawatt，1 GW=10 W）储电的最低成本技术是一百多年前就已发明的抽水蓄能技术。然而，在科学技术的突破上，今天无法预测明天的科学发现。例如，火药发明之后近一千年才有枪的发明，枪作为西方国家统治世界的关键工具，其影响力远大于火药。枪的原理其实很简单，但如果说火药发明后就可以预测很快会发明枪，那就错了。这只是个比喻，不过能够很好地提醒人们在制定任何战略时，千万不要用尚未发生的突破和假设去决定可以做什么事。过去的科技水平整体落后于西方，可以借鉴已验证的技术路线，结合我国的发展需求制定科技发展战略。但是，如今很多领域已经实现并跑甚至领跑，这种情况下制定战略一定要充分论证。制定战略一定是以已有的、经验证的、现实的技术路线为基础。

不同行业的进步规律不一样，如计算机行业有摩尔定律，这么多年确实发展得很快,但是能源行业目前还没发现类似摩尔定律的规律。因此,"碳中和"必须选择现实可行的路线来推进。有一个笑话讲的是,比尔·盖茨跟波音公司总裁讲,假如飞机行业的技术进步跟计算机的一样快,那现在人人都可以不用开车,改为开私人飞机了。波音公司的总裁说,假如我的技术跟你的一样,这个世界就没人敢坐飞机了,因为那个年代计算机动不动就死机。因此,未来储能技术肯定会有新发明与突破,所以应鼓励储能技术的创新与发展。但在制定战略时,要以今天已经被大规模证明的技术为基础。

2. CO_2 的高附加值转化

据估算,全世界 87% 的石油都用于生产汽油、柴油及煤油燃料,仅约 13% 的石油用于生产日常所需的化学品。如果全世界的化学品都用 CO_2 来造,也只解决了 13% 石油排碳的碳中和问题。所以说,从规模上 CO_2 制成化学品并不具备减碳价值。CO_2 转化为其他化学品对减碳的贡献是相当有限的。2021 年,我国人均年排放 CO_2 为 7.4 吨,对于三口之家一年的 CO_2 排放量约为 22 吨,这是全国人均水平。北京的人均水平比其他地方的高一倍,一年就是 40 余吨。中和 40 余吨 CO_2 就要生产出几十吨的含碳产品,无论生产什么含碳产品,一家人几十吨,一年之内是无法消耗的。把 CO_2 转化成任何化学品,如果能有经济性则可以去实施,但没有经济性则要谨慎实施。

3. 捕集和利用 CO_2

全球气候变化已经成为威胁人类生存和可持续发展的主要因素之一,削减温室气体排放以减缓气候变化成为全球关注的焦点。节约能源的使用和推广利用可再生能源对减少 CO_2 排放起着至关重要的作用,但在 2050 年之前,全球大部分国家,尤其煤炭资源丰富的国家仍将化石燃料作为主要基础能源,对于中国的能源结构来说更是如此。2015 年 12 月召开的联合国气候变化大会上通过了《巴黎协定》,倡导了延缓气候变化全球的平均气温的升幅需要限制在 1.5 ℃之内。因此,需要世界各国必须采取有效的措施以减少和控制温室气体的产生和排放。

当前减少以 CO_2 为主的温室气体的排放可以采取很多措施,如提高能源的利用效率,发展可再生能源(太阳能、风力、潮汐能、地热能)以及推广 CO_2 捕集、利用与封存(carbon capture, utilization and storage, CCUS)技术。其中,CCUS 技术主要是指将 CO_2 从工业或其他固定的排放源中分离出来,并经过富集、干燥后运输到特定地点加以利用或封存以实现被捕集的 CO_2 大气长期隔离的技术。相关设备见图 2-1-1。CCUS 技术可以实现化石能源大规模的低碳利用,也是全球实现 CO_2 减排、确保能源清洁利用以及保障能源安全的重要战略技术选择,因此受到了全球的广泛关注。广泛地推广和应用 CCUS 技术可以有效地减少来自发电厂、钢铁厂、水泥厂和化工厂等的 CO_2 排放。

图 2-1-1 CO_2 捕集设备

除此之外,传统的确定性经济评价方法难以对复杂不确定条件下的 CCUS 技术进行有效的规划。例如,在 CO_2 驱采石油技术(CO_2-EOR)中,CO_2 注入的不同阶段及不同注入方式(连续注入、水气交替注入及周期性注入)均会导致 CO_2 气源需求动态的不确定性。传统的确定性规划方法难以对复杂不确定性问题进行有效地反映和解决。随着 CCUS 技术的不断成熟,将实现气源到封存 CO_2 跨区域的封存利用网络。然而,在跨区域开展大规模 CCUS 技术工程规划的过程中,集气站存在着气源供应的动态性的问题,在不同封存利用方式的动态需求不确定的条件下,需要对 CO_2 供应调度规划。决策者若仅根据主观经验制定各封存区的 CO_2 分配政策,将很有可能面临封存区 CO_2 供应过剩和气源不足风险问题。因此,需要进一步耦合不确定性优化方法,开发有效的模型对 CCUS 技术进行合理规划。

综上所述,CCUS 技术的发展关乎中国的国家减排责任、能源安全和中国能源企业国际竞争力等各个方面。但是相关的理论、技术以及工程经验的缺乏,严重影响该技术在我国的商业示范。此外,由于缺乏有效、精细化的规划以及科学的经济性分析,导致

CCUS 技术推广过程中存在着巨大的商业风险。因此，科学的规划和经济性评价需要从全流程角度系统反映 CCUS 技术各个环节之间的互动关系，并需要从精细化的角度反映系统规划的不确定性和动态性。此外，CCUS 技术的经济性显著受国际国内气候变化政策及国际能源价格的变化等多方面因素的影响，这些复杂的因素均给该技术的规模部署和应用带来了挑战。

4. 提高能效实现碳中和

从能源的数据变化可以看到整个社会的变化。我国加入世界贸易组织（WTO）之前有一个很重要的数据，即我国的煤产量大概是 13 亿吨 / 年，基本上自产自销。到 2023 年，短短二十多年的时间，这个数据就从 13 亿吨飙升到约 46.6 亿吨，这是一个巨额增长，当然也存在碳排放该怎么解读的问题。唯一的解读似乎是加入世界贸易组织后的能效提高了很多，但是碳排放增加到了原来的三倍。举个例子，2010 年我国年石油消耗量只有 4 亿吨，十三年后已增加到 7 亿吨了。提高能效确实有帮助，但同时碳排放也呈增加趋势（人口增长以及人均碳排放难以控制地增长）。能效需要提高，增加能效永远是低成本的减碳手段，但完全靠提高能效达到碳中和也是不现实的。

5. 降低电动汽车的碳排放

必须承认，就单车制造而言，新能源汽车制造过程的碳排放超过了传统的燃油汽车。制造一辆普通的燃油车大约会排放 8 t 的 CO_2，而生产一辆电动汽车会排放大约 10.5 t 的 CO_2，其中有大约 4 t 来自电池的生产制造过程，还未上市新能源电动汽车就已经比燃油车多 31% 的碳排放。

鉴于如今我国电网 60% 以上的电还是依靠煤炭发电，从油井到车轮去分析，电动汽车的碳排放是大于燃油车的，只有当电网的电大部分由可再生能源制得时，电动汽车才能减碳。所以虽然我国的电动汽车已经普及，但是抛开电力是否本质低碳去谈电动车降低碳排放，是不科学的。

第 2 节
碳中和实现路径

欧盟的碳排放量在 1980 年就已达到峰值,美国和日本在 2008 年达到峰值,而我国将在 2030 年达到峰值。从峰值到中和,欧盟有 70 年时间,美国和日本有 42 年时间,但我国只有 30 年时间。相比之下,我国面临的碳中和任务更重。在外有压力、内有困难的情况下,应既顺应国际趋势,又推动国内产业的变革,走切实可行的道路。同时,在实现碳中和的过程中可以把雾霾等污染问题一并解决。因此,碳中和是一条多赢的正确道路。基于此,碳中和的几个现实路径,可归纳如下。

1. 煤化工与可再生能源结合

利用太阳能和风能电解水既能生产甲醇合成过程所需要的氢气,又可以生产煤气化过程需要的氧气。源于可再生能源和先进核能的绿氢和氧气可以与现有的煤化工装置有机结合,一方面可以取消现有水气变换单元、让现有的煤制甲醇过程实现近零碳的排放;另一方面可以取消空分单元以大幅降低设备投资和空分制氧耗电量(图 2-2-1)。

图 2-2-1　因地制宜实施"煤改电"

微矿分离技术,可以将廉价的劣质煤高效转化成气化原料,显著降低煤气化过程的原料成本,结合可再生能源制成清洁的甲醇产品,在碳中和的背景下同样会产生成本竞争力。利用醇在线制氢发电,推动燃料电池作为汽车或电动汽车的充电宝的方式取代汽、柴油车,可大大降低交通运输业的 CO_2 排放,也可以解决部分我国石油不够的问题。低碳能源系统能够把我国强大的太阳能和风能发电能力释放出来,并将可再生能源以甲醇液体的形式储存下来,可被视为值得探索的可再生能源液体储能技术方向。

2. 煤炭领域的碳中和技术——微矿分离技术

传统的煤炭在燃烧过程中排放 CO_2 并伴生大量灰渣(约含碳氢组分 10%),灰渣无法利用变成固体废物,使得如内蒙古等地的很多电厂粉煤灰泛滥。煤炭是远古的森林经过复杂的地质演化过程形成的,本身含有一定量的对植物生长有益的矿物质成分。在煤燃烧及转化前,把可燃物及矿物质高效分离,可制备低成本类液体燃料及土壤改良剂,从源头解决煤污染、滥用化肥及土壤生态问题,同时可低成本生产甲醇和氢气等高附加值化学品。副产的土壤改良剂也可用于板结土地、盐碱地及沙漠的治理,让以前不长植物的荒地变绿,让生长起来的森林把煤炭燃烧过程放出去的 CO_2 吸回来。如图 2-2-2 所示,微矿分离技术可实现"碳中和",其原因主要包括:① 使用更为清洁的碳化固体燃料提高了发电效率,相对降低碳排放;② 土壤改良用矿物质施用后可明显增强土的碳吸附量;③ 由于植物增产带来碳封存增量,当碳化固体燃料的产量达到 25 万吨时,每年碳排放约为 69.5 万吨。基于不同系列的土壤改良剂产量(25.0 万吨、31.8 万吨、40.8 万吨)及土壤治理面积,可以分别固化 CO_2 48.7 万吨、61.9 万吨,甚至 74.9 万吨。这是不需要高成本,只需适当投资就可以实现的碳中和路径。

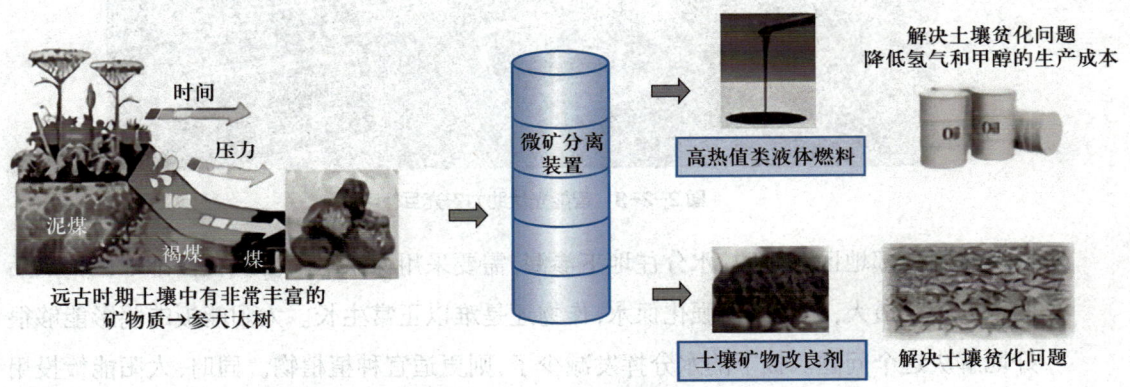

图 2-2-2 微矿分离技术实现"碳中和"

3. 光伏与农业综合发展

将光伏与农业、畜牧业、水资源利用及沙漠治理相结合，可以实现光伏和沙漠的治理以及光伏和农业的联合减碳。

光伏设施农业包含于光伏农业，是一种新形式的土地综合利用方式，是现代化农业与清洁能源紧密结合的产物。光伏设施农业可以既不改变土地属性，又可以将空间立体利用开展农业生产，产生清洁电力，扩大供电可再生能源比例，带来双向效益。同时，光伏设施农业能实现原有土地的增值，将生态农业、绿色发电结合，最大限度地利用现有资源获取高效农业、绿色发电经济效益。同时，实现节能减排的社会效益，在农业领域助力国家农业碳中和战略实施，促进农村能源转型与乡村振兴。

光伏设施农业是农业生产高效化、集约化和智能化的集中体现，它兼具可操作性和高可靠性，能有效抵御以病虫草害和气候灾害为主要威胁的环境损害，主动调整作物生产时期，有效的减少生产成本和能源消耗。光伏设施农业作为一种新型的光伏新能源加现代农业的生产形式，已经发展了10多年，具有清洁环保、低碳高效、可兼顾栽培生产和光伏发电等特点。随着"碳达峰"、"碳中和"战略的实施，智能光伏已经被广泛地应用（图2-2-3），且在长三角等发达地区，光伏新能源结合现代农业的规模必然进一步扩大。

图2-2-3 智能光伏助力农光互补电站

我国西部地区缺水时，水分往地下渗漏，需要采用保水材料。但在西部地区日照后的水分蒸发最大，无论如何强化保水，作物还是难以正常生长。太阳能板的阴影能够很好地解决这个问题。板下的水分挥发减少了，则更适宜种植植物。同时，太阳能板投用之后，需要定期冲洗板面以保证光照效果，冲洗水经回收后恰好可给太阳能板底下的农作物做滴灌。这样，在太阳能板发电的同时还可以把板底下的土地全部变成绿色；沙漠土壤改善后，还可以把太阳能板移动到其他位置。如此往复，一片片绿色的土地可以被接力治理出来。

4. 峰谷电与热储能综合利用

近年来，我国可再生能源迅猛发展，可再生能源在能源结构的占比也越来越大，但随之而来的电网削峰填谷和可再生能源电力就地消纳问题也愈加突出。为此，国家能源局出台了《关于加快推动新型储能发展的指导意见》和《关于鼓励可再生能源发电企业自建或购买调峰能力增加并网规模的通知》等一系列的"十四五"新型储能规划和新能源配置储能的文件，各地方政府也出台了相应的配套政策。因此，储能必将成为一个新的蓝海产业，拥有万亿级的巨大市场空间。

实现碳达峰的关键在于促进可再生能源发展，而促进可再生能源发展的关键在于电力的消纳、调峰和储能。在众多储能方式中，热储能与常规的电储能相比具有能量密度高、转换效率高、运行成本低、应用规模大、使用寿命长和安全可靠等优点。特别是随着材料技术、控制技术和物联网技术的发展，供热电能化、电能低碳化成为大势所趋。基于热储能电能智慧供热的综合能源系统是通过发热体将电能转换成热能，应用储热（包括显热储热和潜热储热等）技术，将谷电时段或可再生能源弃光弃风的电能转换成热能储存在储能体（包括相变储热材料和显热储热材料）中，运用智慧控制系统，在峰电时段把储存的热能释放出来，满足供热的需要。基于热储能电能智慧供热的综合能源系统是热能与电能耦合发展和热网与电网互补运行的有效方式，也是新型的多能互补源网荷储综合能源系统。利用热储能电能智慧供热的综合能源技术，解决了电网削峰填谷和可再生能源电力就地消纳问题，实现新能源与储能耦合发展。图2-2-4展示了峰谷电价套利模式成就储能蓄热清洁供暖低成本运营。在凌晨12点到早上6点的区间，尽管火电厂还在排放大量CO_2，但发的电无人使用，造成了严重浪费。虽然这个区间产生的电能储存困难，但是可以利用分布式储热模块在谷电的时段把电以热的形式储下来，在需要时用于供热或空调。这样可以让1/4甚至是1/3的时间内产生的电力不致被浪费，可大大降低CO_2排放，实现真正的煤改电。再配合屋顶光伏策略及县域经济，进一步减少电能消耗。

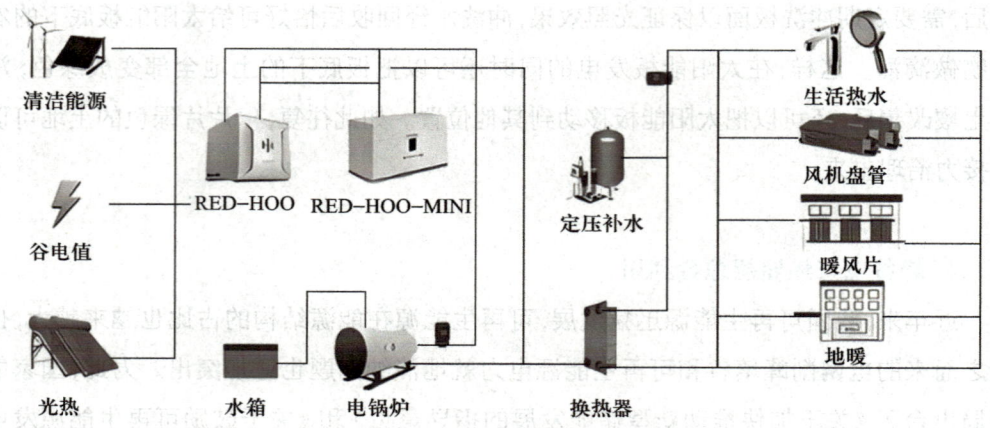

相变储能供热方案

图 2-2-4　峰谷电价套利模式成就储能蓄热清洁供暖低成本运营

利用热储能的方式将电能存储,实现绿电、谷电的存储和转化利用,不仅可以有效解决电网削峰填谷和可再生能源电力并网消纳问题,而且对于推动清洁供暖及改善大气环境都有重要意义。

能量存储的对象不仅仅是电能,国内储能领域对于储电关注较多,但实际上从消费端来看大多数的能量都是用在了热能领域,储热技术也需要得到关注和发展。

5. 可再生能源制取甲醇

甲醇作为非常好的液体储氢和运氢载体,可以使用甲醇氢能分布式能源替代诸多使用柴油机的场景,与太阳能及风能等不稳定可再生能源多能互补。目前,中国的甲醇产能居全球之首,2022 年的产量已超过 8000 万吨,其来源主要是煤及天然气。在未来则可以利用太阳能制得的 H_2 与 CO_2 反应制备甲醇,或太阳能催化 CO_2 和水制备绿色甲醇。图 2-2-5 所示的是一种综合利用电能联合制甲醇及氨的装置及其方法与流程。我国现有的、成熟的煤制甲醇技术会在生产过程中释放大量 CO_2。这是由于在煤制甲醇工艺中的水气变换反应在制氢时副产了 CO_2。如果这部分氢利用太阳能和风能制备,同时电解水时副产的氧气供煤气化炉使用,这样煤制甲醇工艺过程就不再排放 CO_2,再用甲醇作为能源载体就可以显著减碳。因此,未来可以利用太阳能和风能制氢并生产出绿色甲醇。用甲醇液体作为太阳能及风能的载体,甲醇制氢再发电或者甲醇直接发电取代柴油发电机做分布式热电联供,这样系统总体效率比激增发电高出很多。这是由于电可以远距离输送,但是热不可能远距离输运。把风能和太阳能以液体的形式储存下来,液体通过管路远距离输送损失很少。再用甲醇分布式热电联供的模式供电,比现有的西部煤发电输送到东部的供电供热模式能源效率要高很多,进而大大降低碳排放。再在农村地区结合屋顶光伏、储热及热泵技术取代燃煤,可以做到低碳、环保减碳。

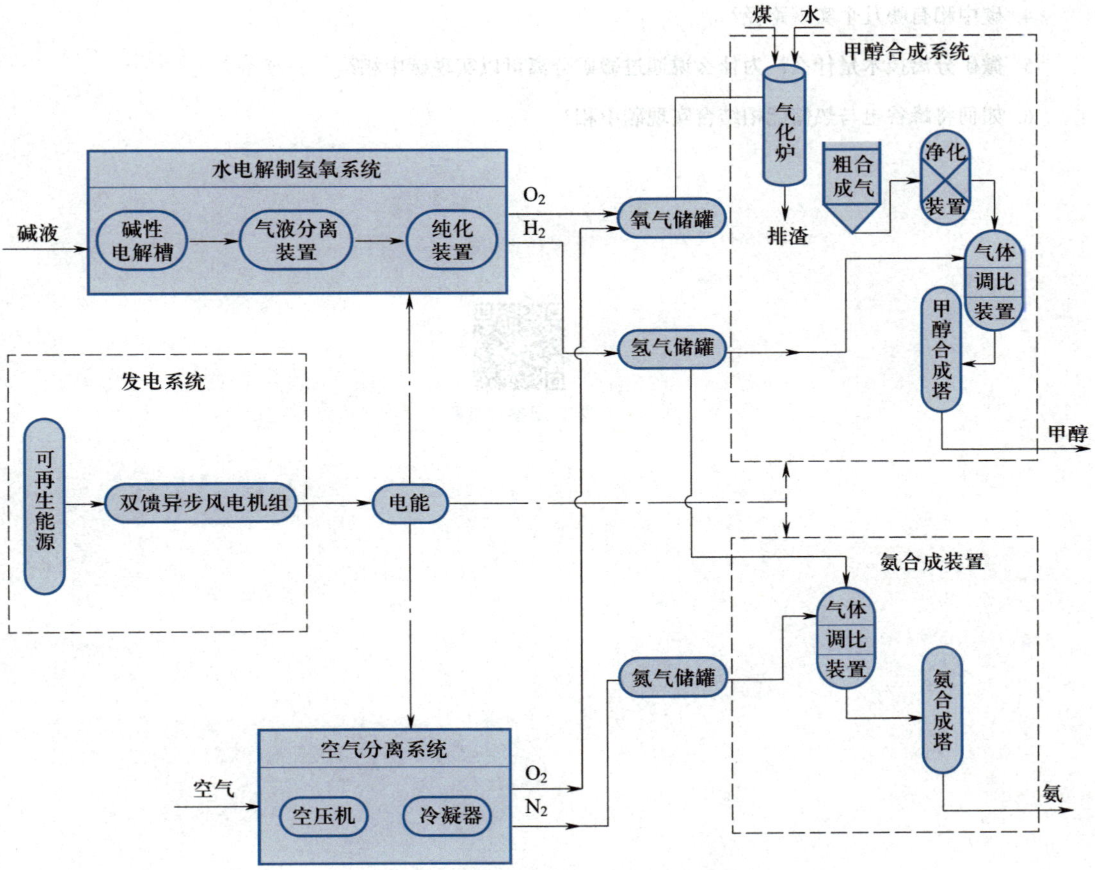

图 2-2-5 利用电能联合制甲醇及氨的装置及其方法与流程

本节内容从煤化工与可再生能源结合、煤炭领域碳中和技术-微矿分离技术、光伏与农业综合发展、峰谷电与热储能综合利用及可再生能源制取甲醇等角度介绍碳中和可能的实现路径。实现碳中和过程中需要做出的决策涉及的知识学科广泛,若非进行跨学科的磋商和考虑,很难实现真正意义上的碳中和。因此,需要逐步建立基于顶层设计和数据决策的系统的、科学的整体方案。

思考题

1. 什么是碳中和?
2. 我国有哪些碳中和技术上的部署?
3. 我国应该建立怎样的能源体系。
4. 碳中和有哪几个实现路径?
5. 微矿分离技术是什么?为什么说通过微矿分离可以实现碳中和?
6. 如何将峰谷电与热储能相结合实现碳中和?

第 2 章参考文献

第 3 章
碳中和与化学

第 1 节
传统发电节能提效

3.1.1 燃煤发电

我国"富煤、贫油、缺气",煤炭是我国经济社会发展的主体能源,一次能源消费中煤炭消费占比超过了 50%,而煤炭消费的 70% 用于发电。自《巴黎协定》提出后,气候问题逐渐成为世界关注的焦点,中国低碳发展与能源安全面临重大挑战,燃煤发电已成为煤炭消费革命与节能减排的核心。为应对气候变化,保障中国能源安全,力争于 2030 年前实现"碳达峰",2060 年前实现"碳中和"(简称"3060"双碳目标),煤炭从主体能源逐步向基础能源和调峰能源转变。煤电机组的升级改造向清洁化、低碳化方向发展,煤电亦须为新能源发电提供安全基础保障。

1. 燃煤发电的定义

燃煤发电是将煤作为燃料,通过燃烧产生热能,进而驱动发电机发电的过程。其中,煤的燃烧反应是核心环节。在燃烧过程中,煤中的碳与氧气反应生成 CO_2,同时释放出大量的热能。这些热能被用来加热水,生成蒸汽,蒸汽则推动汽轮机带动发电机发电。

2. 燃煤发电的流程

燃煤发电的流程主要包括燃煤供给、燃烧、蒸汽发生、汽轮机发电、废气处理等。燃煤供给是指将燃煤输送到锅炉内部进行燃烧。通常采用的燃煤供给方式有手动供煤和自动供煤两种。燃烧是指将燃煤在锅炉内部进行燃烧,产生高温高压的烟气的过程。燃烧过程中,燃煤与空气中的氧气发生化学反应产生大量的热能,使水在锅炉内部产生蒸汽。蒸汽发生是指将锅炉内部产生的蒸汽输送到汽轮机中,使汽轮机旋转。蒸汽发生过程中,蒸汽通过锅炉的蒸汽管道输送到汽轮机中,再经过汽轮机的高压和中压缸驱动汽轮机旋转。汽轮机发电是指利用汽轮机产生的机械功驱动发电机发电。汽轮机发电过程中,汽轮机通过旋转发电机的转子产生电能,再通过变压器将电能升压输送到电网中。废气处理是指对燃煤燃烧产生的废气进行处理,减少对环境的影响。废气处理过程中,通过烟气脱硫、除尘、脱硝等措施减少废气中的二氧化硫、氮氧化物和颗粒物等污染物的排放。

3. 燃煤发电的挑战和改善技术

燃煤发电是世界上最重要的能源供应方式之一,也是许多国家尤其是我国的主要能源供应方式。燃煤发电具有较高的能量密度和成熟的发电技术,可以满足大规模的能源需求。然而,燃煤发电仍然面临诸多挑战。首先,燃煤发电的碳排放量巨大,是全球最大的 CO_2 排放源。其次,为了满足全球日益增长的能源需求,燃煤发电面临着能源结构调整的压力。此外,燃煤发电还会产生大量的空气污染物,对环境和人类健康产生不利影响。因此需要采取措施降低其负面影响。

为实现碳中和,达到 CO_2 的"零排放",煤电机组一方面要研发新一代高效清洁协同发电技术,降低单位发电碳排放强度,并依靠植树造林等碳汇技术吸收发电产生的 CO_2;另一方面要对在役煤电机组进行灵活性技术、利用与封存技术改造,以适应电网调峰和 CO_2 减排的要求,在负荷变动或是极端工况条件下保持高效清洁发电特性。

先进超超临界发电技术是未来煤炭从主体能源向基础能源转变情境下的关键技术之一。超超临界发电技术是指燃煤电厂将水蒸气压力、温度提高到超临界参数以上,实现机组热效率大幅提高、煤耗和污染物排放大幅降低的技术。表 3-1-1 为不同参数机组的热效率和供电标准煤耗之间的对比。先进超超临界发电技术核心优势在于低碳、高效、清洁及技术的继承性。700 ℃ 超超临界发电技术中水蒸气被加热至 700 ℃,压力提高到 35 MPa 及以上,发电效率可达 50% 以上,可有效降低煤耗,减少 SO_2、NO_x、重金属等污染物排放,同时可以降低 CO_2 的捕集成本,有助于推进碳捕集、利用和封存(carbon capture, utilization and storage, CCUS)技术的应用。二次再热技术可将现有超超临界发电煤耗降低约 14 g·(kW·h)$^{-1}$,热耗降低约 150 kJ·(kW·h)$^{-1}$,厂用电率降低约 0.8%,配合低氮燃烧器、烟气脱硫脱硝系统能够减少 CO_2、SO_2、NO_x 及烟尘排放量 5% 以上。超超临界二次再热机组不仅可以节约一次能源,减少温室气体排放,提高机组的经济性,而且对提高国内电力行业设计制造水平有着重要意义,为将来"700 ℃"

电站示范建设奠定了基础。

表 3-1-1　超超临界机组主要参数对比情况

临界状态	蒸汽压力 /MPa	蒸汽温度 /℃	热效率 /%	供电标准煤耗 / [g·(kW·h)$^{-1}$]
亚临界	16.7	538/538	36~38	320~340
超临界	24.0	538/566	41~43	~300
超超临界	25.0~28.0	600/600	~46	~280
700 ℃超超临界	35.0	700/720（欧盟）730/760（美国）	~52	~241

整体煤气化联合循环（integrated gasification combined cycle，IGCC）发电系统粗煤气高温脱硫因其清洁、高效的特点，日益受到人们的重视。IGCC 技术将煤气化和高效联合循环发电系统结合，使煤在气化炉中气化成为中热值或低热值的煤气，然后通过处理，去除其中的灰分、含硫化合物、重金属等有害物质，进而供到燃气-蒸汽联合循环的发电机组中去燃烧和做功，借以达到以煤代油（或天然气）的目的，并且它的能量来源主要是高硫煤。如果说高硫煤脱硫应用是高硫煤应用的过去，高硫煤制甲醇是高硫煤应用的今天，那么，用于 IGCC 发电技术代表着高硫煤应用的未来。

CCUS 技术是把生产过程中排放的 CO_2 进行提纯，继而投入新的生产过程中进行循环再利用的一项技术。如图 3-1-1 所示，CCUS 技术是碳捕集与封存技术的升级，可实现 CO_2 的循环再利用，主要包括先进的 CO_2 捕集技术，地质、化工、生物和矿化等 CO_2 利用前沿技术以及 CO_2 地质封存关键技术等。近年来，CCUS 技术不断地丰富和发展，特别是随着全球对气候变化的重视和多个国家碳中和目标的提出，CCUS 等低碳技术受到越来越多的关注，成为减少温室气体排放、实现碳中和目标、推动人类社会可持续发展的重要技术手段。

3.1.2　燃气发电

化石能源排放是我国 CO_2 排放的重要来源，为实现"碳中和"目标，化石能源的成长空间无疑将受到限制。天然气虽是化石能源，但在等热值情况下，其碳排放比煤炭少约 45%，是近期保障能源安全和能源结构转型的现实选择，将在能源转型中起到桥梁和支撑作用。天然气在"碳中和"路径中的作用可分为 4 个阶段：2020—2030 年，天然气发挥其低碳特点助力"碳达峰"；2030—2035 年,天然气进入与可再生能源融合发展阶段；2035—2050 年,天然气与可再生能源充分融合；2050—2060 年,天然气仍发挥对可再生能源的支撑作用。

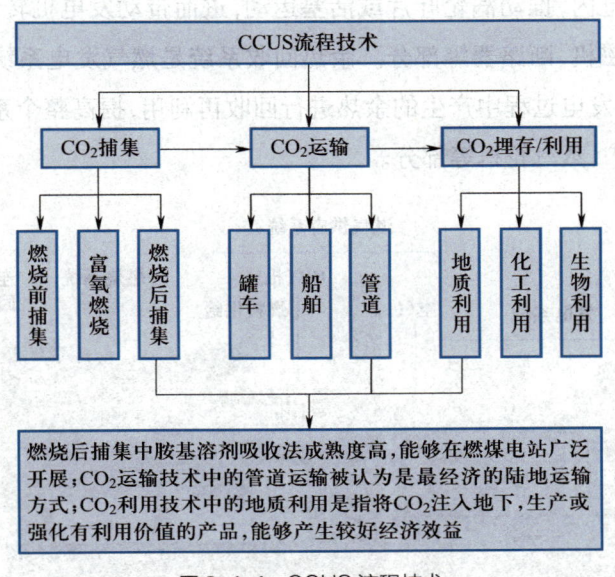

图 3-1-1　CCUS 流程技术

目前,全球范围内燃气发电装机容量已经超过 1.4 亿千瓦,占全球电力装机总量的近 1/4。燃气发电具有高效、灵活、清洁等优点,能够满足不同国家和地区的能源需求。同时,随着技术的不断进步和成本的降低,燃气发电在可再生能源领域也具有很大的发展潜力。

1. 燃气发电的定义

燃气发电是指利用燃气轮机或燃气内燃机等设备,将燃气的热能转换为机械能,进而驱动发电机产生电能的过程。燃气发电作为一种高效、清洁的能源利用方式,在能源结构中占据重要地位。

2. 燃气发电的流程

燃气发电系统主要包括燃气供应系统、燃烧系统、发电系统和余热回收系统四个部分。如图 3-1-2 所示,燃气供应系统是整个燃气发电系统的核心,它负责将天然气、煤气等燃料供应到燃烧室进行燃烧。该系统包括天然气的压缩、输送、分配和储存等环节。燃烧系统是燃气发电系统的重要组成部分,它负责将燃料和空气混合,并在燃烧室内进行充分燃烧,产生高温高压的烟气。该系统包括燃烧器、燃烧室、烟气排放控制等部分。发电系统是燃气发电系统的核心之一,它负责将燃烧系统产生的高温高压烟气引入涡轮机或汽缸内,推动涡轮叶片或活塞运动,进而带动发电机转动,产生电能。该系统包括发电机磁机、断路器等部分。余热回收系统是燃气发电系统的另一个重要组成部分,它负责将发电过程中产生的余热进行回收再利用,提高整个系统的热效率。该系统包括余热锅炉、蒸汽轮机等部分。

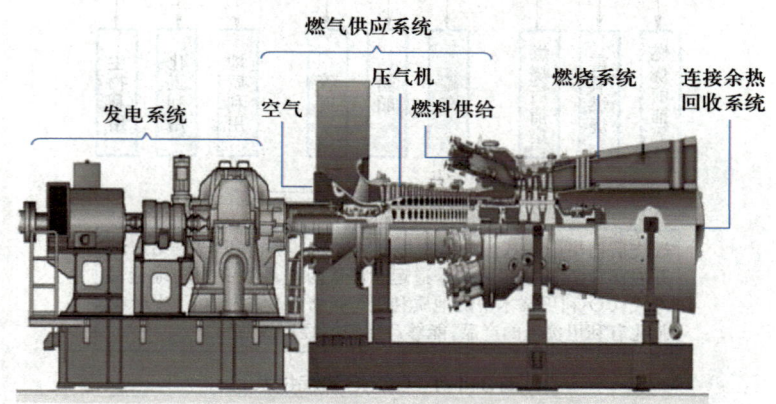

图 3-1-2　燃气发电机组介绍

相比于燃煤发电,天然气发电(简称"气电")具有效率高、污染小、灵活性强的优点。

(1)气电较煤电环保优势明显,天然气燃烧时的二氧化碳、氮氧化合物排放量较煤炭燃烧时分别下降 44%、50%,没有粉尘颗粒和二氧化硫排放。

(2)调峰型气电的机组具有启停快、爬坡速率快、调节性能好等优势,煤电冷启动需要 5 h,而调峰型气电机组全负荷启动仅需 9~10 min。

(3)调峰型气电机组不仅能改善间歇性、随机性可再生能源大规模接入带来的电网安全问题,也能解决大型煤电机组深度调峰过程中能效降低和排放增加的问题。

(4)天然气发电效率高,在热电联产发电时的能源利用率可达 80%,远超普通发电机组的 30%。

3. 燃气发电的挑战和发展方向

燃气发电作为一种清洁、高效的能源形式,被广泛应用于全球各地。然而,燃气发电过程中会产生大量的 CO_2 和其他温室气体,对气候变化产生负面影响。因此,如何在燃气发电领域实现碳中和成了一个待解决的问题。

首先,需要开发和应用更加高效、清洁的燃气发电技术。例如,采用先进的燃烧技术和高效能设备可以提高燃气发电的效率和减少温室气体排放。此外,研发和应用新型的碳捕集和储存技术也是实现碳中和的关键之一。其次,需要开发和应用可再生能源技术,以替代部分燃气发电。例如,太阳能、风能等可再生能源具有清洁、可再生的特点,可以减少化石燃料的消耗和温室气体排放。同时也可以通过能源储存技术来解决可再生能源的不稳定问题。

目前在我国以煤炭为主的能源结构下发展天然气发电具有积极意义——不仅可以改善能源结构,还可以在短期内有效控制碳排放。但是由于天然气并不是可再生能源,其供应量有限且价格相对较高,因此大规模发展天然气发电存在一定的风险和挑战,需要综合权衡各种因素来制定合理的能源政策和规划以确保可持续发展。例如,可以通过与其他可再生能源相结合来降低成本和提高稳定性——"太阳能 + 天然气发电"项目已经得到了广泛应用并取得了良好的效果。

3.1.3 燃油发电

燃油发电机是一种常见的动力设备,它通过燃烧燃油产生热能,再将热能转化为电能。燃油发电机组适用于各种场景,如工业生产、商业大楼、医院、学校、矿山、通信、港口、铁路、机场等。特别是在突发事件、应急救援、偏远地区等电力供应不足的场合,燃油发电机组可以发挥重要作用。

1. 燃油发电机的构成

燃油发电机主要由发动机、发电机、散热系统、油箱、电器控制系统等组成。其中,发动机是核心部分,它由曲轴、汽缸、油路、水路等组成。发电机包括转子、定子、整流桥等。散热系统由散热器、风扇、水泵等组成。油箱则用于储存燃油,电器控制系统负责控制发电机的启动、停止、转速等。

2. 燃油发电机的工作原理

燃油发电机的工作原理是在发动机中,燃油与空气混合后进入汽缸,被火花塞点燃

后产生高温高压气体，推动活塞运动，从而带动曲轴旋转。曲轴通过传动装置带动发电机转子旋转，产生交流电，再通过整流桥转换成直流电，最后通过输出端口供给负载。

3. 燃油发电机的优势

燃油发电机具有以下优势：

（1）灵活性好：燃油发电机组可以在任何时间、任何地点使用，不受停电限制。

（2）稳定性好：燃油发电机组可以在各种环境下运行，满足不同负载需求。

（3）操作简单、使用成本低：燃油发电机组操作、维修简单，噪声低，环保性好，另外其运行成本不高，使用寿命长。

4. 燃油发电机的分类

燃油发电机按照燃料的不同可具体分为石油发电机、柴油发电机、汽油发电机和重油发电机。燃油发电所用的燃料主要为地下取出来的石油，又称原油。原油经过加热精炼加工后，分馏成为汽油、煤油、柴油，最后在 300 ℃以上分馏出以重碳氢化合物为主要成分的黑褐色重油，含灰量极少，是很好的燃料油。

石油发电的优点包括技术成熟、使用方便、燃烧后所产生的废气对环境影响相对较小。然而，石油是一种有限的资源，使用寿命较短，随着燃烧过程的进行，环境污染和碳排放增加，同时其价格也相对较高。因此，石油发电一般被视为备选能源，适用于城市或地区能源需求不是太大的情况。

柴油发电机具有高效率、使用范围广、操作简单、维护成本低、移动方便等优点，也是一种理想的发电设备。

汽油发电的优点是优良的燃烧效率可产生极高的经济效益、无论何时无论何处都能使用的低噪声发电机组、稳定的自动电压调节装置和机油警告系统，确保了运行的稳定性与安全性。其通常适用于应急通讯、抢修或者作为小型接入网机房、机房的后备电源。

重油具有可以利用油泵和油管输送、无须排灰处理、贮藏设备和燃烧装置都比较简单、燃烧效率高以及对负荷适应性较强等优点。但是，由于含硫量较大，因此存在大气污染和低温腐蚀等问题。特别是在重油中，即使有极微量的钒，也会在高温燃烧过程中生成五氧化二钒（V_2O_5），并与锅炉的过热器或再热器的高温（600 ℃以上）金属表面接触后引起所谓的"高温腐蚀"。此外，重油还易于着火爆炸，输送和贮藏时要特别注意安全。

我国的燃油发电技术成熟，选址灵活，布厂方便，可有效降低电网输配电耗损。但燃油发电的主要问题是污染大、耗能大、后期成本高、可持续发展前景黯淡。但近期报道研究了有关优化发电机组集控运行系统性能的方案，为相关领域的工程应用提供了有力的技术支撑和参考，有望推动燃油发电行业走向更为绿色、高效的未来。

3.1.4 水力发电

水力发电是研究如何将水能转化为电能的技术领域，涵盖工程建设、生产运行和相关经济问题。水力发电是一种成熟的清洁能源技术，既高效又可持续，但也需要考虑其环境和生态影响。自 21 世纪以来，我国水力发电装机容量和发电量稳步增长。根据 2023 年统计数据，我国水电总装机容量达到 42154 万千瓦，同比增长 1.8%。其中，长江流域的水电装机容量占全国总量的 53.2%，包括我国最大水电站——三峡水电站（如图 3-1-3 所示），以及位于汉江的丹江口和安康水电站，还有乌江流域的多个大型水电站，如构皮滩、思林和沙陀等。

图 3-1-3 三峡水电站

1. 水力发电的基本原理

水力发电的基本原理是利用水流的动能和势能，通过水力机械装置将其转化为电能，如图 3-1-4 所示。具体来说，水力发电系统主要包括水源、引水渠道、水轮机、发电机、输电系统等环节。

（1）水机械能转化为机械动能　水力发电的基础是水的能量。水流从高处落下（或流动），其具有的势能和动能可以驱动水轮机。当水流经过水轮机的叶片时，水的动能使水轮机转动，进而将水的机械能转化为机械动能。

第 1 节　传统发电节能提效

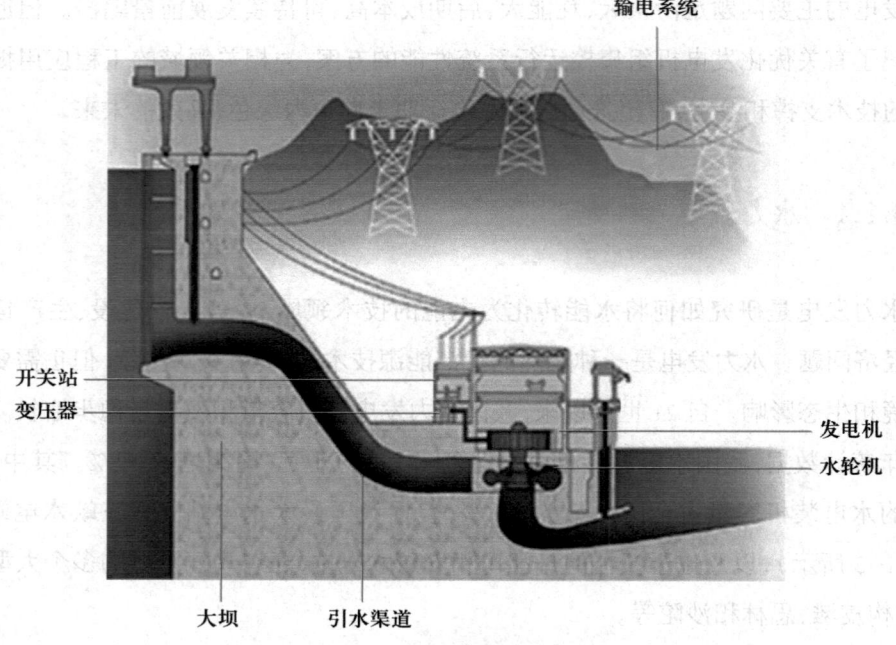

图3-1-4 水力发电原理示意图

势能：水位的高度决定了水的势能。水位越高，水流下落的速度和能量越大。

动能：水流的速度与流量共同影响水流的动能。流量越大、流速越快，能量也就越高。

（2）水轮机的作用　水轮机是水力发电站中的核心设备，其作用是将水流的动能转化为机械能。根据水流的特点，水轮机有不同类型，常见的有以下三种：

冲击水轮机：适用于水流速度较高的情况，水流冲击水轮叶片使其转动。

反击水轮机：适用于中等水流速度，水流在一定压力下冲击水轮叶片。

导水管水轮机：适用于大流量、低水头的情况。

水流通过导水管被引入水轮机，流经水轮叶片，推动叶轮旋转。

（3）机械能转化为电能　水轮机旋转时，其机械能通过联轴器传递到发电机。发电机由定子和转子组成，当转子旋转时，磁场的变化会诱发定子中的电流，从而实现机械能到电能的转换。

发电机原理：根据法拉第电磁感应定律，转子旋转时，磁场通过导体线圈产生电流。这些电流被传输到电网中，供给用户使用。

（4）电能输送　发电机产生的电流通常是交流电，通常会使用变压器将电压升高以减少输电过程中的能量损失。然后，通过高压输电线路将电力输送到各地，供给工业

和民用。

（5）调节水流　为了确保水力发电站的高效运行，还需要调节水流。水库和调节池起到存储和调节水量的作用。水库能够在水量多时储存水源，在水量不足时按需释放水流，维持发电的稳定性。此外，调节流量的过程也有助于平衡水电的供电能力，确保负荷需求的匹配。

（6）环境与生态影响　水力发电虽是清洁能源，但其建设和运行对生态环境有一定影响。例如，大型水库可能导致水域生态系统改变，影响鱼类迁徙、物种多样性等。为了减少这些影响，现代水力发电工程中会采用生态通道、鱼道等设施来保障生态环境的平衡。

2. 水力发电的类型

水力发电根据不同的标准可以分为多种类型，包括按水头高度、按水流的流动方式、按发电设施的规模、按水力发电站的构造方式以及按运行方式等。不同类型的水力发电站适应不同的地理条件和水资源特征，具备不同的优势和适用场景。

（1）按水头高度划分　水头是指水流从高处落下的垂直距离，水头的大小直接影响水力发电的效率。根据水头的不同，水力发电可分为以下三种类型。

大水头水力发电：大水头水力发电通常指的是水头高度超过 100 m 的水力发电。由于水头较大，水流的势能转换为机械能的效率较高，因此发电机组的输出功率也较大。这类发电站常见于山脉或高差较大的地区。典型的例子有"抽水蓄能"水电站。

中水头水力发电：中水头指的是水头在 30~100 m 之间的水力发电。这类水力发电站常见于丘陵地带或中等高度的山脉中，发电效率适中，适用于中型发电项目。

低水头水力发电：低水头水力发电通常指的是水头低于 30 m 的水力发电。水头较低意味着水流的势能转换效率较低，通常需要更大的流量才能获得较高的发电功率。这类水电站常见于江河流域平原区域。

（2）按水流的流动方式划分　水流的流动方式决定了水轮机的工作原理和装置的选择，根据流动方式，水力发电可以分为以下三类：

冲击式水力发电：冲击式水力发电是指利用水流的动能直接冲击水轮机叶片，通过水流的冲击使叶片旋转，从而驱动发电机。这类发电方式常见于大水头、高流速的水域。典型的水轮机是水斗式水轮机（Pelton turbine）。

反击式水力发电：反击式水力发电依靠水流通过水轮机时产生的压力差来推动水轮旋转。这种方式适用于中水头的情况，常见于河流中。混流式水轮机（mixed-flow

turbine）是这种类型中常用的水轮机。

轴流式水力发电：轴流式水力发电通过水流直接沿着水轮机的轴向流动来推动叶片转动。通常适用于低水头、大流量的水域。常用的水轮机是轴流转桨式水轮机（axial-flow adjustable-blade turbine）。

（3）按发电设施的规模划分 根据水力发电系统的规模，水力发电可以分为以下四类：

大型水力发电：大型水力发电站通常指装机容量在100万千瓦以上的大型水电站。由于设备庞大，建设周期较长，且需要大规模的水库或蓄水池。这类发电站可为大量城市和工业区提供电力。典型的例子如我国的三峡水电站和巴西的伊泰普水电站。

中型水力发电：中型水力发电站的装机容量一般在10万~100万千瓦之间，适用于中等规模的水库或水流量较大的河流，通常用于较为广泛的地区供电。

小型水力发电：小型水力发电装机容量通常低于10万千瓦。它们常常建设在较小的水流区域，如小型溪流、支流或小型水库中，满足附近地区的小范围电力需求。小型水力发电是一种非常灵活且能有效利用局部水能资源的方式。

微型水力发电：微型水力发电系统的装机容量通常不到100千瓦，甚至小于10千瓦，主要用于单个家庭或小型村庄的电力供给。这类系统通常用于偏远地区，或作为小型分布式发电项目。常见的设备包括小型水轮机和家用水力发电机组。

（4）按水力发电站的构造方式划分 传统的水库水力发电站通常通过修建大型水库将水储存起来，在需要时释放水流，利用水头差进行发电。这类水电站具有较高的发电稳定性，可以根据电网需求调节发电量。

径流式水力发电：径流式水力发电站通常没有水库，只通过引流方式将水流引入水轮机系统，水流经过后直接返回河道。这类水电站依赖于自然水流的稳定性，适用于流量稳定的河流。

抽水蓄能水力发电：抽水蓄能水力发电是一种储能型水力发电方式，主要用于电力负荷调节。其基本原理是在电力需求低时，用富余电力将水从低处抽至高处储存；当需求高峰时，再将水释放通过水轮机发电。它在电网调节和储能方面具有重要作用。

地下水力发电：在地下水资源丰富的地区，尤其是山地或峡谷地区，有时会利用地下水流通过水力发电。地下水力发电较少见，但它具有较低的环境影响和较为稳定的水流来源。

（5）按运行方式划分

恒定流水力发电：恒定流水力发电通常指的是水流量较为稳定的地区，如大河流域，通过固定的水流供给持续发电。

变流水力发电：变流水力发电一般存在于水流量有较大波动，或者有季节性水流变化的地区，这种类型的水电站需要根据流量的变化进行调节和管理。

3. 水力发电的特点

水力发电的特点主要包括可再生性、高效性、稳定性和可调节性、环境友好性、生命周期长、运营和维护成本低、不受燃料价格波动影响、灵活适应性等。它是全球范围内应用最广泛的清洁能源之一，并且在电力供应的稳定性、负荷调节等方面具有无可比拟的优势。但它也有一定的局限性，尤其是对水资源的依赖性、对环境影响和前期投资较大等问题，因此需要在规划和建设中对其特点进行充分的考量。

（1）可再生性　水力发电利用的是水流的势能和动能，这些能量来源于水循环过程，属于自然可再生资源。水力发电站不会耗尽水源，只需合理调节水的使用和流动，因此它是一种可持续的能源，能够长期使用。

（2）高效性　水力发电的转换效率非常高。水力发电机组的能量转换效率通常在80%～90%之间，这比许多其他能源形式（如火力发电）的能量转换效率高得多。尤其是在大水头和大流量的情况下，水力发电能充分发挥其高效的优势。

（3）稳定性和可调节性　稳定性：水力发电可以实现快速启动和停止，因此在电网中非常重要，尤其是对于电力负荷调节方面。水电站能迅速响应电力需求的变化，尤其是抽水蓄能水电站，在电力需求低谷时可以进行储能，在负荷高峰时又能快速释放电力。它还可以通过调节水流量来确保发电的稳定性。

调节性：水力发电能够根据需要调节输出功率，尤其是通过大坝调节水流量和水库的蓄水能力，在电力需求高峰时提供额外的电力。

（4）环境友好　水力发电被认为是一种清洁能源。它在发电过程中不直接产生污染物和温室气体，避免了传统化石燃料发电对空气和水资源的污染。相比于火力发电，水力发电对环境的影响较小，不会排放二氧化碳和有害物质。

然而，水力发电的建设和运营也会对生态环境产生影响，特别是大规模的水库可能影响水域生态、鱼类迁徙以及周边的生物多样性。因此，在现代水力发电工程中，常常采取措施，如建设鱼道、生态通道等，减小对环境的负面影响。

（5）生命周期长　水力发电站的生命周期通常较长，许多水电站可以持续运营50年或更长时间。大坝、水轮机和发电机组等设备的耐久性使得水力发电具有很长的使

用年限。尽管建设成本较高，但运营期长，使得单位发电成本相对较低。

(6) 运营和维护成本低　水力发电站的运营和维护成本相对较低。一旦建设完成，水力发电的日常维护费用相对较少。除了对水轮机、发电机和大坝的定期检修外，水力发电站的其他运营成本不高。相比于火力发电和核电站，水力发电的燃料成本为零，不需要购买燃料。

(7) 不受燃料价格波动影响　与依赖煤、石油等化石燃料的发电方式不同，水力发电不受燃料价格波动的影响。水电站的电力生产完全依赖于水流量，而水源本身不受市场价格的波动，因此其电力生产成本相对稳定。

(8) 灵活适应性　水力发电可以根据不同的地理条件和水资源特点进行灵活的设计和建设。无论是在大江大河上建造大型水库水电站，还是在小型河流中建造微型水电站，水力发电都能根据当地的水资源条件进行合理配置。

此外，水力发电还可以与其他能源系统（如风能、太阳能等）结合，形成混合能源系统，提高能源利用效率和电网的稳定性。

(9) 能量密度高　水力发电具有较高的能量密度，尤其在大水头的地区，水流的势能和动能可以转化为大量的电能。相比于风力发电和太阳能发电，水力发电在同等面积内能够提供更高的电力输出。

(10) 地区性和局部性　水力发电的建设通常需要特定的地理条件，尤其是水流较为丰富的地区。大江大河适合建设大型水电站，而山区、小溪流等则适合建设小型或微型水电站。因此，水力发电的建设和分布受到地理位置的影响，具有地区性和局部性。

(11) 对水资源的依赖性　水力发电需要依赖稳定的水源和水流量。干旱或水资源短缺的地区，水力发电的可行性会受到很大影响。例如，在长时间干旱或季节性降水不足的情况下，水电站的发电能力可能下降。

(12) 建设周期长，初期投资大　虽然水力发电的运行成本低，但建设一个大型水电站需要较长的建设周期和较大的前期投资。大坝、水库和其他基础设施的建设需要大量的资金和时间。这也使得水力发电项目在初期面临较大的资金压力。

水力发电作为一种清洁能源，具有许多显著的特点。我国水力资源丰富，水能资源居世界第一位，所以我国的水力发电具有得天独厚的优势。但我国水资源在各地区的分布不均。从地区分布上看，水能资源分布与地区经济发展水平不匹配，因此西电东输成为我国水电资源开发的主要方式。

第 2 节
碳捕集与封存

碳捕集与封存（carbon capture and storage, CCS）是指 CO_2 从工业或相关能源的排放源中分离出来，输送到一个封存地点，并使之长期与大气隔绝的一个过程。CCS 可以实现化石能源大规模可持续低碳利用，帮助构建低碳工业体系，同时与生物质或空气源结合可具有负排放效应，是中国碳中和技术体系不可或缺的重要组成部分，是减少化石能源发电和工业过程中 CO_2 排放的关键技术，将有效助力我国实现"碳达峰""碳中和"的宏伟目标。其主要内容包括 CO_2 的捕集分离、压缩运输和封存。

CO_2 在运输和封存时需要以较高的纯度存在，而在大多数情况下工业尾气中 CO_2 的纯度达不到这个要求，所以必须从尾气中将 CO_2 分离出来，这一过程称为 CO_2 的捕集。CO_2 捕集技术用于去除气流中的 CO_2 或者分离出 CO_2 作为气体产物。捕集是碳捕集与封存的第一步。根据捕集操作在整个过程中所处的位置，CO_2 的捕集方式可以分为三种：燃烧前捕集（pre-combustion capture）、燃烧后捕集（post-combustion capture）以及富氧燃烧（oxy-fuel combustion）技术。根据 CO_2 分离原理的不同，捕集技术又分为液体吸收、固体吸附、膜分离等。

3.2.1　碳捕集

1. 燃烧前捕集

燃烧前捕集技术的核心应用场景集中于整体煤气化联合循环（integrated gasification combined cycle, IGCC）系统，其典型工艺路径如图 3-2-1 所示。在高压富氧条件下对煤基燃料进行气化处理，生成合成气（主要成分为 CO 和 H_2），随后通过水煤气变换反应实现 CO 向 CO_2 的定向转化。该工艺体系因具备较高的系统压力（通常 3~6 MPa）与 CO_2 体积浓度（15%~40%），显著提升了碳捕集效率，副产的高纯度氢气可循环作为清洁燃料。相较于传统的燃烧后捕集技术（即从末端烟气中分离 CO_2）及富氧燃烧技术（通过空气分离装置去除氮气，采用 O_2/烟气再循环混合气体作为氧化剂，最终获取高浓度 CO_2），燃烧前捕集技术展现出独特的技术经济特性。

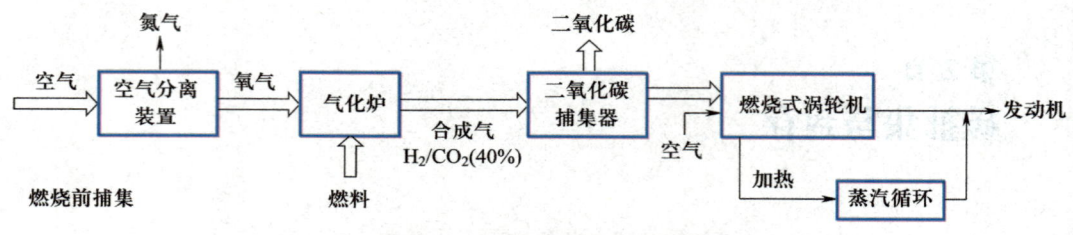

图 3-2-1　燃烧前捕集工艺流程图

从技术经济维度分析，该工艺的核心优势体现在以下三点：① 高压操作条件降低气体压缩能耗；② 提升 CO_2 分压（较常规烟气提高 5~8 倍）从而减少吸附剂消耗量；③ 联产氢能实现能源梯级利用。然而现阶段仍存在显著制约因素：气化反应器及配套净化装置的资本性支出较传统电站增加 40%~60%，系统热效率维持在 38%~43%（传统煤粉燃烧系统的热效率可达 44%），且催化剂失活导致的运行能耗成本仍待优化。当前技术研发重点聚焦于新型气化炉设计、耐硫催化体系开发以及系统热集成优化三个方向。

2. 燃烧后捕集

燃烧后碳捕集技术是通过化学吸收、吸附或膜分离等方法，从发电厂排放的烟气中分离 CO_2 的核心工艺（如图 3-2-2 所示）。该技术对于现有燃煤/燃气电厂改造适配性强，仅需在尾部加装捕集装置即可实现 CO_2 回收。其典型流程包含三个阶段：首先利用胺基溶剂在吸收塔中捕获低浓度 CO_2（4%~14%），随后通过加热再生塔释放高纯度 CO_2（>95%），最终压缩至超临界状态便于运输封存。由于改造成本低、操作灵活（捕集率可调至 90%），该技术已成为全球应用最广的碳捕集方案，尤其适用于传统电厂的低碳化升级。

当前技术瓶颈集中于能耗与经济性矛盾：一方面，烟气的高温特性（120~150 ℃）和低 CO_2 浓度导致捕集能耗占电厂发电量的 20%~30%；另一方面，该技术需预先脱除硫化物、氮氧化物等污染物，并处理溶剂降解带来的环境风险。为突破该瓶颈，研究者们正重点研发金属有机框架（metal organic frameworks, MOFs）等新型吸附材料，探索余热驱动分离工艺，并尝试将膜分离技术与化学吸收法耦合，目标是将捕集能耗降低 40% 以上，同时减少溶剂造成的二次污染。

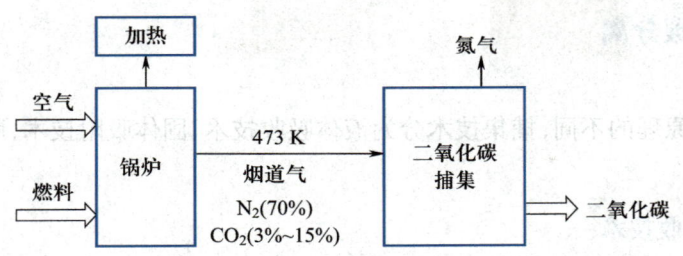

图 3-2-2 燃烧后捕集工艺流程图

3. 富氧燃烧技术

富氧燃烧本质上是一种通过改造燃烧介质实现 CO_2 富集的技术,其工艺流程如图 3-2-3 所示。其核心工艺包含三大系统:① 低温空气分离装置制备高纯氧气(O_2 浓度 >95%);② 燃烧室(锅炉)内燃料与纯氧混合燃烧,生成以 CO_2 和水蒸气为主的烟气;③ 烟气再循环系统将部分 CO_2 返回燃烧区以调节火焰温度(避免超 2000 ℃高温损伤设备)。该技术本质上是燃烧后捕集的升级方案,通过控制燃烧气氛使烟气 CO_2 浓度提升至 80% 以上,大幅降低后续分离能耗。燃烧室通过分级燃烧设计,可同步减少 30%~50% 的硫氧化物、氮氧化物排放。

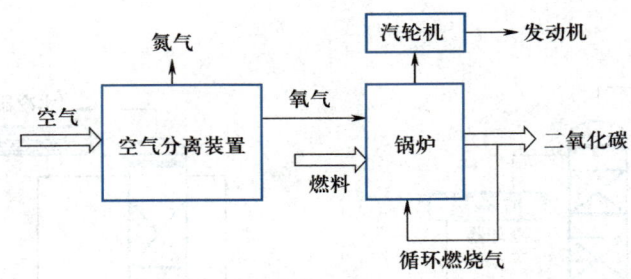

图 3-2-3 富氧燃烧技术工艺流程

经过多年发展,富氧燃烧技术已实现规模化应用,其核心在于通过空气分离装置制备高纯度氧气(O_2 浓度 >95%),并将其注入燃烧室形成以 CO_2 为主的烟气体系。然而,空气分离环节能耗占系统总能耗的 15%~20%,且高浓度氧气加剧燃烧室腐蚀(速率较常规燃烧提高 3~5 倍),引发结垢、维护成本攀升(年均增加 200 万 ~300 万元/万吨 CO_2 产能)及安全隐患等一系列问题。为此,研究者正通过开发离子传输膜氧分离技术降低能耗,采用耐高温陶瓷涂层提升燃烧室耐久性,并优化烟气再循环比例(通常控制在 60%~75%)来协同提升系统的经济性与安全性。

3.2.2 碳分离

根据分离原理的不同,捕集技术分为液体吸收技术、固体吸附技术、膜分离技术等。

1. 液体吸收技术

液体吸收是目前应用最为广泛的 CO_2 捕集方法。当采用某种液体处理气体混合物时,在气液相的接触过程中,气体混合物中的不同组分在同一种液体中的溶解度不同,气体中的一种或数种溶解度大的组分将进入液相中,从而使气相中各组分相对浓度发生了改变,即混合气体得到分离净化,这个过程称为吸收。

液体吸收 CO_2 捕集技术的工艺流程主要包含吸收塔和解吸塔两个操作单元,液体吸收 CO_2 捕集工艺流程如图 3-2-4 所示。其基本过程为:脱硫脱硝后的烟道气预处理后,经增压风机从底部进入吸收塔,同时吸收液从吸收塔的顶部喷淋而下,烟道气和吸收液在吸收塔内逆流接触后,吸收液吸收烟气中的 CO_2,变成含有大量 CO_2 的富液,通过富液增压泵,富液进入解吸塔塔顶,在解吸塔由再沸器加热从而释放出 CO_2,实现 CO_2 的分离与回收及吸收液的再生。再生后的吸收液贫液经过热交换器降温后,通过液体泵循环进入吸收塔吸收 CO_2。

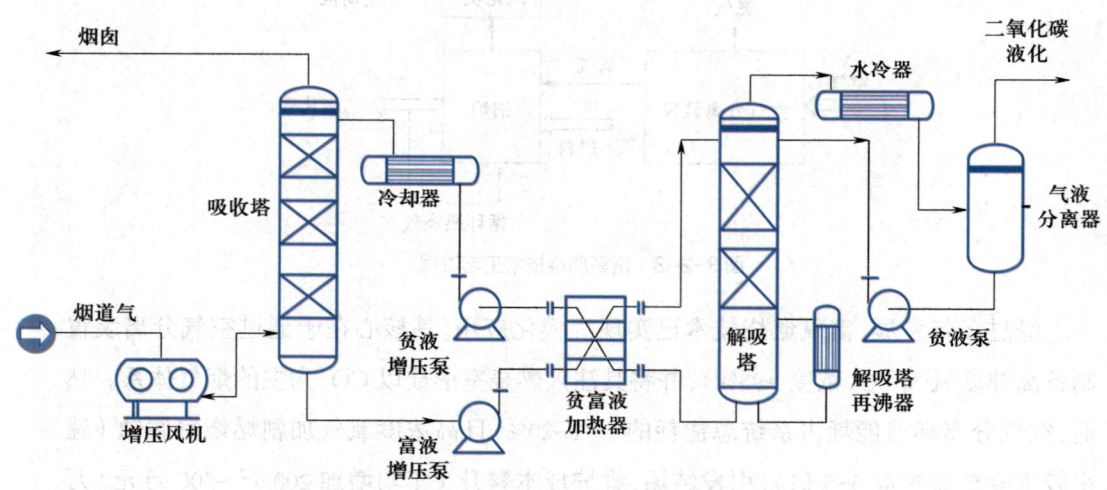

图 3-2-4 液体吸收 CO_2 捕集技术工艺流程

在 CO_2 捕集过程采用的液体吸收过程中,按照 CO_2 吸收原理不同,液体吸收 CO_2 的捕集方法主要分物理吸收法、化学吸收法和物理化学联合吸收法,其中化学吸收法应用最为广泛。

（1）物理吸收法　物理吸收法是指吸收剂不与 CO_2 发生化学反应，仅通过 CO_2 在吸收剂中的物理溶解实现 CO_2 吸收的方法。相比于其他吸收法，物理吸收法有着明显的优势。首先，物理吸收剂没有腐蚀性，管道和设备不需要铺设合金钢，设备成本较低；其次，吸收过程不需要外部热量，能耗主要集中在溶剂循环泵和循环气体压缩机，因此运营成本较低。物理吸收法也存在局限性，当 CO_2 分压较低时，物理吸收法的选择性较差。另外，由于 CO_2 在吸收剂中服从亨利定律，即气体溶解度会随着压力升高和温度降低而增加，因此实际应用中只有 CO_2 分压大于 350 kPa，且气流初始温度不高时才考虑选择物理吸收法。

（2）化学吸收法　化学吸收法是指碱性吸收剂有选择性地与混合烟气中的 CO_2 发生化学反应，生成不稳定的盐类（如碳酸盐、碳酸氢盐、氨基甲酸盐等）。当外部条件（温度、压力）发生改变时，该盐类可逆向解吸出 CO_2，从而实现 CO_2 的脱除和吸收剂的再生。化学吸收法一般分为有机胺法、热钾碱法、氨法、离子液体法、相变吸收剂法和酶促法等。

目前，化学吸收法捕集 CO_2 仍存在以下问题：① 捕集工艺能耗大。在捕集系统中，高温的烟气必须通过降温后才能进入吸收塔，浪费了烟气初始的余热，增大了操作工艺的能耗。② 吸收剂循环效率低，运行过程会造成氧化损耗，在捕集过程中需不断补充，同时会产生设备腐蚀以及发泡等不良影响。③ CO_2 捕集设备庞大，操作的弹性小。④ CO_2 回收成本高。

（3）物理化学联合吸收法　物理化学联合吸收法兼有物理吸收法和化学吸收法两者的特点，按比例混合物理吸收剂和化学吸收剂来吸收 CO_2。常用的工艺有环丁枫法和常温甲醇法。

环丁枫法采用环丁枫、二异丙醇胺和水的混合溶液作为吸收剂，用于同时脱除 H_2S 和 CO_2。但环丁枫法对设备的腐蚀性较大，目前实际工业应用中较为少见。常温甲醇法采用甲醇、烷醇胺（MEA、DEA 等）及少量缓蚀剂组成的低沸点混合溶液作为吸收剂。该法适用于以油为原料制氨、甲醇合成气或纯氢的气体净化，也适用于合成原料气的净化。

2. 固体吸附技术

近几十年，固体吸附技术获得了巨大的发展，开发出了一系列具有高 CO_2 吸附量、

快速吸附动力学、良好的选择性和稳定性的 CO_2 固体吸附剂。碳捕集的吸附循环过程也得到了显著的发展，开发了变温、变压、变湿、真空、蒸汽吹扫等多种再生手段。相比于液体吸收，固体吸附技术的工作条件覆盖了较宽的温度和压力范围，可以应用于更多捕集工况，同时还避免了胺类溶剂在使用过程中产生的有毒和腐蚀性物质。

按照 CO_2 吸附活性温度区间分类，CO_2 固体吸附剂可以分为低温吸附剂（<200 ℃）和中高温吸附剂（>200 ℃）。低温固体吸附剂的材料主要有碳材料以及分子筛等多孔材料；中温固体吸附剂的材料主要有层状双氢氧化合物；高温固体吸附剂主要是钙基及锂基吸附剂。

（1）中高温吸附剂　中高温吸附剂的材料主要有层状双氢氧化合物、锂基陶瓷材料、氧化钙及碱金属类化合物等，该类材料一般在 200 ℃以上进行吸附/解吸行为。层状双氢氧化合物（layered double hydroxides，LDHs）是一类新型的无机功能材料，是由层间具有可交换的阴离子及带正电荷层板堆积而成的层状材料。这类材料属于化学吸附材料，已被证明适合作为 CO_2 吸附剂，用于 CO_2 预燃烧过程中，其吸附/解吸温度一般在 200~400 ℃，LDHs 对 CO_2 良好的吸附能力和稳定的吸附行为，归因于其稳定的离子交换能力、较高的比表面积、较好的骨架稳定性，以及材料中阴离子和水分子的高迁移率。

（2）低温吸附剂　低温吸附剂捕集 CO_2 是通过改变温度和压力等条件对吸附剂进行再生，常用的吸附法有变温吸附法（temperature swing adsorption，TSA）和变压吸附法（pressure swing adsorption，PSA）等。

低温吸附剂的材料主要有碳质吸附材料、沸石分子筛、金属有机骨架、共价有机骨架、多孔碳等，该类材料的主要特点是能在相对低温（通常在 200 ℃以下）下吸附 CO_2。

根据吸附剂与 CO_2 之间的作用，低温吸附剂可以分为低温物理吸附剂和低温化学吸附剂。低温物理吸附剂主要利用多孔结构吸附 CO_2 分子，而低温化学吸附剂一般由多孔材料负载固态胺或者离子液体等，通过与 CO_2 反应增加吸附量，能在常压下吸附数量可观的 CO_2。

3. 膜分离技术

膜分离技术是利用膜的选择透过性分离气体混合物，在分离膜的两侧利用压差为推动力使气体分离或者富集。膜分离 CO_2 技术包括气体膜分离技术和膜吸收技术（膜接触器技术）。

（1）气体膜分离技术　气体膜分离技术是基于膜材料对不同气体渗透选择性的差异分离混合气体的过程。膜分离技术分离烟气中的 CO_2 是基于 CO_2 与膜材料之间的化学或者物理作用，以 CO_2 气体在膜两侧的分压和浓度的差异作为驱动力，使得 CO_2 分子快速穿过分离膜，在膜的另一侧富集。气体膜分离技术对 CO_2 的分离能力主要取决于膜材料对 CO_2 的选择性。

气体膜分离技术分离烟气中 CO_2 的重点是 CO_2 和 N_2 的分离。一方面 CO_2 和 N_2 是烟气中含量最大的两个气体组分；另一方面 CO_2 与 N_2 分子大小接近，不易通过筛分等手段分离。

（2）膜吸收技术　膜吸收技术是在传统化学吸收法的基础上演变而来的，其原理是以微孔疏水膜作为分隔界面，将混合气体和吸收液隔开。利用疏水膜透气但不透水的特性，使混合气中的 CO_2 穿过疏水膜的膜孔进入吸收液中，实现 CO_2 分离。膜吸收技术是膜分离与液体吸收技术相结合的膜过程。与传统的吸收塔相比，膜吸收技术捕集 CO_2 可以对气、液两相流速在较宽范围内独立控制，而且气液接触面大，能耗低，避免了液泛、雾沫夹带、沟流、鼓泡等现象。另外，膜吸收技术更有利于燃煤电厂尾气中 CO_2 的回收后再次利用，利用膜吸收技术回收得到的 CO_2 纯度高，可达到 95% 以上。

用于分隔气液两相的疏水微孔膜目前大多为多孔疏水高分子膜，包括聚丙烯（PP）、聚偏氟乙烯（PVDF）和聚四氟乙烯（PTFE）等。PP 和 PVDF 具有较好的疏水性，且其微孔膜制备技术成熟。膜吸收法 CO_2 捕集过程中，膜起着分隔气相和吸收剂液相的作用，而吸收剂则是脱碳过程的关键所在。目前，膜分离技术捕集 CO_2 的研究大多仍处于实验室阶段。燃煤电厂烟气的复杂性影响了膜组件的长期稳定性，需进一步改进膜材料和优化膜分离过程。

根据不同 CO_2 捕集方法的优缺点和各自减少二次污染的情况可知，在不同烟气 CO_2 捕集方法中，液体吸附能耗较低，一般适用于具有较高 CO_2 分压的工业尾气，但对于低 CO_2 分压的情况分离效果并不理想；其中化学吸收法的捕集效果更好，可以处理更多的 CO_2，而且技术稳定可靠，可以实现在电厂原有的基础上进行尾端改造，如采用高效的吸收剂，并辅以具有高通量、低压以及溶剂再生耗能低的紧凑吸收解吸设备和优化的工艺条件，有望对烟道气中 CO_2 进行比较经济地回收，这使其在 CO_2 捕集领域被广泛地应用。固体吸附发展迅速，固体吸附材料的循环再生降低了成本，有望得到大规模利用。膜分离技术的研究仍处于初期阶段，同时工业场景的复杂性对膜组件的要求也需要考虑在内。

3.2.3 压缩运输

为深度响应国家号召,减少碳排放,捕集后的 CO_2 需经压缩后运输到封存地点,以备后续处理和利用。CO_2 压缩储能技术具有广泛的应用前景,特别适用于可再生能源储能和调峰等领域。可再生能源如风能、太阳能等具有间歇性和不稳定性的特点,无法实时满足能源需求。通过将风能或太阳能转化为电能,并利用电能驱动 CO_2 压缩机进行气体压缩,可将多余的电能储存起来。当能源需求增加时,释放气体以产生电能,满足能源需求,实现能源的平衡供应。除此之外,CO_2 压缩储能技术还可以作为应急备用电源使用,在突发情况或电力系统故障时,即可释放 CO_2 的压缩气体,快速产生电能,供应紧急的电力需求。

1. CO_2 的压缩

CO_2 压缩通常在 CO_2 压缩机中进行。CO_2 压缩机是指用于 CO_2 气体增压并实现输送的压缩机,主要用于尿素合成装置。在使用过程中有以下四点需要注意:

(1) CO_2 临界温度高,在 31.3 ℃、7.14 MPa 下即可液化,冬季使用时级间冷却温度不能过低。

(2) 压强应控制在 60 MPa 以下,有利于进行 CO_2 气体压缩。

(3) CO_2 的相对密度较大,不宜采用过大的活塞平均速度,否则气阀阻力大。

(4) CO_2 气体中含有少量水分,具有较强的腐蚀性,故气阀、冷却器及缓冲罐等都需要采用不锈钢制造。

CO_2 压缩机的工作流程主要包括四个阶段:吸气、压缩、冷却和排气。CO_2 首先被吸入压缩机的汽缸内,并通过压缩气体增加压力使气体分子间的间距变得更小,同时气体的温度也会逐渐上升。为确保 CO_2 的稳定和安全运行,将 CO_2 通过压缩机内部的冷却系统进行冷却,这个过程中 CO_2 逐渐从气态过渡为液态,更容易储存和使用。最后通过排气阀将汽缸内的 CO_2 液体排出以便顺利储存或进一步处理。

按照压缩工质方式的不同,压缩机可以分为容积式压缩机、透平式压缩机两大类。容积式压缩机根据工作容积改变方式的不同可划分为往复式压缩机和回旋式压缩机,其中活塞式压缩机是应用最广泛的往复式压缩机,而回旋式压缩机则主要包含螺旋式压缩机、涡旋式压缩机、滑片式压缩机和滚动转子式压缩机。根据气体流动方向不同将透平式压缩机分为离心式压缩机和轴流式压缩机两种。由于各类压缩机结构和运行机理的不同,其适用的环境及工作过程中表现出的优缺点也不尽相同。表 3-2-1 总结了各类压缩机的特点及应用情况,经对比可以发现活塞式压缩机适用于中、小排量,压力较高的压缩要求;回旋式压缩机主要适用于中、小排量,压力低的压缩要求;透平式压缩机则适用于低、中压力,大流量的压缩要求。因此在选择压缩机的过程中,要结合压缩需求和器械性能进行选择。

表 3-2-1　各类压缩机的特点及应用情况

机型		优点	缺点	应用情况
容积式压缩机	往复式 活塞式	从低压到高压,适用压力范围广;热效率高;排气压力稳定	结构复杂、制造麻烦、易损件多,维修工作量大;转速低,大型仪器仅 $300\sim500\ r\cdot min^{-1}$;排气不连续,气流脉冲大	食品加工等行业的制冷设备;超临界 CO_2 萃取
	回旋式 螺旋式	连续工作时间长;无气流脉动;比较能耐气体中杂质、油、水等	型线加工精度要求高,密封困难;效率低,噪声大;对润滑油要求高	高温溶体的制冷、金属处理等工业领域;冷柜、空调等
	回旋式 涡旋式	无气阀,阻力小;进、排气连续,无气流脉冲;多个腔可同时工作,转速均匀	型线加工精度要求高;密封困难;流量小,排气压力低;工作腔难以实现外冷却	家用柜式空调;生产碳酸饮料等食品加工领域
	回旋式 滑片式	可长时间连续工作;无单独吸气阀,容积效率较高	泄漏摩擦损失较大、机械效率较低;排气压力受限	超临界 CO_2 萃取和 CO_2 发泡技术等
	回旋式 滚动转子式	运转平稳;结构紧凑,零件数少;能适应变工况运行	制造精度要求高;高转速、大功率时,压缩机的振动和磨损增大	超临界 CO_2 萃取、干燥等
透平式压缩机	离心式	制造工艺方便;适应温度范围广;排气平稳,无气流脉动	排气压力随流量改变而改变;流量小,制造困难;不耐杂质与液滴	超临界 CO_2 发电循环系统和 CO_2 制冷系统等
	轴流式	气流流动摩擦损耗小,效率较高,流量大,且易于调节	稳定工作范围小;对气体中灰尘污染敏感;气体动力引起的振动易于造成叶片的损坏	超临界 CO_2 制冷系统;太阳能可逆热泵

2. CO_2 的运输

将捕集的 CO_2 运送到可利用或封存场地的过程,主要通过罐车、船舶、管道运输等方式。目前主要的陆上运输方式是罐车运输,未来将采用管道运输的方式进行长距离运输。华东油气田已部分通过船舶运输,吉林油田已建成 50 km 长的 CO_2 输送管道,

CO₂ 的运输方式

具备 $5×10^5$ t·a^{-1} 的管输规模。如图 3-2-5 所示，中国石化已经建设了国内首条百万吨级 CO_2 输送管道，全长 109 km，是目前国内规模最大、输送距离最长的 CO_2 输送管道。

图 3-2-5 齐鲁石化-胜利油田百万吨级 CCUS 项目（CO_2 输送管道齐鲁石化首站现场）

3.2.4 碳封存

CO_2 封存，简而言之，就是将从工业过程、能源利用或大气中分离出来的 CO_2 转化成工业产品并将其永久注入陆地底层或封存于深海沉积物以及海洋水柱中。目前的封存技术主要包括地质封存、海洋封存和生物封存等，其中地质封存是主流的封存技术，海洋封存中的深海封存最具应用潜力。我国的 CO_2 封存技术也已经取得了一些进展。例如，延长石油集团在延安建设的每年 26 万吨 CCUS 示范工程即将投运，CO_2 注入规模将提升到每年 41 万吨，这表明 CCUS 项目进入了规模化应用加速阶段，具有大规模减排潜力。另外，我国首个海上 CO_2 封存示范工程也在南海东部海域投入使用，填补了我国海上 CO_2 封存技术的空白，将有效地助力粤港澳大湾区实现绿色低碳发展。

1. 地质封存

CO_2 地质封存是指将所捕集的 CO_2 注入不可开采的煤层、枯竭的油气田、地下咸水层等陆地地质结构中。地质封存的基本原理是将 CO_2 经输送管线或车船运输至合适地点后，注入特定地质条件和特定深度的底层中。主要的地质封存技术包括 CO_2 强化石油开采（CO_2-EOR）技术、CO_2 驱替煤层气（CO_2-ECBM）技术、CO_2 强化天然气开采（CO_2-EGR）技术、CO_2 强化深部咸水开采（CO_2-EWR）技术以及 CO_2 矿化利用等，目前世界上的地质封存技术中深部咸水层封存 CO_2 被认为是潜力最大、技术最可行的方案之一，具体的陆地碳封存过程如图 3-2-6 所示。

碳封存

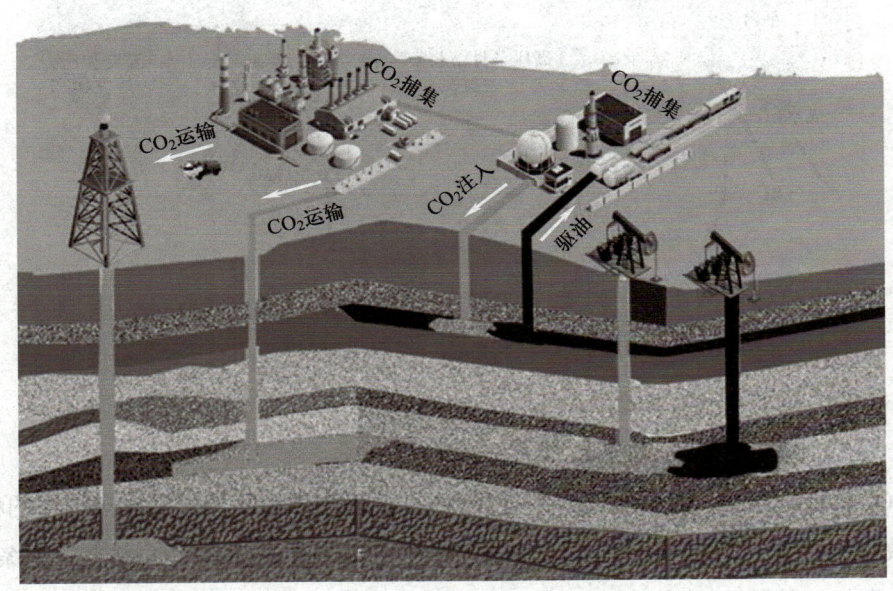

图 3-2-6　陆地碳封存过程示意图

2. 海洋封存

CO_2 海洋封存技术是一种通过化学反应将 CO_2 气体封存于海洋底部的技术，主要方法如图 3-2-7 所示。我国是海洋大国，海洋在国家 CO_2 减排工作中发挥重要作用，应大力发挥海洋的碳汇潜力。在该技术的实现过程中，要将工业碳排放源和油气开发过程中捕集的 CO_2 气体以超临界态直接注入 800~3500 m 深度范围内的海底咸水层、油气藏、构造圈闭等地质储层中，再经过一系列构造地层封存、岩石物理束缚、地层水溶

解和矿化作用将 CO_2 封存在地质体中。相较于其他减排技术，海洋封存 CO_2 的效果更好，可以长期减少温室气体排放。此外，该技术还可以将工业废气转化为资源，为环保事业作出贡献。然而，海洋封存技术也存在一些不足，首先这种技术需要大量的能源来捕集、输送和储存 CO_2 气体；其次，海洋封存 CO_2 可能会对海洋生态系统造成影响，例如影响海洋生物的生长和繁殖。

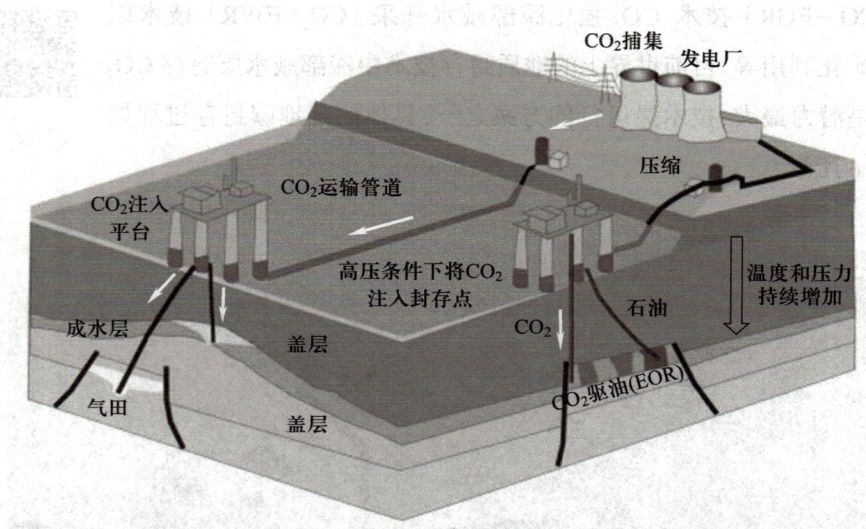

图 3-2-7　CO_2 海洋封存的主要方法

3. 生物封存

CO_2 生物封存是一种新兴的碳封存技术，主要是指陆地和海洋生态环境中的植物、自养微生物等通过光合或化能作用来吸收和固定大气中游离的 CO_2 并在一定条件下实现向有机碳的转化，从而实现对大气中 CO_2 有效减排和资源利用的目的。利用陆地生态系统固碳是减缓大气 CO_2 浓度升高最为经济可行、环境友好的途径之一，例如通过大量树木或其他植被来吸收 CO_2 并将其长期储存在生物体中。

CO_2 生物封存技术的应用领域非常广泛。在工业方面，可以利用 CO_2 为原料生产各种化学品，如生物塑料和生物材料等，用于替换传统的合成材料。在农业方面，可以将大气中的 CO_2 转化成有机物质用于植物的生长，提高产量，还可以将 CO_2 与其他物质结合形成有机肥料，改善土壤质量，提高农作物的产量和品质。在环境保护领域，可以利用生物储存技术降低水体中的 CO_2 含量，进一步与其他物质结合形成碳酸盐，用于沉淀水中的杂质和重金属离子，提高水质。

尽管CO_2生物封存技术具有广阔的应用前景,但目前仍然面临一些挑战和难题。首先,如何选择适合生物封存的生物体以提高CO_2生物封存的转化效率和产物选择性是一个关键问题。其次,如何建立高效的生物反应器和工艺流程以实现规模化的生产和应用也是亟待解决的难题。此外,CO_2生物封存技术的经济性和可持续性也需要进一步研究和改进。

总之,CO_2生物封存技术作为一项具有重要意义的技术创新,可以为解决全球气候问题和能源危机带来新的发展。随着技术的逐渐进步和应用的不断推广,相信CO_2生物封存技术可以为人类创造一个更清洁、可持续的未来。

第3节
制氢与储氢减碳

3.3.1 制氢与纯化

一直以来,氢气主要是作为化学原料和燃料被利用。氢能是可再生清洁能源中的主要品种,而制氢技术则是氢能应用的基础和关键内容之一。

制氢的方法很多,包括电解水制氢(包括可再生能源发电后电解水制氢)、甲烷水蒸气重整制氢、煤制氢、甲醇制氢、氨分解制氢、生物制氢及太阳能制氢等。利用化石能源制得的氢气称为"灰氢";在制备灰氢基础上增加CO_2的捕集、利用和封存技术制得的氢气称为"蓝氢";利用核能、可再生能源通过电解水等手段制得的氢气称为"绿氢"。

1. 电解水制氢

(1) 电解水制氢的定义及原理 电解水制氢是很成熟的传统制氢方法。其电解槽是由电极、电解质与隔膜组成,在电解质水溶液中通入电流,水电解后,在阴极产生氢气,在阳极产生氧气。目前,国内外的电解水制氢技术已比较成熟,设备已经成套化和系统化。国内多家厂家可提供生产规模为 2~200 $Nm^3 \cdot h^{-1}$(标准)的成套电解水制氢设备。

电解水制氢技术的优点是工艺比较简单,完全自动化,操作方便;其氢气产品的纯度也极高,一般可达到99%~99.9%,并且由于其主要杂质是H_2O和O_2,无污染,特别适合质子膜燃料电池中对一氧化碳要求极为严格的燃料电池使用。加压水电解制氢技术的开发成功,减少了电解槽的体积,降低了能耗,成为电解水制氢的趋势。

总反应式: $$2H_2O \longrightarrow 2H_2 + O_2$$

碱性电解液常用KOH或NaOH溶液。水分子放电析出氢及OH^-。Na^+或K^+在电解液的浓度下,其析出电位要比氢析出电位更负,因此阴极上H^+先放电,析出氢;在阳极上因为没有别的负离子存在,因此OH^-先放电析出氧。1 mol H_2O电解得到1 mol H_2和0.5 mol O_2。

(2)电解水制氢的工艺 世界各地的电解水制氢技术,其工艺流程经过不断地改进和完善,已基本相同。电解水制氢的工艺流程如图3-3-1所示。

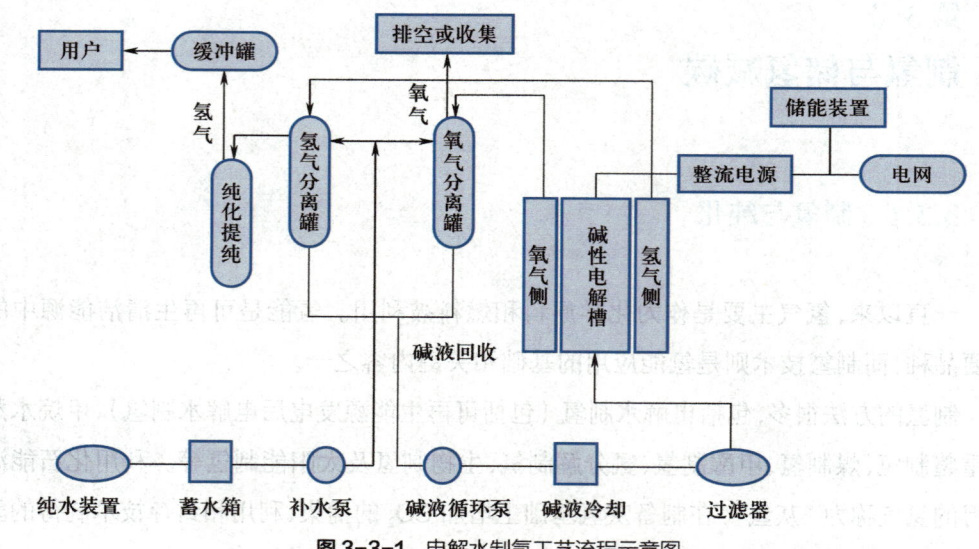

图3-3-1 电解水制氢工艺流程示意图

在电解水制氢过程中,除了直流电源和控制仪表外,主要工艺设备有电解槽、氢气分离罐、氧气分离罐、碱液冷却器、碱液循环过滤器等。其中电解槽是电解过程的关键设备,在目前的电解水制氢工艺中主要采用碱性电解槽、聚合物薄膜电解槽和固体氧化物电解槽三类。

① 碱性电解槽:碱性电解槽是最古老、技术最成熟,也是最经济、易于操作的电解槽,是目前广泛使用的电解槽,尤其是在大规模制氢工业中。碱性电解槽的缺点是其电

解效率在碱性电解槽、聚合物电解槽和固体氧化物电解槽这三种电解槽中最低。其结构如图 3-3-2（a）、（b）所示。

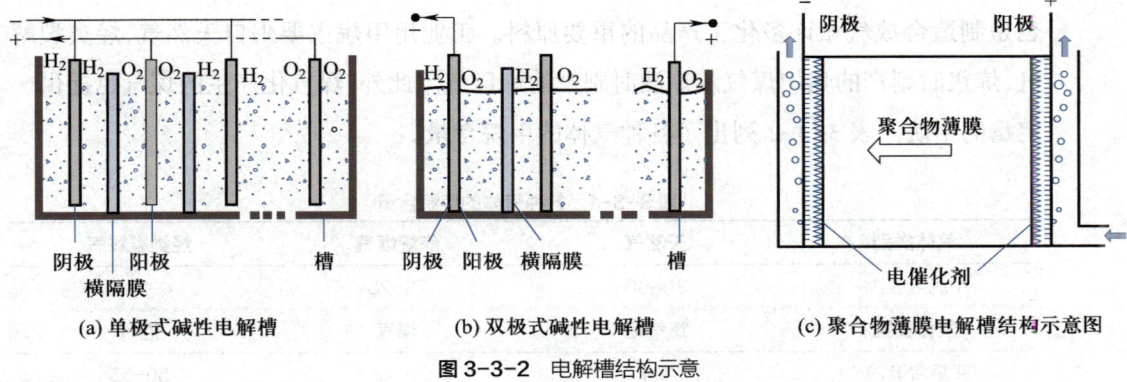

图 3-3-2　电解槽结构示意

② 聚合物薄膜电解槽：碱性电解槽结构简单，操作方便，价格较便宜，比较适合用于大规模的制氢，但缺点是其电解效率只有 70%~80%。为了进一步提高电解槽的效率，研究人员们开发出了聚合物薄膜电解槽和固体氧化物电解槽。聚合物具有良好的化学和机械稳定性，并且电极与隔膜之间的距离为零，提高了电解效率。聚合物薄膜电解槽是基于离子交换技术的高效电解槽。聚合物薄膜电解槽工作原理如图 3-3-2（c）所示。

③ 固体氧化物电解槽：固体氧化物电解槽目前是三种电解槽中电解效率最高的，由于反应的废热可以通过汽轮机、制冷系统等被利用起来，总效率可以达到 90%。其缺点是工作温度高（1000 ℃），对材料的要求高并且使用上存在的问题。适合用作固体氧化物电解槽的材料主要是氧化钇稳定氧化锆。这种材料并不昂贵，但由于制造工艺比较复杂，固体氧化物电解槽的成本也高于碱性电解槽的成本。其结构如图 3-3-3 所示。

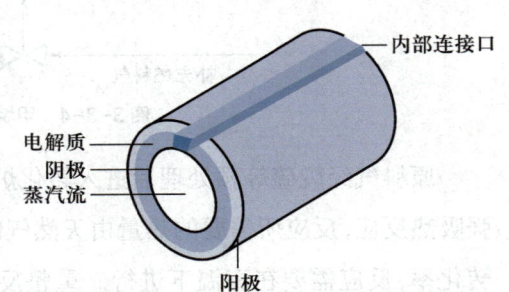

图 3-3-3　固体氧化物电解槽结构示意图

（3）电解水制氢的优势　电解水制氢不仅十分可靠，而且效率高，制得的氢气纯度高，大多数商业电解池的电解效率均超过 75%。电解池没有运动部件，也不需要任何复杂的零部件，所以制氢的成本大部分是所消耗的电力的费用，故而与发电方式有直接关系。采用低成本的电能，即发展核能和各种可再生自然能，例如，太阳能、风能、潮汐能、地热能等是一个趋势。除了采用低成本的电力，电解海水制氢以及等离子体电解水制氢也是目前电解水制氢研究和发展的两个方向。

2. 甲烷水蒸气重整制氢

（1）甲烷水蒸气重整制氢的定义　甲烷是结构最简单的碳氢化合物。自然界中的甲烷作为天然气、页岩气、瓦斯、沼气、可燃冰的主要成分而存在，它是优质的气体燃料，也是制造合成气和许多化工产品的重要原料。工业用甲烷主要来自天然气、烃类裂解气、炼焦时副产的焦炉煤气及炼油时副产的炼厂气。此外，煤气化产生的煤气也提供一定量的甲烷。表 3-3-1 列出了各种气体的甲烷含量。

表 3-3-1　各种气体的甲烷含量

气体类别	天然气	焦炉煤气	烃类裂解气
甲烷含量 /%	30~90	23~28	4~34.3
气体类别	炼气场	煤气	沼气
甲烷含量 /%	4.4	1~12	50~55

（2）甲烷水蒸气重整制氢的工艺　通常说的甲烷制氢是指利用天然气中的甲烷制氢。主要方法有甲烷水蒸气重整、甲烷部分氧化、甲烷自热重整、甲烷二氧化碳重整等。其中甲烷水蒸气重整法是工业上最为成熟的制氢技术，其制氢量占世界制氢量的 70%。

甲烷水蒸气重整的工艺流程如图 3-3-4 所示。该流程主要由原料气处理、水蒸气转化（甲烷水蒸气重整）、CO 变换和氢气提纯四大单元组成。

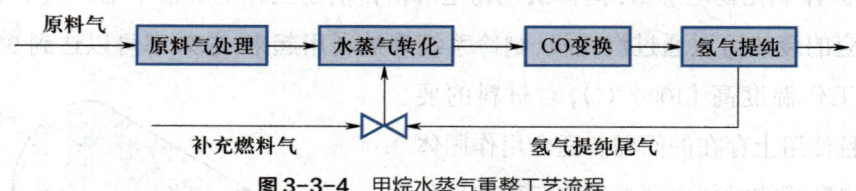

图 3-3-4　甲烷水蒸气重整工艺流程

原料气经脱硫等预处理后进入转化炉中进行甲烷水蒸气重整反应。该反应是一个强吸热反应，反应所需要的热量由天然气的燃烧供给。重整反应是强吸热反应，为提高转化率，反应需要在高温下进行。重整反应的温度维持在 750~920 ℃。由于反应过程是体积增大的过程，因此，反应压力通常为 2~3 MPa。同时在反应进料中采用过量的水蒸气来提高反应的速度。

（3）甲烷水蒸气重整制氢的优势及劣势　甲烷水蒸气重整制氢是目前最经济、最常用的制氢方法，在工业制氢技术中有着很重要的地位。但是，该技术由于重整反应本身的限制，存在反应温度高、平衡转化率低、能耗高等问题。为了提高重整反应效率、节能减排，近年来有学者提出了吸附强化甲烷水蒸气重整制氢的新技术。其原理是在甲烷水蒸气重整转化反应中引入高温 CO_2 吸附剂。由于 CO_2 被吸附剂脱除,平衡向产生氢气的方向移动,因此能够在一个反应内同时发生强吸热的重整反应和放热的 CO 变换反应。该技术不仅能降低反应温度,缩短流程,制取高纯度氢气,而且可以收集 CO_2,便于集中利用。

3. 煤制氢

（1）煤制氢的定义及原理　煤是由植物残骸经过复杂的生物化学作用和物理化学作用转化而成的。在地表常温常压下,堆积在停滞水体中的枯植物经泥炭化作用或腐泥化作用,转变成泥炭或腐泥;随后,这些泥炭或腐泥被埋藏,由于盆地基底下降而沉至地下深部,经成岩作用转变成褐煤;随着温度和压力逐渐增高,它们再经变质作用转变成烟煤乃至无烟煤。其中泥炭化作用是指堆积在沼泽中的高等枯植物经生物化学变化转变成泥炭的过程;腐泥化作用是指堆积在沼泽中的低等生物残体经生物化学变化转变成腐泥的过程。

（2）煤制氢的工艺　传统的煤制氢过程分为直接制氢和间接制氢两类。其中煤的间接制氢过程,是指将煤首先转化为甲醇,再由甲醇重整制氢,其内容将在甲醇制氢中介绍。这里介绍煤的直接制氢,包括煤焦化制氢和煤气化制氢。

煤的炼焦过程是煤在炭化室的高温下进行热解和焦化,发生的复杂的物理和化学变化过程。煤经过干燥、预热、软化、膨胀、熔融、固化和收缩而被炼制成焦炭。煤的炼焦过程就是高温热分解过程,即高温干馏过程。煤在隔绝空气以及 900~1000 ℃ 的高温条件下被制成焦炭,其副产的焦炉煤气中含 55%~60% 的氢气、23%~27% 的甲烷、6%~8% 的一氧化碳以及少量其他气体。焦炉煤气既可作为城市生活用煤气,也是制取氢气的原料。其主要设备为焦炉,其结构如图 3-3-5 所示。

煤的气化制氢技术已经有 200 年的发展历史,在我国也有近 100 年的历史,工艺已经非常成熟。所谓煤气化是指煤与气化剂（氧气和水蒸气等）在一定的温度、压力等条件下发生化学反应而转化为煤气的工艺过程。其主要反应如下:

$$C + H_2O \longrightarrow CO + H_2$$
$$CO + H_2O \longrightarrow CO_2 + H_2$$

煤气化制氢技术的工艺过程如图 3-3-6 所示,一般包括煤的气化、煤气净化、CO 的变换及 H_2 提纯等主要生产过程。与天然气制氢相比,煤气化制氢的主要区别在于合成气的生产工艺,其后的 CO 变换及 H_2 分离装置与天然气制氢的类似。

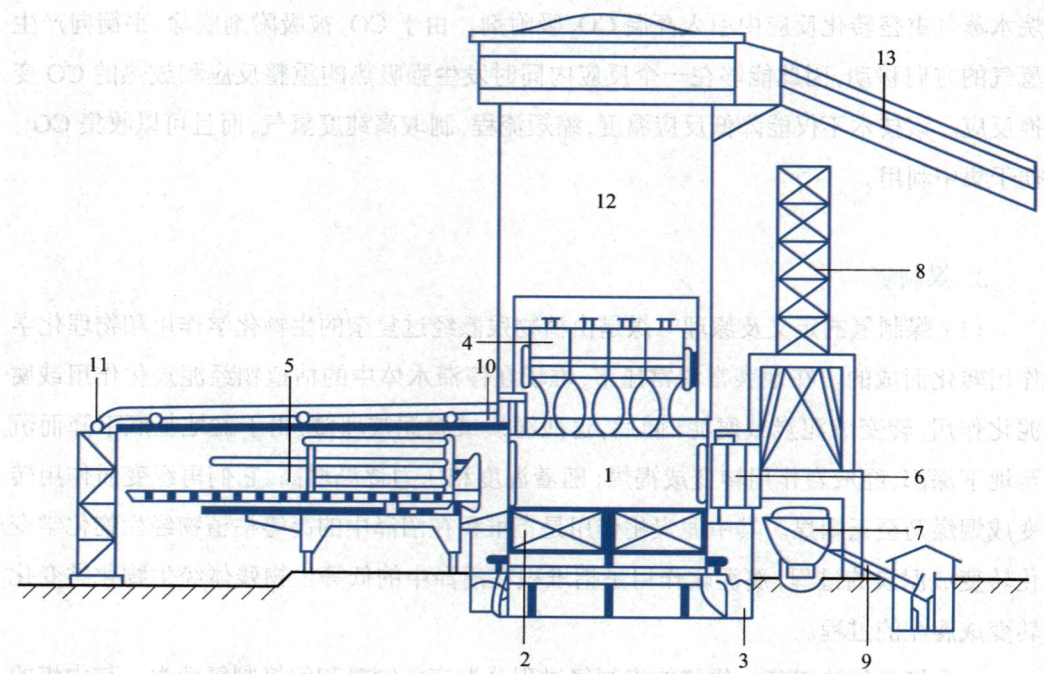

1—焦炉；2—蓄热室；3—烟道；4—装煤车；5—推焦车；6—导焦车；7—熄焦车；8—熄焦塔；
9—焦台；10—煤气集气管；11—煤气吸气管；12—储煤室；13—煤料带运机

图3-3-5 焦炉及附属机械结构示意图

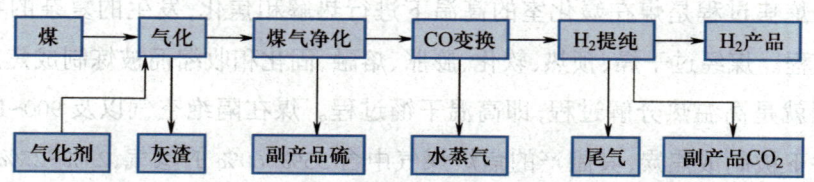

图3-3-6 煤气化制氢工艺流程图

甲醇制氢

4. 甲醇制氢

氨分解制氢

5. 氨分解制氢

生物质制氢

6. 生物质制氢

7. 太阳能制氢

太阳能制氢技术多种多样，表 3-3-2 归纳了太阳能制氢途径。

表 3-3-2　太阳能制氢途径

太阳能种类	制氢技术	制氢途径
太阳光	太阳能电解水制氢	太阳光伏电池
	太阳能光化学制氢	光解乙醇
	太阳能电解水制氢	太阳光直接分解水
太阳热	太阳能热化学制氢	热化学分解
	太阳能热解水制氢	光热发电

8. 氢气的纯化

目前，氢气分离和提纯方法主要有深冷分离法、变压吸附法、膜分离法。由于这三种工艺技术的分离原理不同，其特性也各不相同。在设计中选择合适的氢提纯方法，不仅要考虑装置的经济性，同时也要考虑很多其他因素，如工艺的灵活性、可靠性、扩大装置能力的难易程度、原料气的含氢量及氢气纯度、杂质含量对下游装置的影响等。

氢气的纯化

3.3.2　氢气的储存和应用

氢的储存是氢能应用的前提。储氢问题涉及生产、运输、最终应用等环节，储氢问题不解决，氢能的应用则难以推广。由于氢气的沸点低，深度压缩与液化能耗高，且氢气易于扩散和泄漏，爆炸范围宽，同时氢分子还会渗入金属内部发生氢脆，影响容器和管道的安全性能。因此，在氢的储存过程中，安全、高效和无泄漏损失是人们优先考虑的因素。

1. 储氢的原理和方法

目前，储氢方式分为物理储氢和化学储氢两大类，物理储氢主要有高压气态储氢、低温液态储氢、活性炭吸附储氢、碳纤维和碳纳米管储氢、玻璃微球储氢、地下岩洞储氢等。化学储氢主要有金属氢化物储氢、合金氢化物储氢、有机氢化物储氢、无机氢化物储氢、铁磁性材料储氢等。总的来说，衡量储氢技术性能的主要参数是质量储氢密度、体积储氢密度、充放氢动力学性能、循环稳定性及安全性等。许多研究机构和公司都提出了储氢标准。目前,美国能源部公布的标准较为权威,适用于工业应用的要求,即理想储氢技术需满足含氢质量分数高、体积储氢密度大、吸、放氢的动力学过程快速、循环寿命长和安全性高等条件。

(1) 物理储氢

① 高压物理储氢:高压气态储氢是指在氢气临界温度以上,通过高压压缩的方式存储气态氢。通常采用气罐作为容器,简便易行。其主要优点是存储能耗低、成本低、充放氢速率快,在常温下就可进行放氢,在零下几十摄氏度低温环境下也能正常工作,而且通过减压阀就可以调控氢气的释放速率。基于上述优点,高压气态储氢已成为较成熟的储氢方式。

高压储氢常用到工业上,将氢气加压到 15 MPa 以上,储存到钢制容器中。这种存储方法的缺点有:需要抗压的厚重容器,由于容器的笨重,不易搬动;储存的氢气质量只占容器质量的 1%~2%,且处于高压状态,从经济和安全角度上看都有问题。储存氢气的规模很大时,采用地下加压储存,但这种储氢方式运输不方便。

高压气态储氢瓶按照材质(如图 3-3-7 所示)可分为四类:纯钢制金属瓶(Ⅰ型)、钢制内胆纤维缠绕瓶(Ⅱ型)、铝内胆纤维缠绕瓶(Ⅲ型)及塑料内胆纤维缠绕瓶(Ⅳ

Ⅰ型

Ⅱ型

Ⅲ型

Ⅳ型

图 3-3-7 高压气态储氢容器

型)。又根据生产和使用的方式将高压储氢容器分为三种类型,即固定式、车载式和散货式。

a. 固定式

固定式高压气态储氢容器主要用于加氢站的大规模、低成本的储氢。目前,固定式储氢容器主要有两种:无缝储氢容器和多功能分层式固定储氢容器。

无缝储氢容器:无缝储氢容器在生产过程中无须焊接,整体储罐为统一的无缝壁体,其最大的优点就在于避免了因焊缝而产生的裂缝、气孔、夹渣等问题。无缝储氢容器允许的最大工作压力为 65 MPa,容器体积很小,只有 0.411 m^3,这意味着大型加氢站需要装配许多容器。由于无缝储氢罐没有抑爆抗爆功能,因此需要利用高强度无缝管材。提高材料的抗拉强度和屈服强度可以减少储罐壁厚、减轻比重,但韧性会下降。无缝储罐还可能会发生氢脆而突然破裂,导致所储存的氢气迅速进入周围环境,引起人员中毒、死亡或燃烧爆炸等严重事故。

多功能分层式固定储氢容器:多功能分层式固定储氢容器的结构包括容器内衬、容器外壳和容器盖,由尼龙、碳纤维等多种材料构成,能耐高温、耐撞击,使用寿命大幅度延长。目前,世界上第一台体积为 2.5 m^3、压力为 77 MPa 的多功能分层式固定储氢容器已在加氢示范站投入运行。这种大型容器需要的阀门和配件较少,从而提高了系统可靠性,降低了系统成本。该容器内径为 700 mm,壁厚为 200 mm,使容器更加坚固和耐损伤。同时,还配备了一种在线安全监测系统,能够实时检测氢气浓度。

b. 车载式

车载式轻量化高压气态储氢罐是专门针对汽车供氢系统的特点而设计的,所用的罐体一般由金属内胆纤维缠绕复合材料编织而成。目前,35 MPa 高压储氢罐已经是成熟的产品,丰田公司的 70 MPa 高压储氢罐被应用于商用燃料电池车型上。

c. 散装式

散装式高压储氢罐常用于运输氢气至最终用户或加氢站。目前,散装气态氢是长管拖车运输的,长管拖车主要由几个无缝高压气体容器组成。压力一般在 16~20 MPa,单趟运氢量不超过 280 kg。这些长管拖车的低载氢能力导致了高运输成本。

② 低温液态储氢:低温液态储氢,即将氢气加压,冷却到 21 K 以下,让氢气转化为液态氢,然后储存到特制的绝热真空容器中。标准状态下液态氢的密度是气态氢的 845 倍,液态氢的体积能量密度比压缩状态下的气态氢的高许多倍。因而,用同样体积的储氢容器,储存液态氢而非气态氢可以较大幅度地提高储存的氢质量。低温液态储

氢工艺特别适合于存储空间有限的运载场合,如航天飞机用的火箭发动机、汽车发动机和洲际飞行运输工具等。若仅从质量和体积上考虑,低温液态储氢是一种极为理想的储氢方式。可液体氢存储需要将氢气液化,这个过程需要大量能量,液化 1 kg 氢气需要耗电 4~10 kW·h。同时,液氢的存储也需要耐超低温和保持超低温的特殊容器,而液氢的熔点为 −259.2 ℃,与环境温度的温度相差很大。为安全起见,储存容器必须使用超低温特殊容器(如图 3-3-8 所示)。由于储槽内的液氢与环境温差大,必须严格绝热,同时必须控制储槽内液氢的蒸发损失,并确保储槽的安全(抗冻、承压)。低温液态储氢的装料和绝热不完善则容易导致较高的蒸发损失,其存储成本较高,安全技术也比较复杂。高度绝热的储氢容器是目前研究的重点。

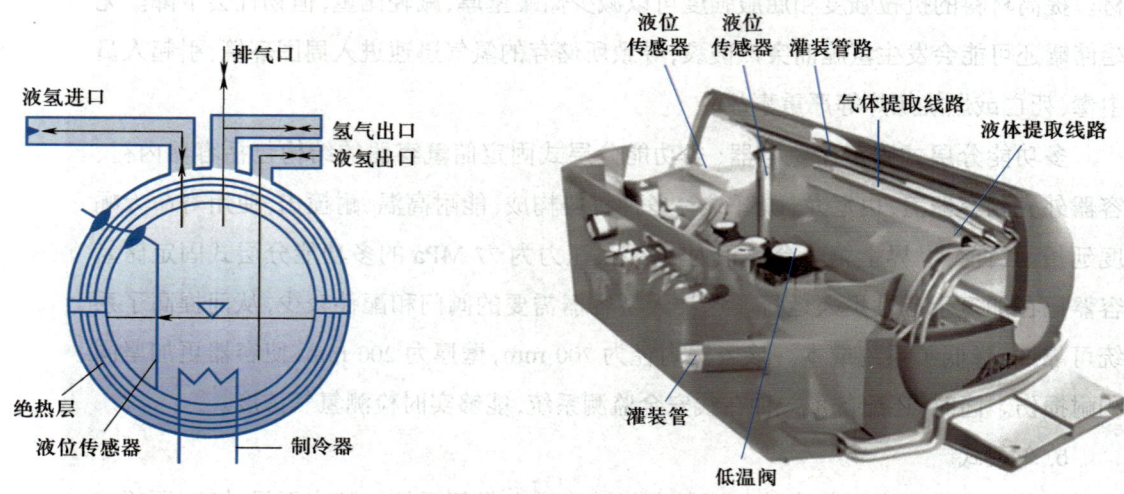

图 3-3-8 液氢储罐和储存系统结构

目前已研发出一种壁间充满中空二氧化硅微珠的绝热容器。这种二氧化硅微珠的直径为 30~150 μm,中间空心,壁厚为 1~5 μm。部分微珠表面镀有厚度为 1 μm 的铝。这种微珠热导率极小,颗粒非常细,可完全抑制颗粒间的对流换热。将部分镀铝微珠(一般为 3%~5%)混入不镀铝的微珠中可有效切断辐射传热。这种新型的热绝缘容器不用抽真空,但绝热效果远优于普通高真空的绝热容器,是一种理想的液氢存储容器。美国宇航局已广泛采用这种新型的储氢容器。

将经特殊处理的氢气溶解在液态材料中,可实现氢能的常态化、安全化应用,届时甚至普通矿泉水瓶也能装运氢气,这一愿景有望逐步实现。中国地质大学(武汉)可持续能源实验室开发的液态储氢技术已经完成了实验室阶段的研究,正准备进行大规模中试和工程化试验。

③ 物理吸附储氢：物理吸附储氢基于吸附剂的表面力场作用，本质上是气体分子和固体表面原子电荷分布的共振波动，吸附力则是范德华力。吸附材料有碳基材料、MOF化合物材料、COF化合物材料和微孔/介孔沸石分子筛等储氢材料。

MOF是由含氧、氮等元素的多有机配体（大多是芳香多酸或多碱）与过渡金属离子自组装而成的聚合物。以新型阳离子、阴离子及中性配体形成的MOF材料具有孔率高、孔结构可控、比表面积大、化学性质稳定、制备过程简单等优点。由于具有孔隙大小、孔隙几何形状可控和易于设计的特点，MOF已经成为气体存储的重要材料。氢气在MOF中常见的存储方式有相互渗透、嵌入、氢气溢流、线性膨胀及利用MOF的结构特征（开放的金属位点、功能团）存储等。在最新的报道中，Bambalaza等研究了动态温度变化对UiO-66金属有机骨架储氢能力的影响。

COF材料是指由轻原子（氢、硼、碳、氮等）过共价键连接形成的具有二维拓扑结构的晶体材料。COF材料拥有较低的密度、高热稳定性及固有的多孔性等优点，在气体吸附、非均相催化、能量存储等领域有着较好的应用潜力。与MOF材料相比，COF材料的热稳定性和化学稳定性更为突出，且密度更小，科学家们正致力于探究新一代COF材料在储氢方面的应用，常见的COF储氢材料有COR-1、COF-6、COF-8等。Yaghi课题组揭示了COF储氢材料对氢气的吸附在低压范围、高压范围、低温范围、高温范围都是可逆的物理过程，故具有很好的储氢优势。然而，大量的研究结果表明COF储氢材料和其他的多孔材料一样，在室温下，其储氢容量远低于储氢载体实际应用的要求。

（2）化学储氢

① 金属氢化物储氢：金属氢化物储氢属于化学吸附储氢，它是通过化学吸附以金属氢化物的形式将原子状态的氢存储于金属或金属合金中。首先，氢气在金属表面经过催化分解为氢原子，氢原子经过扩散进入材料晶格的内部孔隙，进而以原子状态存储于金属结晶点内。凭借该反应过程的可逆性实现氢气的吸收和释放。

金属氢化物储氢的优点是有较大的储氢容量，其单位体积储氢量高达$40 \sim 50 \ kg \cdot m^{-3}$，是相同温度、压力条件下气态氢的1000倍，相当于储存了$10^5 \ kPa$的高压氢气。金属氢化物储氢的安全性较好，即使遇到枪击也不爆炸。但缺点是储氢密度低，多数金属氢化物的储氢密度仅为1.5%~3%，在车上使用会增加很大的负载。另外，金属氢化物易粉化。储氢时金属氢化物的体积膨胀，而解离释氢过程又会发生体积收缩。

经多次循环后,金属氢化物易破碎粉化,氢化和释氢变得越发困难。还有,金属氢化物的低温特性不好,要使金属氢化物释放氢,必须向其供应热量。在实际应用中还需配备热交换设备,进一步增加了储氢装置的体积和质量,同时车上的热源也不稳定,因此金属氢化物储氢难以在汽车上应用。

典型储氢金属包括镁系、铁系、镧镍稀土系、钛系及锆系等储氢金属。表 3-3-3 总结了部分金属氢化物的储氢能力。

表 3-3-3 部分金属氢化物的储氢能力

储氢介质	氢原子密度/(10^{22} 个·cm^{-3})	相对储氢密度	含氢量(质量分数)/%
标准状态的氢气	5.4×10^{-3}	—	100
钢瓶中的氢气(15MPa)	0.81	150	100
液氢	4.2	778	100
LaNi$_5$H$_6$	6.2	1148	137
FeTiH$_{1.95}$	5.7	1056	1.85
MgNiH$_4$	5.6	1037	3.6
MgH$_2$	6.6	1222	7.65

② 无机非金属储氢:氢元素与非金属形成的无机非金属储氢材料的储氢密度可达 19%(质量分数)。无机非金属氢化物主要有两大类:配位氢化物和分子型氢化物。配位氢化物的吸放氢过程会伴随着自身结构的分解与重组,组成氢化物的原子会发生扩散与迁移;分子型氢化物的吸放氢过程则更复杂,它是分多步进行的。

③ 有机液体储氢:始于 20 世纪 80 年代的有机液体储氢是一种新型的储氢方式,目前正处于研究和探索阶段,也可能是一种有效、安全、经济的储氢方式。Sultan 和 M. Shaw 在 1975 年就提出利用可循环液体化学氢载体储氢的设想,这个设想开辟了这个新型储氢技术的研究领域。MTswbe 和 PTsube 于 1980 分析论证了利用甲基己烷做储氢是可行的,这为汽车提供氢气燃料提供了可能性。有机液体储氢是在催化剂作用下使不饱和液态有机物发生加氢反应,进而生成稳定的化合物。使用氢气时,再进行相应的脱氢反应。该过程主要分为三个阶段:第一阶段,氢气与不饱和液态有机物发生加氢反应;第二阶段,对反应后的材料进行储存和运输;第三阶段,对反应后的材料进行脱氢并释放氢气。通过不饱和液态有机物进行加氢反应所得的有机液体氢化物在稳定性、安全性、储存密度、储存及远距离运输安全性、维护保养、技术成本和可循环利用

方面均有良好表现,可行性较高。有机液体储氢技术在日本和欧洲发展迅速,欧洲现已开展有机液体储氢在船舶和铁路方面的示范工程。日本等国正考虑将其用于海上运氢,并正在研制相关催化反应器。该技术的缺点在于加氢、脱氢装置成本较高,脱氢反应效率较低,易发生副反应使氢气纯度降低,需要燃烧少量的有机化合物及非零排放等。

经研究,从储氢过程的能耗、储氢量、物理化学特性等方面考虑,烯烃、炔烃和芳烃等不饱和有机物储氢材料中,单环芳烃的储氢性能是最好的,例如苯、甲苯的储氢量较大且加氢、脱氢过程可逆,是一类不错的储氢材料。此外,一些有机液体(如环己烷和甲基环己等)能够在常温常压下完成储氢,具有较高的安全性。

④ 液氨储氢:液氨储氢技术利用 H_2 与 NO_2 反应生成液氨的原理,将液氨作为氢载体加以使用。液氨脱氢在常压、400 ℃的条件下就能完成,但过程中需要用到钌系、铁系、钴系、镍系催化剂,其中钌系的催化活性最高。

液氨燃烧产生的物质为 N_2 和 H_2O,具有较好的环境友好性,能够直接作为燃料,同时液氨的储存条件没有液氢的那么严苛,且与丙烷类似,因此能够直接使用储存丙烷的基础设备,可以降低设备投入成本。

⑤ 甲醇储氢:甲醇储氢技术是利用 CO 与 H_2 在特定条件下反应生成液态甲醇,将液态甲醇作为氢载体进行利用,再改变储氢条件使甲醇分解释放 H_2,用于燃料电池。与液氨一样,甲醇也可以直接用作燃料燃烧。

⑥ 碳酸氢盐储氢:碳酸氢盐储氢通过碳酸氢盐和甲酸盐中间的相互转换作用,完成储氢 – 脱氢循环。这种方法利用活性炭作载体,Pd 或 PdO 作催化剂。以 $KHCO_3$ 或 $NaHCO_3$ 为例,其质量储氢密度在 2% 左右,能够用于大量的储存和运输氢,具有较好的安全性,但储氢量和可逆性较差。

⑦ 水合物储氢:水合物法储氢技术是指将 H_2 在低温、高压的条件下,转化成固体水合物并加以储存的技术。水合物能够在常温、常压的条件下发生分解,具有脱氢速度快、能耗低等优点,因其储存介质成分为水,还具有成本低、安全性高等特点。

2. 氢能的应用

近年来,氢能的应用领域主要是车用氢燃料电池、氢原料工业、家庭/楼宇氢利用系统以及备用电源。

氢能的应用

第 4 节
可再生能源的零碳转化

可再生能源指的是利用自然界中不断补充的资源来产生能量的一种方式。这些资源主要包括太阳能、风能、地热能、水力能、生物质能等,它们在使用过程中不会耗尽,且对环境影响较小。与传统的化石能源相比,可再生能源更具有环保和可持续的特点。同时可实现燃料零碳化,摆脱对化石能源的依赖。零碳转化是指通过运用各种清洁能源生产技术和储能技术,将可再生能源转化为能源的过程中不排放 CO_2 等温室气体的技术或方法。这种转化方式有助于减少对气候变化的影响,提高能源利用效率,促进清洁能源的发展和应用。通过推广和应用这些零碳转化技术,可以逐步减少对化石能源的依赖,减少温室气体排放,实现清洁能源的替代和普及,为建设低碳环境和实现可持续发展贡献力量。因此,零碳转化技术的发展意义重大,它将持续在能源生产、经济发展、环境保护等方面发挥积极作用,引领人们走向更加绿色、环保、可持续的未来。

3.4.1 太阳能

1. 太阳能的定义

太阳能是一种可再生能源,指太阳的热辐射能,主要表现就是常说的太阳光线。地球上的生命自诞生以来,就主要以太阳提供的热辐射能生存;人类自古以来也懂得利用阳光晒干物品,并将其作为制作食物的方法,例如制盐和晒咸鱼等。在化石燃料日趋减少的情况下,太阳能已成为人类能源利用的重要组成部分,并不断得到发展。

2. 太阳能的零碳转化

太阳能是由太阳内部氢原子经过氢氦聚变反应释放出巨大核能而产生的辐射能量。人类所需能量的绝大部分都直接或间接来源于太阳。例如,植物通过光合作用释

放 O_2、吸收 CO_2，并把太阳能转化成化学能在植物体内贮存下来。煤炭、石油、天然气等化石燃料也是由古代埋在地下的动植物经过漫长的地质年代演变形成的一次能源。通过各种太阳能技术的应用，人类可以将太阳辐射能转化为电能或热能，在清洁能源的生产和利用过程中实现零碳排放的目标。

其中太阳能光伏发电技术（图 3-4-1）是一种将太阳能转化为光能的技术，是太阳能的重要应用之一。通过光伏组件将太阳辐射转换为直流电，并经过逆变器转换为交流电，实现电能的生产。光伏发电的过程中不产生 CO_2 等温室气体，该技术的使用不仅能够减少对化石能源的依赖，还促进了清洁能源的发展和利用。此外，太阳能热利用技术也是一种有效的太阳能的零碳转化技术。太阳能热利用技术是指利用太阳能产生热能，用于供暖、热水和工业用热等领域的技术。这种技术通过太阳能集热器将太阳辐射转化为热能，用于加热水或空气，实现能源的有效利用。

图 3-4-1 太阳能光伏发电

通过光伏发电技术和太阳能热利用技术，太阳能作为一种清洁、可再生的能源得到了充分利用，同时实现了能源生产过程中的零碳排放。

3. 太阳能的零碳转化特点

（1）优点

① 普遍：太阳光普照大地，没有地域的限制，无论陆地或海洋，无论高山或岛屿，都处处皆有，可直接开发和利用，便于采集，且无须开采和运输。

② 无害：开发利用太阳能不会污染环境，它是最清洁能源之一，在环境污染越来越

严重的今天,这一点是极其宝贵的。

③ 巨大:每年到达地球表面上的太阳辐射能约相当于 130 万亿吨煤,其总量属现今世界上可以开发的能源中最大的。

④ 长久:根据太阳产生的核能速率估算,氢的储量足够维持上百亿年,而地球的寿命为几十亿年,从这个意义上讲,可以说太阳的能量是用之不竭的。

（2）缺点

① 分散性:到达地球表面的太阳辐射的总量尽管很大,但是能流密度很低。

② 不稳定性:由于受到昼夜、季节、地理纬度和海拔高度等自然条件的限制以及晴、阴、云、雨等随机因素的影响,到达某一地面的太阳辐照度是既间断,又极不稳定的,这给太阳能的大规模应用增加了难度。

③ 效率低和成本高:太阳能利用装置的发展水平有限,有些太阳能利用装置在理论上是可行的,技术上也是成熟的;但有的太阳能利用装置由于效率偏低,成本较高,在实验室阶段的利用效率也不超过 30%。

④ 太阳能板污染:现阶段,太阳能板是有一定寿命的,一般 3~5 年就需要换一次太阳能板,而换下来的太阳能板非常难被大自然分解,从而造成相当大的污染。

3.4.2 潮汐能

1. 潮汐能定义

潮汐能是海水周期性涨落运动中所具有的能量。其水位差表现为势能,其潮流的速度表现为动能。这两种能量都可以被利用,是一种可再生能源。在海水的各种运动中,潮汐最具规律性,又涨落于岸边,因此最早为人们所认识和利用。在各种海洋能的利用中,潮汐能的利用是最成熟的。潮汐现象由月球引力的变化引起,导致海水平面周期性地升降,而海水涨落及潮水流动过程中所产生的能量即为潮汐能。这种能量是永恒的、无污染的能量。

2. 潮汐能的零碳转化

潮汐能的零碳转化是一种利用水流能量转化为电能的水力发电技术,通常通过水坝、水轮机等装置捕捉水流能,最终转换为电能。水力发电是一种成熟的清洁能源技术,对环境影响较小,属于零碳转化领域。其中潮汐能是水力发电技术中的主要发电形

式，将海洋潮汐能转化为电能。潮汐发电有以下三种形式：单库单向电站，即只用一个水库，仅在涨潮（或落潮）时发电，我国浙江省温岭市沙山潮汐电站就是这种类型；单库双向电站，也只用一个水库，但是涨潮与落潮时均可发电，只是在平潮时不能发电，广东省东莞市镇口潮汐电站及浙江省温岭市江厦潮汐电站，就是这种型式；双库双向电站是用两个相邻的水库，一个水库在涨潮时进水，另一个水库在落潮时放水，这样前一个水库的水位总比后一个水库的水位高，故前者称为上水库，后者称为下水库。水轮发电机组放在两水库之间的隔坝内，两水库始终保持着水位差，故可以全天发电。

通过水力能的零碳转化技术，特别是水力发电技术、潮汐能和波浪能的利用，人类可以利用水力资源生产清洁能源，实现能源生产过程中的零排放和环保目标，推动清洁能源产业的发展，为构建低碳生态社会做出积极贡献。

3. 潮汐能的零碳转化特点

潮汐能利用的主要方式是转化为电能。潮汐发电的工作原理与常规水力发电的原理类似，它是利用潮水的涨、落产生的水位差所具有的势能来发电。它们之间的差别在于海水与河水不同，蓄积的海水落差不大，但流量较大，并且呈间歇性，从而潮汐发电的水轮机的结构要适合低水头、大流量的特点。具体地说，就是在有条件的海湾或感潮河口建筑堤坝、闸门和厂房，将海湾（或河口）与外海隔开围成水库，并在闸坝内或发电站厂房内安装水轮发电机组。海洋潮位周期性的涨落过程曲线类似于正弦波，有一定的高度差（即工作水头），从而驱动水轮发电机组发电。从能量的角度来看，就是将海水的势能和动能，通过水轮发电机组转化为电能的过程。

首先，我国潮汐能资源蕴藏量十分可观。其次我国潮汐能资源的地理分布十分不均匀。沿海潮差以东海为最大，黄海次之，渤海南部和南海最小。河口潮汐能资源以钱塘江口为最丰富，其次为长江口，以下依次为珠江、晋江、闽江和瓯江等河口。以地区而言，潮汐能资源主要集中在华东沿海，其中以福建、浙江、上海长江北支为最多，占我国可开发潮汐能的88%。在地形地质方面，我国沿海地区主要分为平原型和港湾型两类：以杭州湾为界，杭州湾以北，大部分归平原海岸，海岸线平直，地形平坦，并由沙或淤泥组成，潮差较小，且缺乏较优越的港湾坝址；杭州湾以南，港湾海岸较多，地势险峻，岸线岬湾曲折，坡陡水深，海湾、海岸潮差较大，且有较优越的发电坝址。但浙、闽两省沿岸为淤泥质港湾，虽有丰富的潮汐能资源，但开发存在较大的困难，需着重研究解决水库的泥沙淤积问题。

3.4.3 地热能

1. 地热能定义

地热能是由地壳抽取的天然热能,这种能量来自地球内部的熔岩,并以热力形式存在,是引致火山爆发及地震的能量。

地球内部的温度高达 7000 ℃,而在 80~100 km 的深度处,温度会降至 650~1200 ℃。通过地下水的流动和熔岩涌至离地面 1~5 km 的地壳,热力得以被转送至较接近地面的地方。高温的熔岩将附近的地下水加热,这些加热后的水最终会渗出地面。运用地热能最简单和最合乎成本效益的方法,就是直接取用这些热源,并抽取其能量。

作为蕴藏在地球内部的天然热能和一种极具竞争力的清洁可再生能源,地热能具有储量大、分布广、绿色低碳、适用性强、稳定性好等优势。高温地热资源,将成为未来能源结构调整、发展清洁能源的主力之一。

2. 地热能的零碳转化

地热发电技术是利用地球内部的热能转化为电能的技术,通过地热井等设施将地热能转换为电能。这种技术不仅可以在地热资源丰富的地区进行应用,还可以通过地热泵技术在一些地区利用地表或浅层的地热能进行供暖和制冷。目前开发的地热资源主要是蒸汽型和热水型两类,因此,地热发电也分为热蒸汽发电和地热水发电两大类。

地热蒸汽发电有一次蒸汽法和二次蒸汽法两种。一次蒸汽法是直接利用地下的干饱和(或稍具过热度)蒸汽,或者利用从汽水混合物中分离出来的蒸汽发电。二次蒸汽法有两种含义,一种含义是不直接利用比较脏的天然蒸汽(一次蒸汽),而是让它通过换热器气化洁净水,再利用洁净蒸汽(二次蒸汽)发电。另一种含义是将从第一次汽水分离出来的高温热水进行减压扩容生产二次蒸汽,其压力仍高于当地大气压力,并和一次蒸汽分别进入汽轮机发电。地热水中的水按常规发电方法是不能直接送入汽轮机去做功的,必须以蒸汽状态输入汽轮机做功。温度低于 100 ℃ 的非饱和态地下热水发电有两种方法:一种是减压扩容法,该法是利用抽真空装置,使进入扩容器的地下热水减压汽化,产生低于当地大气压力的扩容蒸汽,然后将汽和水分离、排水、输汽充入汽轮机做功,这种系统被称为"闪蒸系统"。低压蒸汽的比容很大,因而汽轮机的单机容量受到很大的限制,但运行过程中比较安全。另一种方法是利用低沸点物质(如氯乙烷、正丁烷、异丁烷和氟利昂等)作为发电的中间工质,地下热水通过换热器加热,使低

沸点物质迅速汽化,利用所产生气体进入发电机做功,做功后的工质从汽轮机排入凝汽器,并在其中经冷却系统降温,又重新凝结成液态工质后再循环使用。这种方法被称为"中间工质法",这种系统被称为"双流系统"或"双工质发电系统"。这种发电方式安全性较差,如果发电系统稍有泄漏,导致工质逸出,很容易发生事故。

蒸汽型地热发电是把蒸汽田中的干蒸汽直接引入汽轮发电机组发电,但在引入发电机组前,应把蒸汽中所含的岩屑和水滴分离出去。这种发电方式最为简单,但干蒸汽地热资源十分有限,且多存在于较深的地层中,开采难度大,故其发展受到了限制。除了地热发电技术外,地热还可以直接用于供暖和制冷领域。地热供暖系统通过地热泵或地下管道将地热能传递到建筑物内部,实现冬季供暖和夏季制冷,减少对传统燃煤或电力供暖的需求。这种技术同样属于零碳转化技术,因为其利用过程中不会产生CO_2等温室气体,对环境友好,具有很高的节能效果。

地热能的零碳转化技术为解决能源和环境问题提供了重要的途径。通过利用地球内部的热能,可以实现清洁能源的生产和利用,减少对化石能源的依赖,降低温室气体排放,推动低碳环保、可持续发展的目标实现。地热能作为一种可再生资源,将在未来的能源结构中发挥越来越重要的作用,为人类社会的可持续发展贡献力量。

3. 地热能零碳转化的特点

(1) 地热能的优点

① 环保:与石油和天然气相比,地热能更环保,不会造成任何污染,其发电过程中不产生废品。

② 低成本:不需要燃料,因此成本波动较小的,是具有成本效益的能源。此外,安装热泵的技术竞争也进一步降低了地热发电的成本。

③ 随处可用:地壳中有大量的自由热量,这些热量可以用来发电。干热岩热源在世界各地随处可见。

④ 可再生:地球内部的热量主要来源于地球形成早期的残留热量和放射性元素的衰变。这些能量几乎不会减少,因此地热能是可再生的能源。

(2) 地热能的缺点

① 高投资:建设地热发电厂需要大量的经济资源投入。尽管与建设风能和太阳能发电厂相比,建设勘探站点的成本较低,但建设勘探站点的总体成本仍相对较高。

② 地域性:地热资源分布广泛,地域不同。热量的强度取决于该地区地热盆地的

分布。只有靠近地热源头的地区才能获得供暖和电力。

③ 耗时：在安装地热发电厂之前，需要进行大量的研究以确定场地的可行性。这有助于确定该地区的市场状况、开发商规格和地质潜力。

④ 环境问题：地热发电会排放二氧化硅和二氧化硫，对大气产生负面影响。地表以下的温室气体也将排放到大气中。

3.4.4 生物质能

1. 生物质能定义

生物质是指通过光合作用形成的各种有机体，包括所有的动植物和微生物。而所谓生物质能，就是太阳能以化学能的形式贮存在生物质中的能量，即以生物质为载体的能量。它直接或间接地来源于绿色植物的光合作用，可转化为常规的固态、液态和气态燃料，是一种取之不尽、用之不竭的可再生能源，同时也是唯一一种可再生的碳源。生物质能的原始能量来源于太阳，所以从广义上讲，生物质能是太阳能的一种表现形式。很多国家都在积极研究和开发利用生物质能。有机物中，除矿物燃料以外的所有来源于动植物的能源物质，均属于生物质能，通常包括木材、森林废弃物、农业废弃物、水生植物、油料植物、城市和工业有机废弃物、动物粪便等。地球上的生物质能资源较为丰富，并且是无害的能源。生物质能一直是人类赖以生存的重要能源，它仅次于煤炭、石油和天然气，是世界能源消费总量第四位的能源，在整个能源系统中占有重要地位。有关专家估计，生物质能极有可能成为未来可持续能源系统的组成部分，到22世纪中叶，采用新技术生产的各种生物质替代燃料将占全球总能耗的40%以上。

2. 生物质能的零碳转化

人类对生物质能的利用分为直接利用和间接利用，直接用作燃料的有农作物的秸秆、薪柴等；间接作为燃料的有农林废弃物、动物粪便、垃圾及藻类等，这些物质可经过微生物作用生成沼气，或经由热解法转化为液体和气体燃料，也可制造生物炭。生物质能是世界上最为广泛的可再生能源。据估计，每年地球上仅通过光合作用生成的生物质总量就达1440亿~1800亿吨（干重），其蕴含的能量相当于20世纪90年代初全世界总能耗的3~8倍。然而，当时的生物质能尚未被人们合理利用，多半直接作薪柴使用，利用效率低，还会影响生态环境。现代生物质能的利用途径包括：通过生物质的厌

氧发酵制取甲烷;利用热解法生产燃料气、生物油和生物炭;以生物质为原料制造乙醇和甲醇燃料;以及利用生物工程技术培育能源植物,发展能源农场。生物质能源的生产过程包括生物质收集、预处理、发酵、气化、燃烧等环节。生物质能源的生产是一个循环利用有机废弃物的过程,通过合理的生产技术可以最大限度地减少对环境的影响,实现零碳排放。

生物质能的利用主要有生物质燃烧、热化学转换和沼气发电三种途径。生物质燃烧技术是一种简单而有效的生物质能利用方式,能够实现能源的零碳转化,减少对传统化石能源的需求。生物质的热化学转换是指在一定的反应条件下,使生物质气化、炭化、热解和催化液化,以生产气态燃料、液态燃料和化学物质的技术。沼气发电是利用有机废弃物(如畜禽粪便等)产生沼气,通过沼气发电装置将沼气转化为电能。沼气发电也是一种重要的生物质能利用技术,可实现有机废弃物的资源化利用,减少温室气体排放。其中,生物质的直接燃烧在今后相当长的时间内仍将是我国生物质能利用的主要方式。生物质能产业符合现代农业的发展方向(如图3-4-2所示),当前,改造热效率仅为10%左右的传统烧柴灶,推广热效率可达20%~30%的节柴灶这种技术简单、易于推广、效益明显的节能措施,已被国家列为农村新能源建设的重点任务之一。

3. 生物质能零碳转化的特点

生物质能的零碳转化具有以下几个特点:

(1)可再生性　生物质能源主要来源于植物、农作物残留物、木材、动物粪便等有机物质,属于可再生能源的范畴。这意味着生物质能源在合理利用的情况下可以持续供应,不会像化石能源那样存在枯竭的问题。

(2)零碳排放　生物质能的零碳转化过程中几乎不会产生CO_2等温室气体的排放,因为生物质本身的燃烧和分解过程释放的CO_2会在未来的生长中被植物再次吸收,形成一个封闭的碳循环,实现真正的碳中和。

(3)环保清洁　生物质能源的生产和利用过程中往往会利用废弃物或农林副产品作为原料,有效减少了废弃物的排放和污染问题。与化石能源相比,生物质能源是更环保、更清洁的能源形式。

(4)多样化利用形式　生物质能源可以通过燃烧、气化、发酵等多种形式进行利用,用于取暖、发电、生产燃料等多个领域。这种多样化的利用形式使得生物质能源在不同领域都有广阔的应用前景。

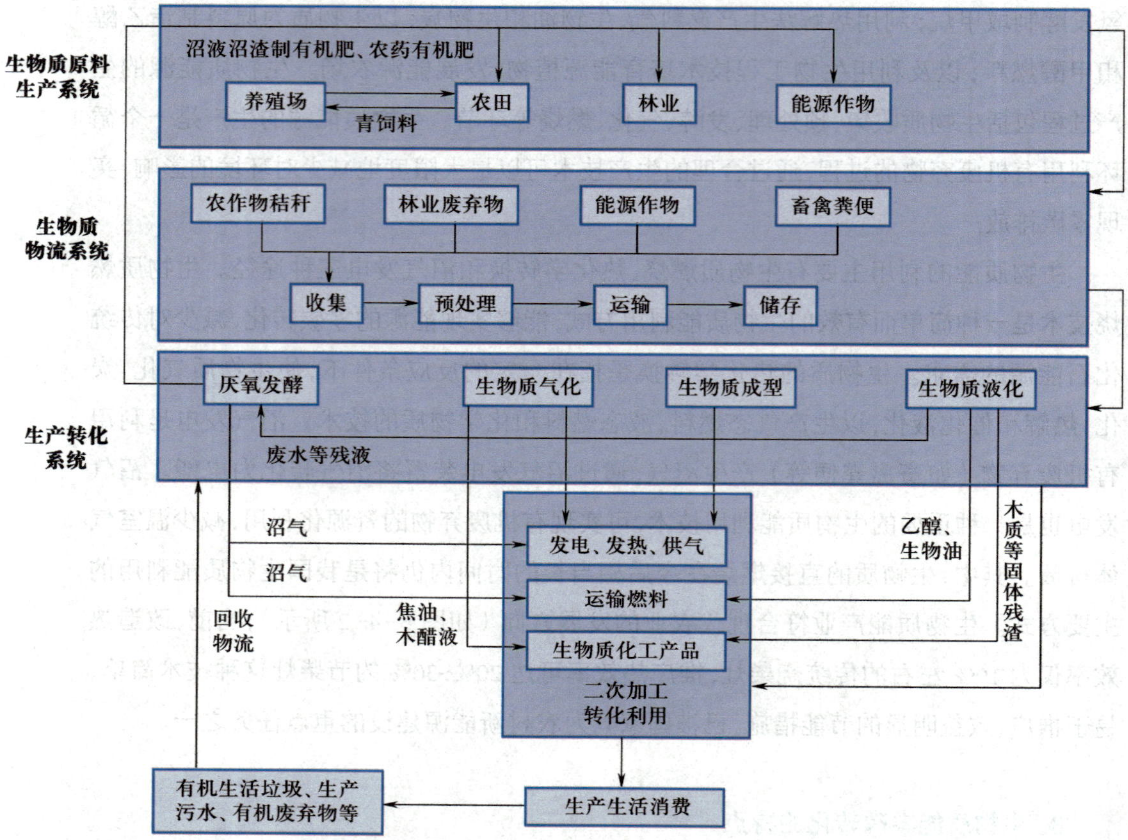

图 3-4-2　生物质能产业符合现代农业的发展方向

（5）促进农业和林业发展　生物质能源的生产需要大量的植物原料，这促进了农业和林业的发展，同时也为农林废弃物的处理提供了解决方案，实现了资源的有效利用和循环利用。

总的来说，生物质能的零碳转化具有可再生性、零碳排放、环保清洁、多样化利用形式以及促进农业和林业发展等优点，是一种重要的清洁能源，对于推动能源转型、应对气候变化具有重要意义。

3.4.5　风能

1. 风能定义

风能是因空气流动做功而提供给人类的一种可利用的能量，空气流速越高，动能

越大,能量越强。风能是太阳能的一种转化形式,由于太阳辐射造成地球表面各部分受热不均匀,引起大气层中压力分布不平衡,在水平气压梯度的作用下,空气沿水平方向运动形成风。风能资源的总储量非常大,一年中技术可开发的能量约 5.3×10^{13} kW·h。风能是可再生的清洁能源,储量大、分布广,但它的能量密度低(只有水能的 1/800),并且不稳定。在一定的技术条件下,风能可作为一种重要的能源得到开发利用。

2. 风能的零碳转化

风力发电技术是指利用风力驱动风力发电机转动,将风能转换为电能的过程。风力发电技术属于可再生清洁能源范畴,因其在发电过程中不产生温室气体,是一种零碳转化技术。主要的风力发电技术包括水平轴风力发电和垂直轴风力发电,通过风力发电站将风能转化为电能,为电网供电。由于风力发电存在不可预测性和间歇性,因此需要在风力资源不稳定的情况下进行储能。目前常见的风能储存技术包括蓄电池储能技术、压缩空气储能技术、储热和抽水蓄能技术等,通过储能技术可以将多余的风能储存起来,以便在需要时释放电能。另外,利用智能调度技术对风力发电站进行管理和控制,可以实现风电接入电网的平稳运行。通过预测风力波动情况、灵活调整风力发电机输出等方式,可以提高风能的利用效率,降低对传统发电的依赖。除了直接利用风能发电外,风能还可以用于其他形式的能源转化,如风能水解制氢、风能驱动地热泵供暖等。这些综合利用方式可以提高风能的综合利用效率,实现零碳转化的目标。

3. 风能零碳转化的特点

(1)优点

① 可再生性:风能是地球大气中空气运动形成的动能,属于可再生能源,不会因使用而枯竭。

② 零碳排放:在风能转化为电能的过程中几乎不产生 CO_2 等温室气体,因此是一种零碳排放的能源形式。

③ 不受地域限制:风能的分布广泛,几乎遍布全球各地,因此可以在许多地方进行利用,不受地域限制。

④ 资源丰富:地球表面的风资源非常丰富,是一种充足的能源资源,有助于满足人类能源需求。

（2）缺点

① 生态问题：风力发电设施可能对鸟类等野生动物造成干扰，离岸风电是一种解决方案，但成本较高。

② 经济性挑战：一些地区风能发电存在间歇性问题，需要发展储能技术，同时需要大量土地和面临噪音等环境问题。

③ 技术挑战：风速不稳定、地理位置限制、转换效率低、设备成熟度等问题仍然存在，需要进一步发展与完善。

④ 可预测性和间歇性：尽管风能是可再生能源，但其可预测性和间歇性使得其利用面临挑战，需要配备储能和智能调度技术。

这些特点使得风能成为一种重要的清洁能源选择，对于减少温室气体排放、促进能源转型具有重要意义。总体来说，风能作为一种可再生清洁能源，具有广阔的发展前景和重要的环境优势，但同时也需要面对一系列技术、经济和生态等挑战。随着技术的不断进步和完善，风能在未来将扮演着更加重要的角色。

3.4.6　实现可再生能源的零碳转化途径

氢能作为一种高效清洁的可再生能源迅速走进大众的视野。但作为一种二次能源，氢能需要通过制氢技术进行提取。现有的制氢技术大多依赖化石能源，无法避免碳排放。根据氢能生产来源和生产过程中碳排放情况，氢能分为灰氢、蓝氢和绿氢。灰氢是指利用化石燃料燃烧的电力制备的氢气，该类型的氢气产量约占当今全球氢气产量的95%。蓝氢也由化石燃料（主要是天然气）燃烧产生，但其制备过程融合了CCUS技术，可以显著降低生产过程的碳排放，满足大多数国家的排放限制要求。绿氢是指利用可再生能源（太阳能、风能等）分解水得到的氢气，可再生能源制取绿氢路径图见图3-4-3。绿氢的生产不仅从生产源头上实现了CO_2零排放，而且其燃烧过程只产生水，还可以通过替代传统化石能源实现消费终端的零排放，是真正意义上的清洁能源。另外，氢能在燃烧或与氧气反应时能够释放大量能量，具有较高的能量转化效率。但由于目前可再生能源电解制氢技术尚未大规模推广，氢能储运技术不成熟，配套设施不完善，绿氢的产能还比较小，应用领域主要局限于传统化工行业。

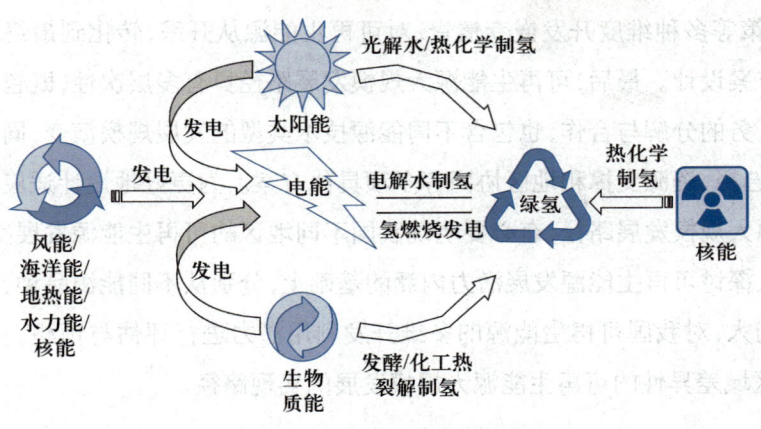

图 3-4-3　可再生能源制取绿氢路径图

3.4.7　未来可再生能源零碳转化之路

可再生能源零碳转化之路任重道远,在我国明确提出碳达峰、碳中和目标及其时间节点的条件下,包括可再生能源发展在内的各个方面都将迎来深刻而系统的变革。可再生能源的发展不再是以往的渐进式、小步式发展,取而代之的是明确的大规模、高比例、大步跨越式发展。这里面有一系列理论问题、现实问题亟待解决。需要在现有的研究基础上,进一步揭示可再生能源大规模发展的规律特征、影响因素等内在作用机制,明晰可再生能源大规模发展的总量目标及其具体实施路径,并推动理论研究的进步和发展。

基于已有研究的特点和局限性,以下几个方面可作为未来研究的着手点:首先,可再生能源的发展既与社会、经济发展等有广泛的交互关系,也受资源禀赋、成本、技术水平等多种不确定因素的限制。应立足我国本土问题从多维视角探究可再生能源发展的影响因素,识别可再生能源发展的主要障碍。在此基础上,分别从空间和时间两个视角分析不同区域、不同时段可再生能源发展的共同点与差异性,为可再生能源规模发展的中国方案提供有力依据。其次,考虑到碳中和目标的技术路线和实施方案仍在探索中,如何科学预测未来较长一段时期内的可再生能源总量需求成为首要解决的问题。为此,未来可再生能源发展预测可以采取:一是自顶向下的思路,结合碳中和实现的不同路径选择设定能源转型情景,在经济发展不确定的条件下合理预测总体能源消费需求;二是自底向上的思路,以上述能源消费需求为总量目标,从能源生产、能源消费、负碳技

术、低碳政策等多种维度开发嵌套情景,对可再生能源从开采、转化到最终需求全过程进行情景方案设计。最后,可再生能源大规模发展路径具有多层次性,既包含国家与地区间发展任务的分解与合作,也包含不同能源技术类型的发展规模演变,同时涉及投资规模、技术选择、资源支撑和地区协同等多项具体方案。为更好地设计适应我国特色的可再生能源大规模发展路径,有必要明确我国不同地区的可再生能源发展空间与潜力。在全面深入探讨可再生能源发展潜力内涵的基础上,分别从不同能源品种、不同省份地区的角度切入,对我国可再生能源的多维开发利用潜力进行评估与预测。最终探寻考虑技术－区域差异性的可再生能源大规模发展的实现路径。

思考题

1. 为实现碳中和,达到 CO_2 的"零排放",从煤电机组方向进行概括。
2. 简述天然气在"碳中和"路径中作用的 4 个阶段。
3. 相比于燃煤发电,天然气发电(简称"气电")具有那些优势?
4. 简述一下燃油发电的原理。
5. 说一说水力发电的优势。
6. 什么是 CCS(carbon capture and storage),其意义有哪些?
7. CCS 的技术应用在哪些方面,试举例说明。
8. 简述我国 CCS 发展趋势和目标。
9. 二氧化碳在压缩过程中有哪些注意事项?
10. 二氧化碳运输的方法有哪些,优缺点分别是什么?
11. 总结二氧化碳管道运输的类型、要求及适用范围。
12. 二氧化碳封存技术有哪些?
13. 尝试简述几种二氧化碳压缩运输和封存过程中可能存在的安全问题。
14. 什么是储氢材料,储氢材料的主要特点是什么?
15. 影响储氢材料的机械合金化制备技术的主要工艺因素有哪些?
16. 什么是高压储氢方法,它的工作原理是什么?
17. 吸附储氢方法是如何工作的? 有哪些常用的吸附材料?

18. 高压储氢和吸附储氢方法各有哪些优缺点？
19. 储氢材料的安全性如何保障？
20. 储氢技术在可持续能源领域的应用前景如何？
21. 电解水制氢有哪些优点？
22. 列举甲烷制氢的常用方法。
23. 列举甲醇制氢的常用方法并简单描述。
24. 简述氨分解制氢工艺的主要优点。
25. 氢气的分离提纯有哪些方法？
26. 什么是可再生能源，它有哪些优点？
27. 氢气作为二次能源有什么优势。
28. 生物质作为能源资源有哪些特点？
29. 简要论述水电与环境的关系。
30. 结合我国能源资源结构、能源消费结构的特点，论述我国可再生能源开发利用的重要意义。

第3章参考文献

第 4 章
碳中和与材料

当前世界能源格局变得多元化，随着人们环保意识的逐渐增强，控制温室气体排放，寻求新能源替代传统能源的能源革命正在如火如荼地进行，以太阳能、氢能、核能为代表的新能源发展前景广阔。在众多新能源中，太阳能一直被视为最有竞争力的未来能源之一，要充分利用好太阳能，离不开高性能的材料。2020年12月，习近平总书记在气候雄心峰会上宣布，到2030年，我国非化石能源占一次能源消费比重将达到25%左右，风电、太阳能发电总装机容量将达到12亿千瓦以上。实现"碳达峰""碳中和"目标，除了风能外，太阳能的利用占据着突出地位。太阳能的开发，不仅在当前具有现实意义，而且具有长远的发展前景。

第1节
光伏太阳能电池材料

光伏材料又称太阳电池材料，是指能将太阳能直接转换成电能的材料。光伏材料能产生电流是因为光生伏打效应，又称光伏效应。光伏效应是指当光线照射到半导体材料时，半导体内部产生电子和空穴对，进而形成电流的现象。太阳能电池的工作原理可以分为以下4个步骤：

① 光的吸收：当阳光照射到太阳能电池上时，光子（光的基本单位）被半导体材料吸收。光子携带的能量能够激发材料中的电子，使其从价带跃迁到导带，从而形成电子–空穴对。

② 电子–空穴对的生成：在半导体中，光子吸收后产生的电子–空穴对会增加材料中的自由载流子数量。此时，电子处于高能态，而空穴则表示缺乏电子的状态。

③ 电荷分离：太阳能电池通常由P型和N型两种半导体材料构成，形成PN结。当电子和空穴在PN结附近相遇时，电场的存在会使得电子朝向N型区域移动，而空穴则朝向P型区域移动，从而实现电荷的分离。

④ 电流的产生：分离后的电子在外部电路中流动，形成电流。这一过程不仅产生电压，还使得电能可以被有效利用。

4.1.1 太阳能光电基础

自地球诞生以来,太阳已经源源不断地向地球提供了 46 亿年的能量,追根溯源的话,地球上绝大部分的能量都来自太阳能。太阳能作为一种取之不尽的清洁能源,成为人类开发的重要绿色能源之一。太阳能的转化与应用主要分为光电、光热、光化学(光催化)、光生物能四种形式。太阳能光电转换,即光伏发电技术,是利用半导体材料的光伏效应直接把太阳光能转变为电能的发电方式。目前研究的光伏电池包括:硅(单晶、多晶、非晶)电池、无机化合物电池、染料敏化电池、薄膜电池、有机电池、无机 – 有机杂化太阳电池(如钙钛矿电池)、石墨烯、量子点太阳电池等。表 4-1-1 展示了几种常用电池类型的光电转化率及优缺点。

表 4-1-1 常用电池类型的光电转化率及优缺点

类型	结构	光电转化率	优点	缺点
单晶硅太阳能电池	单一晶体硅制成,纯度高	15%~22%	效率高、寿命长、占地面积小	制造成本较高
多晶硅太阳能电池	多个晶体硅组成	13%~18%	成本低,适合大规模生产	效率不如单晶,体积较大
薄膜太阳能电池	薄层光吸收材料	10%~12%	轻便、灵活,适用多种场景	效率偏低,寿命短
有机太阳能电池	有机材料(如聚合物)	3%~10%	环保、材料多样、成本低	稳定性差,寿命短
钙钛矿太阳能电池	基于钙钛矿材料	>25%	效率高,有望成未来主流	稳定性和耐久差

除了作为一次能源被直接利用之外,太阳能的主要利用形式还有光热转换、光电转换、光化学应用、光生物应用,许多人认为太阳能电力是新近出现的、新颖的技术。其实,太阳能电力是空间工业中为卫星供电的副产品,这项工作能够追溯到 20 世纪 50 年代初。实际上,太阳能电力的发展早在一百多年前就开始了。

1839 年,一位法国科学家 E. Becquerel 首先发现了太阳能光电,他把两块黄铜板浸入一种导电液体中,并将一束光射到这套装置上,装置便产生了电流。1873 年,一位叫 W. Smith 的英国工程师在调试海底通信电缆的时候有了另一个重要的发现,在海底电缆的测试装置中,硒棒的电流电阻会发生变化。有时呈现出高阻值,而有时却呈现出低阻值。根据进一步的研究,Smith 发现当光照在这些硒棒上的时候,阻值就会变化,

而且阻值的变化与光量成正比,照到硒棒上的光越多,阻值越低,这是由于光硒中的电子流提供了助力。这个令人疑惑的现象后来又被研究者 W. G. Adams 和 R. E. Day 所证实。他们发现,照射到硒上的光会产生一个微小的电流,这就是太阳能电池的雏形。按照结构的不同,目前太阳能电池主要分为四类:同质结太阳能电池、异质结太阳能电池、肖特基结太阳能电池和液结太阳能电池。

太阳能光电转换是指直接将太阳光能转换为电能,而无须经过热过程,即光伏效应。光伏发电是利用太阳能级半导体元件有效地吸收太阳光辐射,并使之转变成电能的直接发电方式,是当今太阳光发电的主流,主要由太阳能电池板、控制器和逆变器三大部件组成。光电利用是建立在半导体材料基础之上的,实际应用中,半导体的原子排列并不遵循严格的周期性,而是存在各种形式的杂质和缺陷,而微量的杂质和缺陷可以对半导体的性质产生决定性的影响。

如将Ⅴ族元素掺入晶体硅中,以磷为例,磷原子将占据硅原子的晶格位置,磷原子 5 个价电子中的 4 个将与周围的硅原子形成共价键,而多余的价电子被束缚在原子核周围。一旦接受能量激发,这个价电子很容易脱离杂质原子的束缚,从杂质能级跃迁至导带,成为自由电子,同时磷原子由于少了一个价电子而变为带正电的磷离子。这种能够释放电子而产生导电电子并形成正电中心的杂质称为施主杂质或 N 型杂质。通常把主要依靠导带电子导电的半导体称为 N 型半导体。

如果将Ⅲ族元素引入晶体硅中,以硼为例,硼原子具有 3 个价电子,当它和周围的硅原子形成共价键时,还缺少一个电子,需从别处的硅原子中夺取一个电子,于是晶体硅中将产生一个空穴,该空穴被束缚在硼原子附近。当接受较少能量激发时,空穴挣脱束缚,成为自由移动的导电空穴,而硼原子因为多了 1 个价电子而变为带负电的硼离子。这种能够接受电子而产生导电空穴并形成负电中心的杂质称为受主杂质或 P 型杂质。通常把主要依靠空穴导电的半导体称为 P 型半导体。

将 P 型半导体与 N 型半导体通过一定的工艺结合在一起,在两者的交界处就形成了具有特定功能的结构,即 PN 结。P 型半导体空穴多电子少,而 N 型半导体电子多空穴少。当形成 PN 结时,在浓度梯度作用下,空穴从 P 区扩散至 N 区,留下带负电的离子,在 PN 结附近 P 区形成负电荷区;电子从 N 区扩散至 P 区,在 PN 结附近 N 区留下带正电的离子形成正电荷区。通常把这些带电离子所带的电荷称为空间电荷,它们所在的区域称为空间电荷区。

在空间电荷区出现了由正电荷指向负电荷,即 N 区指向 P 区的电场,该电场称为内建电场。在内建电场作用下，电子和空穴出现了与扩散方向相反的漂移运动。随扩散运动的进行，空间电荷区逐渐扩展，内建电场逐渐增强，导致载流子漂移运动也逐渐增强。在无外加电压情况下，扩散和漂移达到动态平衡，此时，PN结对外不呈现电流。

当太阳光照射到太阳能电池上时，一部分光子同组成半导体的原子价电子碰撞产生电子-空穴对。此时，光能就以产生电子-空穴对的形式转变为电能。存在于半导体材料内的PN结就会产生电动势，分别在P型层和N型层接上金属线，接通负载，外电路上便会有电流通过。将如此形成的若干个电池元件串联成组，就能产生一定的电压、电流和输出功率。

光发射是由于波长足够短的入射光使电子从固体表面释放到气体或真空中。利用光能发电的概念可以追溯到Nikola Tesla的专利，该专利描述了"利用辐射能的方法"，并于1901年被承认，实际上早于爱因斯坦关于光电效应和光量子和金属阴极功函数的著名讨论。光电太阳能发电装置通常涉及电荷通过真空从光电阴极传输到阳极，自20世纪60年代以来已经出现在专利文献中，但一直处于光伏研究和开发的外围。

光电太阳能发电装置在电荷输运的性质上与任何固态（半导体）光伏发电装置明显不同。然而，在这两类器件中，电荷都是由入射光子的能量克服能量势垒释放出来的。在光电太阳能发电装置中，这个势垒不是半导体带隙，而是功函数。功函数以类似常规光伏的方式支配光电太阳能发电装置的频谱损耗，为计算功率转换效率提供依据。这种光电太阳能发电装置的理论效率极限接近57%，但由于一些因素，实际效率达不到这一数值，其中最重要的是光电阴极和透明阳极的材料特性。

4.1.2 光伏太阳能组件材料

太阳能电池材料主要有单晶硅、多晶硅、非晶硅、砷化镓、铝砷化镓、磷化铟、硫化镉、碲化镉等。其中，用于太空空间的有单晶硅、砷化镓、磷化铟；用于地球表面已批量生产的有单晶硅、多晶硅、非晶硅，其他材料尚处于开发阶段。目前光伏材料的发展主要致力于降低材料成本和提高转换效率，使太阳能电池的电力价格相对于火力发电的电力价格具有明显优势，从而为更广泛、更大规模应用创造条件。

虽然光伏太阳能设施的组件材料各异，但所有的组件都包括若干层从向光面到背光面的材料。太阳光首先穿过保护层（通常为玻璃），然后通过透明接触层进入电池内部。设施的中间层是吸附材料，这一

光伏设施八大材料

层材料吸收光子，进而产生"光生电流"。而其中的半导体材料取决于具体的光伏系统需求，光伏设施主要由八大材料组成，分别是铝合金边框、硅胶、钢化玻璃、EVA 封装胶膜、光伏焊带、电池片、背板、接线盒。

4.1.3 光伏太阳能电池应用

1. 光伏太阳能电池与储能

光伏发电虽然是清洁可再生的，但由于其间歇性和不稳定性（如天气变化导致的光照强度变化），直接使用光伏发电存在一定的挑战。这就需要通过能源存储系统来解决。能源存储系统可以在光伏发电高峰时储存多余的电能，并在需求高峰或光照不足时释放电能，从而平衡供需。太阳能有着绿色环保、成本小、可再生等优势，运用太阳能进行光伏发电可实现城市照明系统的供电需求，形成白天发电、夜间供电的良性循环。太阳能城市照明系统的主要结构包括光伏发电板、LED 节能灯、智能控制器和蓄电池。

2. 光伏太阳能电池与风能

光伏太阳能电池与风能发电具有天然的互补性。光伏太阳能电池依赖于阳光，而风能则依赖于风的速度和方向。在许多地区，阳光和风的变化并不完全同步。例如，在阳光充足的夏季，风速可能较低，而在冬季，风速通常较高，阳光则相对较少。这种互补性使得两种能源的结合能够在更多的时间段内提供稳定的电力输出，从而提高整体的能源利用率。联合使用光伏和风能可以显著降低能源成本。通过合理的资源配置和规划，可以实现更高的发电效率和更低的投资回报期。研究表明，混合能源系统可以利用更少的设备实现更高的能量产出，从而降低单位电力的生产成本。此外，随着技术的进步和设备成本的降低，光伏和风能的结合将变得越来越经济。因此，该技术具有高能源效率和低污染排放的显著特征，对于提供类似规模的发电系统有着十分重要的意义，同时也可以为解决电力损耗和长途运输问题创造条件。

3. 光伏太阳能电池与氢能

光伏太阳能电池与氢能的结合为可再生能源的存储和利用提供了新方法。光伏太阳能电池利用阳光这一可再生资源，几乎不产生温室气体排放，符合全球减排的需求。氢气可以作为一种能量载体，将光伏产生的电能以化学形式存储，实现能量的时间和空间转移。这意味着在阳光较少的时段,氢气可以被用作能源,确保能源供应的稳定性。将光伏太阳能转化为氢能的技术方法主要涉及两个关键过程:水电解和光催化水分解。水电解是一种利用电能将水(H_2O)分解为氢气(H_2)和氧气(O_2)的过程。为了提高氢气的生产效率,研究人员正在开发新型的质子交换膜电解槽(PEMEC),其具有高效率和快速反应能力,能有效应对太阳能辐射的变化。光伏系统与电解槽的集成可以实现电力的即时利用,减少能量损失。研究表明,通过将光伏系统直接连接到电解槽,可以更高效地利用太阳能生成氢气。

光催化水分解是一种使用光催化剂将水分解为氢气和氧气的过程。光照条件下,光催化剂会吸收光能并产生电子－空穴对。这些电子和空穴能促进水分子的分解。具体来说,光催化剂的电子会驱动水分解反应,在阳极生成氧气,而空穴则在阴极生成氢气。直接光催化过程通常效率较高,而间接光催化则在光源和催化剂之间需要额外的能量转化,这使得直接光催化成为更受欢迎的选择。

4. 光伏太阳能电池与5G

相较于4G网络5G网络的架构更加复杂,尤其是在网络切片、边缘计算和超密集部署等方面。这种复杂性直接导致了能耗的显著增加。根据研究,5G网络的能耗主要集中在无线接入网络(RAN),超过70%的能耗来自此部分。因此,如何有效地管理和减少能耗成了5G网络设计和运营的关键。光伏技术可以将太阳能转化为电能,供给5G基站和相关设备。通过在基站上安装太阳能电池板,可以降低白天对传统电网的依赖,从而实现绿色能源的使用。

第2节
生物质清洁能源燃料

能源是人类社会赖以生存和发展的物质基础,在社会可持续发展中起着举足轻重的作用。由于能源消耗加剧,煤炭、石油、天然气等化石能源消耗迅速,生态环境不断恶

化,特别是温室气体排放导致全球气候变化日益严峻,人类社会的可持续发展受到严重威胁。这一现状使得可再生清洁能源的开发和利用越来越受到各国的重视。生物能源是一种可再生内清洁能源,在地球上含量丰富,具有良好的开发和利用前景。我国是一个农业大国,有着丰富的生物质资源,因此,开发利用生物能源,对缓解我国能源、环境及生态问题具有重要的意义。

生物质是指除化石燃料以外的所有来源于地球生物圈的生物体或从生物体派生的可再生物质。生物质能则是指直接或间接地通过绿色植物的光合作用,把太阳能转化为化学能后固定和储藏在生物质内的能量。而事实上,煤炭、石油和天然气等化石能源也是由生物质转变而来。相较于化石燃料,生物质具有以下特点:

(1) 生物质的利用过程具有二氧化碳零排放特性。
(2) 生物质中硫、氮含量较低,灰分含量也较低。
(3) 生物质资源分布广、产量大、转化方式多种多样。
(4) 生物质单位质量热值较低,而且一般生物质中水分含量大。
(5) 生物质的分布比较分散,收集、运输和预处理的成本较高。
(6) 生物质通过植物的光合作用可以再生,与风能、太阳能同属可再生能源。

生物质清洁能源的范围非常广泛,主要分为生物质液体燃料、生物质气体燃料和生物质固体燃料。

4.2.1 生物质液体燃料

生物质定向热解制备的高品质液体燃料主要包括芳烃类、醇醚类和酯类燃料,其中,乙醇燃料的应用最为广泛。乙醇中含氧,与汽油、柴油相比,更有利于促进燃料的完全燃烧,节省燃料,可以大大改善尾气排放的情况。同时,乙醇抗爆性强,可采用高压缩比,提高发动机功率,降低耗油量。制备乙醇有多种方法,包含生物质间接法热解得到乙炔,但其合成方法能耗高,所以一般采用生物质发酵法制得乙醇。

生物质发酵法制备乙醇所用的生物质来源一般分为淀粉类和木质素类:① 淀粉类生物质制备乙醇是先将原料进行水热处理,使之成溶解状态的淀粉、糊精和低聚糖等,利用 α- 淀粉酶和糖化酶将淀粉转化成糖化液,再添加酵母菌,利用酵母菌将糖转变为乙醇和 CO_2 的生物化学过程。② 脱除原料中的木质素,得到纤维素和半纤维素,再将纤维素和半纤维素通过纤维素酶催化或稀酸催化水解,得到可发酵的糖类(如五碳糖、葡萄糖），而得到的糖类通过酵母菌或细菌发酵得乙醇。

由于第一代燃料乙醇是以淀粉或糖为基础生产的，原料都是潜在的人类食物，存在争粮的问题，但是与化石燃料相比，第一代燃料乙醇具有明显的节能环保优势。考虑到乙醇生产的原料问题，人们开始开发利用资源丰富、量大且种类多的木质纤维素类生物质。以木质纤维素类生物质为原料开发的乙醇称为第二代燃料乙醇。

我国燃料乙醇研发虽然起步晚，但是发展迅速，已成为继美国、巴西之后的世界第三大燃料乙醇生产国。但我国燃料乙醇工业进一步扩产将受到粮食产量的限制，大力发展纤维乙醇将对满足燃料乙醇市场要求、维护我国能源安全起到重要作用。

4.2.2 生物质气体燃料

生物质气体燃料是以农作物秸秆、林木废弃物、食用菌渣、禽畜粪便、污水污泥等含有生物质体的物质为原料，在高温下，生物质体热解或者气化分解产生的一种可燃性气体。随着人类社会的发展，人们对能源的需求不断增加，而氢能源作为最有前途的能源，具有很大的发展潜力。近年来，生物质制氢由于其能耗低、污染少等优势愈发引人注目。

沼气是由一些含有有机物的物质（如杂草、秸秆、生活废水、生活垃圾、粪便等）在合适的温度、湿度和酸度的条件下，经过微生物发酵分解产生的一种可燃气体。目前，我国的沼气技术已经取得了明显的成就，达到了世界先进水平。随着沼气技术的飞速发展，我国在大型沼气池的供气或发电、环境的综合治理技术开发以及沼气发酵微生物等方面都取得了良好的研究成果。

得益于国家的大力支持，我国的沼气产业迅速发展，但是沼气产业的经济效益仍然较低。除此之外，利用生物质作为产氢的原料也是实现生物质资源化的有效途径。

生物制氢有许多种方法，包括光解水制氢，光发酵制氢，暗发酵制氢以及光合细菌与发酵细菌混合发酵制氢。总体而言，生物制氢相较于其他制氢工艺，具有制氢原料广，制氢成本低，基质转化效率高，无环境污染的优点。

随着人类工业化进程的加快，能源短缺和环境污染的问题日益严重，利用微生物制取氢气的研究已经有几十年历史。氢能由于其高能量密度及其相对于化石能源的无污染性，一直被认为是"未来能源"。系统地研究生物制氢技术所面临的各种问题，提高制氢速率和效率、大幅降低生产成本、加快生物制氢的工业化进程是解决能源和环境问

题的重要途径。现在虽然在生物制氢领域取得了一些成果,但与实用化大规模生产的要求还有一定的差距,其问题主要体现在:① 发酵制氢过程中微生物的遗传特性和代谢特点决定了微生物菌种制氢效率不高,不足以满足社会对氢能的需求;② 厌氧发酵制氢过程会产生一些有机酸,使得反应系统的 pH 降低,限制了发酵微生物的正常生长和代谢,导致其制氢能力下降,同时带来了用碱调节 pH 造成的高成本、环境污染等不良影响;③ 光解水制氢过程中的氧气会抑制产氢的活性,使制氢效率一直保持在较低水平。

总体而言,生物制氢技术的优越性仍然不容忽视,其使用的原料广泛,包括一切植物、微生物材料、工业有机物和水,且成本低;在生物酶的作用下,反应条件温和(常温常压),操作费用低;制氢所转化的能源来自生物质能和太阳能,完全脱离了常规的化石燃料。因此,发展生物制氢技术符合国家环保和能源发展的中长期政策,前景广阔。

4.2.3 生物质固体燃料

生物质固体清洁能源燃料是一种重要的可再生能源资源,其在能源领域的应用越来越受到关注。生物质固体清洁能源燃料是指以植物纤维、秸秆、木屑、废弃木材等为原料,经过加工制备而成的固体燃料,具有可再生、环保、清洁等特点。这些原料广泛存在于农林业生产中的剩余物和废弃物中,可以通过植物的生长不断进行补充,不会像化石能源一样存在枯竭的问题,具有丰富的资源基础。在燃烧过程中,不会产生含硫、氮的有害气体,对环境没有污染,是一种清洁的能源形式。生物质固体清洁能源燃料的制备过程相对简单,生产成本低廉,是一种绿色环保的能源燃料。

生物质固体清洁能源燃料在能源领域的应用非常广泛,主要包括生活取暖、工业生产、发电等方面。在生活取暖方面,生物质固体清洁能源燃料可以制成颗粒状或块状燃料,用于取暖锅炉、壁炉等设备,取代传统的煤炭、天然气等燃料。在工业生产方面,生物质固体清洁能源燃料可以作为工业锅炉、烘干设备的燃料,满足工业生产的能源需求。在发电方面,生物质固体清洁能源燃料可以作为生物质发电厂的燃料,通过燃烧发电,为社会供应清洁电能。

随着社会对清洁能源的需求不断增加,生物质固体清洁能源燃料的发展前景十分广阔。未来,生物质固体清洁能源燃料的制备工艺将更加成熟,产品质量将得到进一步提升,应用领域将不断扩大。同时,我国对清洁能源的支持力度将不断加大,为生物质固体清洁能源燃料的发展提供更多的政策支持和资金扶持。可以预见,生物质固体清洁能源燃料将成为未来能源领域的重要组成部分,为人类提供更加清洁、可持续的能源供应。

第3节 新能源储能材料

4.3.1 超级电容器

合适的储能装置如电化学能量存储和转换装置是新能源大规模开发和可再生清洁能源利用的重要基础。为了满足日益发展的科技需要,高性能的超级电容器应运而生。电容器技术的起源归功于莱顿瓶的发明,它是由一个带有金属箔的玻璃容器构成的。金属箔充当电极,罐子充当电介质。在上述装置的充电过程中,正电荷积聚在一个电极上,负电荷积聚在另一个电极上。当这两个电荷用金属丝连接时,就会发生放电过程。后来的电容器都是基于莱顿瓶改进的结构,金属板作电极,真空、空气,甚至玻璃、云母、聚苯乙烯膜等作介电材料。1957年,Becker的第一个超级电容器(双电层电容器)获得专利,继而掀起了超级电容器在世界范围内的研究热潮,使超级电容器得到了广泛的应用;之后,Sohio公司研究了非水溶剂双层电容,该体系较水溶液可提供更高的工作电压;在1975—1980年期间,B. E. Conway 对 RuO_2 赝电容器进行了广泛的研究。如表4-3-1所示,超级电容器相较蓄电池而言,具有更好的电化学性能和物理性能,其功率密度更高、循环寿命更长、内阻更小、充放电效率更高,这些特性使它们特别适合于独立工作或与其他高能设备协同工作。更重要的是,柔性超级电容器可制成可弯曲或可拉伸的微小形态,这样研究人员就可将其应用于可穿戴设备上。超级电容器具有广阔的应用前景,给研究人员带来更多的可能性。为了提高超级电容器的能量密度,近年来研究者开发了一种高工作电位窗口的电容器,即混合型电容器,又称非对称式超级电容器,非对称式电容器弥补了双电层电容器和蓄电池之间的比能量空白,能够达到1.4~2 V的电位窗口和较高的比电容,从而实现较高的能量密度。

表 4-3-1　超级电容器与蓄电池的特性比较

	超级电容器	蓄电池
充放电效率	较高	较低
反应可逆性	可逆	不可逆
循环寿命	长	短
功率密度	高	低
极化	极化小	随温度的变化有明显的极化
内阻	小	大

根据存储电荷的机理，超级电容器分为以活性炭为电极材料的双电层电容器（double electric layer capacitor）、以金属（氢）氧化物或导电聚合物为电极材料的赝电容器（pseudocapacitor）和以赝电容和双电层电容材料分别作正负电极的混合型超级电容器（hybrid supercapacitor），前者的储能机理是基于固液界面形成的双电层，而后者则是基于可逆的赝电容反应（包括表面氧化还原反应和嵌入-脱嵌反应）。

1. 基本原理

超级电容器具有与电池相似的结构，超级电容器由双电极结构组成，用浸在电解液中的隔膜隔开，超级电容器组件的主要组成部分是两个电极、电解质溶液、隔膜和集电器。超级电容器的储能原理与常规电容器的储能原理相同，但更适合于快速释放和存储能量，与传统电容相比，超级电容器具有更大的比电容。

双电层电容器的储能机理本质上与静电容器的一致，利用电极材料和电解质界面形成的电荷分离存储电荷（图4-3-1）。由于外加电场的作用，充电时极板上的空间电荷会吸引电解液中的离子，使其在距极板表面一定距离处形成一个离子层，与极板表面的剩余电荷形成双电层结构，两者所带电荷量相同，电荷相反。又由于势垒的存在，电荷不会中和。另一个极板也是如此。充电完成，将施加的电场撤离后，电解液中的阴阳离子与极板上的正负电荷相互吸引，双电

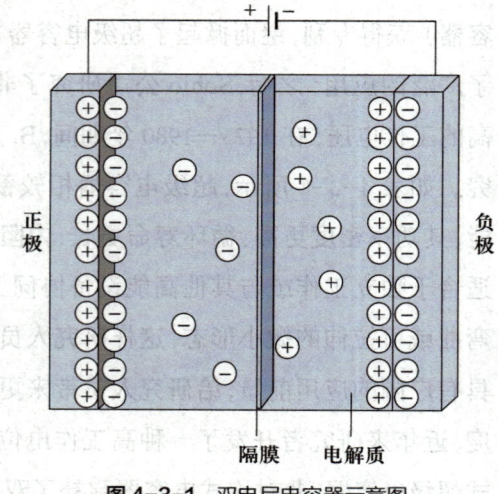

图4-3-1　双电层电容器示意图

层不会消失,于是能量就储存在了双电层中。当连接上负载时,由于正负电极存在电势差,将有电流产生,电荷从正极经负载流向负极。同时,双电层中被吸引的阴阳离子脱离库仑力的束缚,分散在电解液中的双电层消失,能量被释放。双电层超级电容器的电容值与电极表面积成正比,与双电层厚度成反比。

赝电容器是利用电极表面或体相中二维或准二维空间发生电化学活性物质的吸脱附或高度可逆的电化学氧化还原反应来存储电荷的(图4-3-2)。充电时,极板电势发生变化,吸引电解液中的阴阳离子到极板表面,与被活化的电极材料发生快速可逆的法拉第氧化还原反应,或者发生欠电位沉积。放电时,极板处又发生相应的逆反应,使电容器恢复初始的状态,能量被释放。因此,与双电层超级电容器不同,由于涉及化学反应,赝电容器的比电容值与所加电势有一定关系。

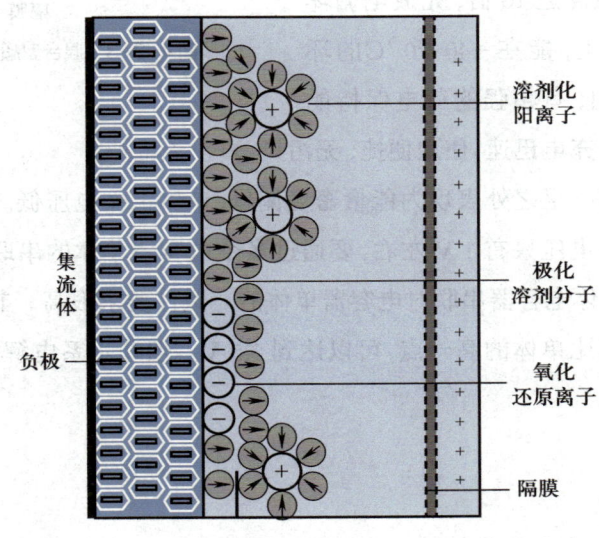

图4-3-2　赝电容器示意图

混合超级电容器中一个电极采用金属氧化物、导电聚合物或者其他类型电池材料,通过电化学氧化还原反应储存和转化能量,另一个电极则通过双电层材料(例如各种碳材料)来储存和释放能量(图4-3-3)。存储原理是双电层电容器和赝电容器存储原理的组合,从而带来更高的比电容。两个电极合理匹配,协同耦合,实现整体工作电位窗口的大幅度拓宽。基于能量密度公式 $(E=\frac{1}{2}CV^2)$,混合型电容器的优势在于通过增大工作电压来达到提高能量密度的目的。在该体系中,电容器的充放电速率、循环寿命、功率密度、内阻等性能主要受控于赝电容电极材料的本征电化学性质,正负板合理的材料适配和质量匹配也是影响混合型超级电容器性能的重要因素。目前对混合型超级电容器的研究重点集中在以下三个方面：正负极匹配优化、电解液体系的选择以及新材料研究开发。从而进一步综合提高电容器的比电容、工作电位窗口及循环稳定性。

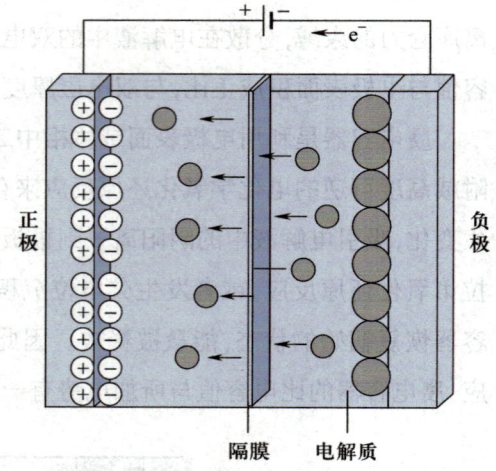

图 4-3-3　混合型超级电容器示意图

2. 特点

超级电容器作为一种新型的储能元件，具有如下优点：具有法拉级超大电容量；比脉冲功率比蓄电池高近 10 倍；充放电循环寿命在 10 万次以上；能在 -40~70 ℃ 的环境温度中正常使用；有超强的荷电保持能力，漏电量非常小；充电迅速，使用便捷；无污染，真正免维护。

超级电容器的不足之处表现为能量密度偏低，单体工作电压低。水系电解液超级电容器单体的工作电压只有 1 V 左右，要通过多个电容器单体的串联才能得到较高的工作电压。而多单体电容器串联对电容器单体的一致性要求很高。非水系电解液超级电容器的工作电压比单体的高一点，可以达到 3.5 V。但非水系电解液要求苛刻，比如高纯度、无水等。

3. 应用

超级电容器应用

超级电容器因其众多的优点，一经问世便受到人们的广泛关注，已在很多领域得到成功应用，如充当记忆器、计算机、计时器等电子产品的后备电源；用作电动玩具车电源、内燃机中启动电力、太阳能电池辅助电源；还可应用于航空航天等领域。目前，超级电容器的发展正逐渐步入成熟期，其市场规模也越来越大，吸引越来越多的公司投身于超级电容器的生产之中。

4. 发展现状

超级电容器通常包含双电极、电解质、集电器、隔膜四个部件，对超级电容器的研究具体则体现在这四个方面的研究,在近几十年获得了极大的进展。

电极材料是决定电容器的主要性能参数的关键因素。作为超级电容器的电极材料,不仅要具备高的比容量,还应具备较低的内阻,以满足大电流快速充放电的需求。同时,电极材料必须易于在电极/电解质界面形成双电层电容或法拉第赝电容,并具有适当的稳定性和导电性。目前,超级电容器电极材料主要有碳材料、金属化合物和导电聚合物。

4.3.2 锂离子电池

当前,车辆电气化被认为是几乎所有道路交通的主要脱碳途径。其中,以锂离子电池(lithium-ion battery,LIB)为代表的储能产品在电动汽车中的角色已经引起了相当多的关注。目前,LIB是电动汽车广泛采用的动力源,它具有较低的自放电速率、无记忆效应、宽工作温度范围、较长的循环寿命、较高的能量和功率密度以及环境友好等特点,使得电动汽车的续航里程,充电时间,使用寿命以及安全性等核心指标都与LIB的性能息息相关。LIB作为电动汽车动力总成系统的重要组成部分,在电动汽车的发展中发挥着重要作用。图4-3-4为锂离子电池的结构示意图。

随着人类对电池的研究越来越深入,目前在大规模的商业化应用方面,LIB早已渗透到社会生活的方方面面,在支持工业化社会的正常运作方面至关重要。锂是高比能电池的理想活性物质,因为它具有最负的标准电极电位和相当低的电化学等效物。锂电池的发展始于20世纪60年代,它已成为一种非常重要的化学电源,在航空航天、国防、民用、科技等领域应用,如心脏起搏器、电子手表、计算器、录音机、飞机、导弹点火系统、鱼雷等。其实,最初的锂电池都是原电池。当锂用作电极时,水不能用作溶剂,因此需要使用有机溶剂或非水无机溶剂电解质制造非水锂电池,使用熔盐制造熔盐电池,使用固体电解质制造锂固态电池。

LIB的优缺点均非常明显,如前所述,高能量密度、长寿命、低自放电率、快速充电、轻便等

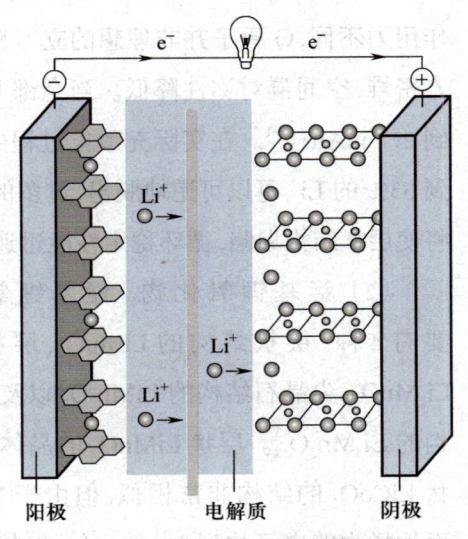

图4-3-4 锂离子电池的结构示意图

优点使它成为现电动车辆等领域的重要能源选择,并在应用中脱颖而出,成为行业主流。然而,LIB 也存在一些缺点,如成本高、存在安全隐患、环境敏感性等,这些问题需要通过技术改进和更加环保的处理手段来解决。

1. 工作原理

LIB 是指依靠锂离子在正极和负极之间来回移动实现电池充放电循环的二次电池。LIB 的历史最早可以追溯到 1958 年,锂金属被首次引入电池领域。随后在 1970 年,科学家发明了以锂金属为负极的锂电池。再到 20 世纪 80 年代,真正意义上的 LIB 被成功开发,并于十年后被日本的索尼公司成功应用于便携式电子器件中。在之后的岁月中,LIB 一路高歌猛进,成为当前二次电池领域最为成功的电池体系。LIB 中的正极材料通常是氧化物,例如层状锂钴氧化物、锰基锂氧化物等;负极材料是碳或者硅合金材料,例如石墨或者 SiO_x 等。在充电过程中,锂离子从正极材料中脱嵌,经过隔膜和电解液,嵌入负极材料中并释放出电子。放电过程则相反,锂离子从负极材料中脱嵌,在电解质中移动,嵌入正极材料中,同时吸收电子。

2. 正极材料

(1)层状锂钴氧化物 $LiCoO_2$　$LiCoO_2$ 具有典型的 α-$NaFeO_2$ 型层状二维结构,CoO_2 密堆成二维原子层,Li^+ 可在 CoO_2 密堆二维原子层间运动(图 4-3-5)。Li^+ 和 Co^{3+} 交替地分布在 O 原子立方密堆的八面体位置,由于 Li^+ 和 Co^{3+} 与 O 原子之间的作用力不同,O 原子并非理想的立方密堆结构,而是发生了畸变,使立方密堆转变为六方密堆,空间群对称性降低。当全部 Li^+ 从 $LiCoO_2$ 结构中脱出,$LiCoO_2$ 的比容量可达到 274 $mAh·g^{-1}$。在实际充放电过程中,只有不到 53% 的 Li^+ 可以可逆地脱出,过多的 Li^+ 脱出将使层状结构塌陷,循环稳定性能迅速劣化。

(2)锰基锂氧化物　锰基锂氧化物主要有 4 种:层状结构的 $LiMnO_2$、层状结构的 Li_2MnO_3、尖晶石结构的 $LiMn_2O_4$ 以及尖晶石结构的 $Li_4Mn_5O_{12}$。层状 $LiMnO_2$ 的晶体结构与层状 $LiCoO_2$ 的结构非常相似,但由于 Mn^{3+} 在八面体场中的电子构型为 $t_{2g}^3e_g^1$(3 个电子占据 t_{2g}

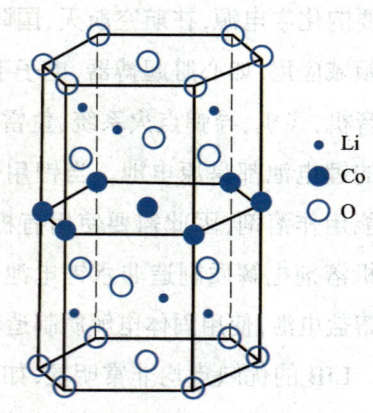

图 4-3-5　$LiCoO_2$ 的晶体结构

轨道,1个电子占据e_g轨道),其d^4电子组态引发的Jahn-Teller效应会导致氧八面体场发生对称性畸变,使$LiMnO_2$的晶胞对称性较低,稳定性较差。$LiMnO_2$的理论比容量为285 mAh·g^{-1},实际比容量约为150 mAh·g^{-1},循环稳定性较差,这主要是充放电过程中Li^+/Mn^{3+}混排、锰离子溶出及锰离子催化电解液分解所致。

层状Li_2MnO_3可依据$LiMnO_2$的定义写成$Li(Li_{1/3}Mn_{2/3})O_2$的形式,实际是$LiMnO_2$的Mn原子层有1/3的Mn原子被Li原子取代,使$Li(Li_{1/3}Mn_{2/3})O_2$形成了超点阵结构。由于O八面体中心位置全部被占据,因此Li^+不能嵌入,且锰被氧化为+4价,因而Mn亦不容易脱出,致使Li_2MnO_3在2.0~4.4 V没有电化学活性。将充电电压提高至4.8 V将有Li_2O浸出,氧原子层结构转变为三棱锥和八面体交替的片分布结构,此时Li_2MnO_3表现出电化学活性,实际容量为100 mAh·g^{-1}左右。由上可知,Li_2MnO_3的充放电机制不同于传统的$LiMO_2$(M=Co、Ni、Mn)材料。

尖晶石型$LiMn_2O_4$为四方对称性晶系(如图4-3-6所示),空间群为Fd_3m,单晶胞含有8个Li原子,16个Mn原子,32个O原子;Mn^{3+}和Mn^{4+}各占50%,Mn^{3+}占据O四面体的8a位置,Mn^{4+}占据O八面体的16d位置。

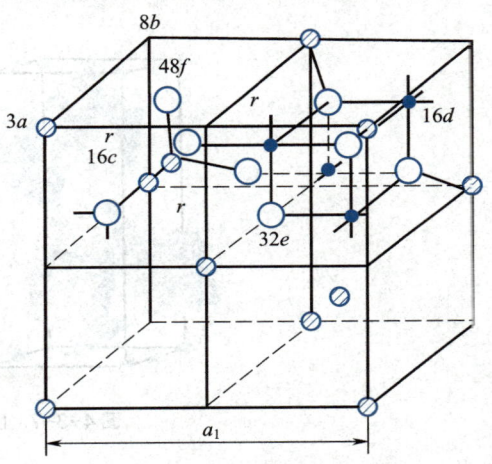

图4-3-6 $LiMn_2O_4$的晶体结构

尖晶石型$Li_4Mn_5O_{12}$可写成$Li(Li_{1/3}Mn_{5/3})O_4$的形式,实际是$LiMn_2O_4$中1/6 Mn^{4+}被Li^+取代的产物,O原子立方密堆排布,占据32 e位置;Mn^{4+}占据5/12八面体的位置,Li^+占据1/12八面体的位置,剩余的Li^+占据四面体8 a位置。由于$Li_4Mn_5O_{12}$中Mn为+4价,具有强氧化性,合成过程的温度、气氛等条件需严格控制。$Li_4Mn_5O_{12}$作为正极材料面临与$LiMn_2O_4$同样的问题:Mn^{4+}在充放电过程中缓慢溶解和电池内部产气。通过掺杂、包覆等工艺可在一定程度上改善此问题。

(3)橄榄石结构$LiFePO_4$ 磷酸铁锂($LiFePO_4$)是近年来发展起来的一种新型锂离子电池正极材料。由于其结构稳定,可逆容量高,主要用于动力锂离子电池。1997年,John. B. Goodenough等人在美国德克萨斯州立大学的研究表明,$LiFePO_4$具有可逆的脱出/嵌入Li^+的特点,但由于其电导率低、充放电性能差而没有引起人们的广泛关注。自2002年以来,离子掺杂改性极大地提高了$LiFePO_4$材料的导电性和大电流充放电性能,引起了广泛的研究和迅速的发展。$LiFePO_4$ 是一种具有正交对称性的橄榄石结构。如图 4-3-7 所示,空间群为 Pbnm,单元参数为 a=0.6008 nm,b=1.0334 nm,c=0.4693 nm,单元体积为 0.2914 nm^3。在 $LiFePO_4$ 的橄榄石结构中,O 原子以六方密堆积的形式分布。P 原子和 O 原子通过共价键形成 PO_4 四面体,Li 和 Fe 分别与 O 原子的离子键形成 LiO_6 和 FeO_6 八面体。FeO_6 八面体以特定的角度与 bc 平面相连。一个 PO_4 四面体、两个 LiO_6 八面体和一个 FeO_6 八面体连接起来形成三维结构。当 Li^+ 被移除时,$Li_xFePO_4/Li_{1-x}FePO_4$ 相界面产生。随着 Li^+ 的不断析出,界面面积减小。当达到临界表面积时,Li^+ 受到界面的限制。因此,$LiFePO_4$ 的电化学性能受 Li^+ 扩散速率的影响,特别是在大电流的影响下。

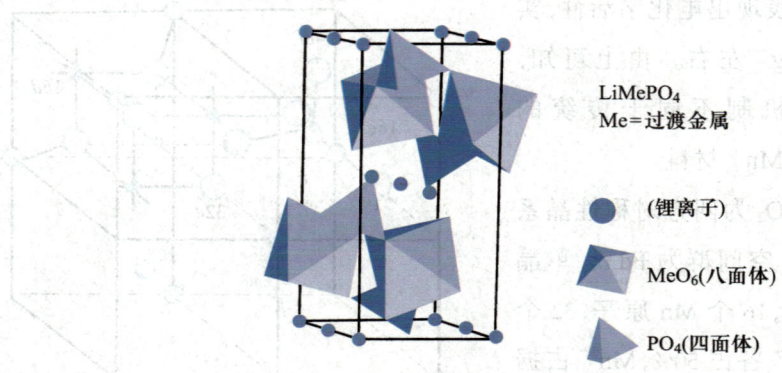

图 4-3-7　$LiFePO_4$ 的晶体结构

目前,只有 $LiCoO_2$ 和 $LiMn_2O_4$ 正极材料实现了商业化规模生产。虽然,$LiNiO_2$、$LiMnO_2$ 原料成本比 $LiCoO_2$ 低,但由于难以合成质量均一的产品及循环稳定性不良等因素,目前仍停留在实验室研究阶段。$Li_4Mn_5O_{12}$ 由于电压平台及理论容量低,作为正极材料缺乏竞争力。

3. 负极材料

一般来说,理想的 LIB 负极材料一般满足以下条件:嵌脱锂反应具有尽量低的氧化还原电位,使电池有较高的输出电压;锂离子嵌入脱出的过程中,电极电位变化较小,使电池保持稳定的工作电压;嵌脱锂离子的可逆容量大,以使电池具有高的能量密度;在嵌脱锂离子过程中材料的结构稳定性好,以使电池具有较高的循环寿命;环境友好,电池制造过程及电池废弃过程不对环境造成严重污染和毒害;制备工艺简单,易于规模化,制造使用成本低;资源丰富。负极材料的安全性直接决定 LIB 产品的推广和应用,因此廉价而性能优良的负极材料开发一直是LIB研究的重点,常见的有碳基材料、硅基材料、锡基材料等。

(1)碳基材料 碳材料主要以石墨类材料为主,石墨是目前商业化程度最高的LIB负极材料,石墨具有层状结构,碳原子以sp^2或sp^3杂化的形式存在,形成层状的碳碳双键的石墨烯平面,石墨中,同一层的碳原子呈正六边形排列,层与层之间靠范德华力结合。石墨层间可嵌入锂离子形成锂-石墨层间化合物,每六个碳原子可以嵌入一个锂离子(LiC_6),最终理论容量可达372 $mAh·g^{-1}$,体积容量达833 $mAh·cm^{-3}$。石墨的导电性好,结晶度高,有稳定的充放电平台,具有循环周期长、成本低、资源丰富等优点,但是它的比质量容量和比体积容量都较低。根据材料石墨化程度的差别,已经成熟的碳负极材料通常可以分为软碳、硬碳、石墨。常见的软碳材料有石油焦、针状焦、碳纤维及碳微球等;硬碳在2500 ℃以上也难以石墨化,硬碳材料具有比石墨更高的放电容量,这是因为除了具有与石墨相同的嵌入机制,硬碳结构上还存在一些微孔或缺陷可供锂离子储存和嵌脱。然而,由于循环效率偏低、电压随容量的变化大、缺少平稳的放电平台,硬碳作为负极材料,应用一直受限制。

(2)硅基材料 在众多石墨的替代负极材料中,硅(Si)被认为是最有发展前景的负极材料之一,其独特的优点包括:理论比容量高,Si完全锂化至$Li_{4.4}Si$时理论比容量可达到4200 $mAh·g^{-1}$;工作电压合适,可直接与商用正极材料匹配制作全电池;天然资源丰富、价格低廉及环保等。在理想的锂化条件下Si与Li的合金化反应经历多相转变过程,分别形成:Li_2Si_7、Li_7Si_3、$Li_{13}Si_4$和$Li_{22}Si_5$ 4个相。但是在室温条件下,只能检测到$Li_{15}Si_4$的存在,说明在锂化过程中Li_xSi主要以非晶态的形式存在。

硅负极材料的一个不可避免的挑战是,由于充放电过程中体积变化大并由此产生一系列的影响,其循环稳定性较差。完全锂化后,硅的体积可以扩大到原来的三倍以上。这种显著的体积变化对硅电极在循环过程中保持其形貌提出了挑战。为了解决这些问题,首先必须调查和理解正在发生的基本现象。因此,大量的研究用以揭示Si负极确切的失效模式,Si在锂的嵌/脱过程中体积变化较大,主要通过以下三种机制导致电极故障:体积薄膜和颗粒的体积巨变使硅的内应力过高,导致硅的形貌发生粉化,这种现象在其他几种合金型负极材料中很常见;在恒定体积变化和粉碎后,大部分活性物质与其邻近单元、导电网络和集电器失去电接触,并导致活性材料自隔离和导电性损失;Si的体积巨变和粉碎不可避免地导致重复生长和形成不稳定的固体电解质界面(solid electrolyte interphase, SEI)。稳定的SEI的形成对Si电极的长循环至关重要,然

而，SEI 的过度连续生长消耗了电解液中大量的 Li^+，并进一步阻断了使 Si 失活的电子传导途径。

（3）锡基材料　虽然大多数负极材料都是碳基材料，但由于其比容量低、初始充放电效率低、有机溶剂填充不足，也开发出了其他高比容量的非碳材料，锡基负极材料是其中之一。锡基负极材料包括锡氧化物、锡基复合氧化物、锡盐、锡合金等。其中，锡的简单氧化物包括氧化锡、氧化亚锡及其混合物三种。与碳材料的理论容量 $372~\text{mAh}\cdot\text{g}^{-1}$ 相比，氧化锡的理论比容量远高于 $500~\text{mAh}\cdot\text{g}^{-1}$，但首次不可逆容量也较大。关于锡氧化物储存的机理有两种看法：一种是离子型，另一种是合金型。在离子型机理中，锂的脱嵌过程如下：

$$x\text{Li}+\text{SnO}_2(\text{SnO}) \rightleftharpoons \text{Li}_x\text{SnO}_2(\text{Li}_x\text{SnO})$$

也就是说，锂与氧化（亚）锡在一步可逆反应中反应，形成锡酸锂。

合金锂储存的机理是锂和氧化锡或氧化亚锡的反应在充电和放电过程中分两步进行：

$$4\text{Li}+\text{SnO}_2(\text{SnO}) \longrightarrow 2\text{Li}_2\text{O}+\text{Sn}$$

或

$$2\text{Li}+\text{SnO} \longrightarrow \text{Li}_2\text{O}+\text{Sn}$$

$$x\text{Li}+\text{Sn} \rightleftharpoons \text{Li}_x\text{Sn}~(0<x<4.4)$$

第一步是在氧化锡或氧化亚锡中用锂代替锡，形成金属锡和氧化锂，这一步是不可逆的。接着，金属 Sn 与金属 Li 反应形成 LiSn 合金。

在离子机理上，该反应仅再生锂相（锡酸盐）而不产生 Li_2O，且首次充放电效率较高。合金型储存的机理在第一阶段产生不可逆的 Li_2O，因此第一次充放电效率很低，大量实验现象都支持合金型储存的机理。X 射线衍射（XRD）观察到分离的金属 Sn 和 Li_2O，没有观察到均匀的 Li_xSnO_2（Li_xSnO）相。电子顺磁共振（EPR）和 X 射线光电子能谱（XPS）分析也表明 Li 以原子形式存在于 Sn 氧化物中。通过对 SnO 为代表的 Sn 氧化物的 XRD、拉曼光谱（Raman spectrum）和高分辨率扫描电子显微镜（HRSEM）进行分析，证明 Sn 氧化物的脱层机理是一种合金型机制。合金型脱层的机理是第一步反应生成 Li_2O，以及 Sn 氧化物和有机电解质的分解或缩合。可逆容量是由 Sn-Li 合金的形成引起的。在置换反应和合金化反应进行之前，有机电解液在颗粒表面分解形成非晶态钝化膜。钝化膜厚度为纳米级，成分为 Li_2CO_3 和烷基锂（$ROCO_2Li$）。在取代反应中，纳米级的细小 Sn 颗粒在 Li_2O 中高度分散。在合金化反应中，生成的 Li_xSn 也具有纳米尺寸。Sn 氧化物作为负极材料具有很高的容量，是因为反应产物中含有纳米级的 Li 颗粒。

Sn_2O 负极材料的主要问题是首次不可逆容量较大,不可逆容量损失超过 50%。这主要是由于在第一次充电和放电期间 Li_2O 的形成以及 SEI 膜的形成;另外,在锂脱嵌时,材料本身的体积变化(SnO_2、Sn、Li 的密度分别是 6.99 $g·cm^{-3}$、7.29 $g·cm^{-3}$、2.56 $g·cm^{-3}$,导致材料的体积在反应之前和之后发生大的变化)导致电极"粉末"或"重聚"。因此,材料的比容量降低,循环性能降低。为了减少 Sn_2O 电极材料的"体积效应",通常采取以下措施:制备具有特殊形貌的锡氧化物(如薄膜、纳米粒子或非晶态形式),以使体积膨胀率最小化;选择合适的电池工作电压窗口,以减少副反应的发生;在电极材料中掺杂 Mo、P、B 元素,以防止在充放电反应中形成锡团簇。

虽然这些电池的组成已经得到了广泛的讨论,但它们还没有达到人们对 LIB 的理想要求。要超越 LIB 技术目前的水平,新的和重新设计的电极材料的开发是必需的,并且可充电 LIB 必须具有较长的循环寿命,以表现出物理和化学的适应性。然而,石墨作为商用 LIB 中传统的负极材料已接近其理论极限(372 $mAh·g^{-1}$),因此,寻找替代的电极材料迫在眉睫。在 LIB 中将 MOF 用作新型电势电极材料已引起了广泛的关注。然而,MOF 的导电性能差,会导致 LIB 的循环性能变差。因此,MOF 复合材料引起了人们的兴趣,以克服 MOF 的局限性。目前,纳米结构 MOF 及其复合材料作为可充电 LIB 的电极材料,已得到广泛研究。这些材料以其高比表面积、高孔隙率以及可调节的金属成分,常可以达到非常高的容量和相对较大的电压。另外,晶体多孔结构还可以充当缓冲剂,以减少锂化/去锂化过程中的体积变化并提高电池的安全性,这是商业碳或其他金属氧化物材料无可比拟的。

总的来说,在追求高功率密度、高能量密度、高循环寿命等要求的锂离子电池上,研究的这些正负极材料表现出了各自的优势,无论是低维还是三维纳米材料都在一定程度上改进了 LIB 的不足。然而关于 LIB 的研究还并不成熟,可以预见,未来还会有更多的研究工作致力于改善 LIB 从而提升其电化学性能,推进储能领域研究。

4.3.3 锂硫电池

经过几十年的发展,锂电池到现在已趋于成熟,锂离子电池已经投入商用汽车行业,可锂离子电池不具备满足高能量消耗的电动汽车和电网储能的能力,锂离子电池的寿命低,低温性能也比较差,现有的锂离子电池技术很难使锂离子电池的比容量得到较

大的提升。单质硫由于密度轻、价格低廉、环境友好以及比容量高,被认为是一种优良的锂电池正极材料。以单质硫作为正极,金属锂作为负极的锂硫电池,理论能量密度高达 2500 $Wh·kg^{-1}$,是传统的锂离子电池的 3~5 倍,锂硫电池因而备受关注。

1962 年,Herbert 和 Ulam 首次提出将硫作为正极材料用于电池系统中。进入 21 世纪后,锂离子电池的兴起开启了研究可充电且长寿命锂硫电池的新浪潮。2008 年,清华大学研制的锂硫软包装电池的能量密度达到 246 $Wh·kg^{-1}$。2014 年 8 月,大连材料研究所开发出了能量密度超过 430 $Wh·kg^{-1}$ 的锂硫软包电池。外国学者也在锂硫电池研究取得了一系列的突破,近年来日本将锂硫电池能量密度的目标定为 500 $Wh·kg^{-1}$;美国 Sion Power 公司开发出了连续工作 8 h 的锂硫电池,并成功应用于便携式计算机;2020 年,澳大利亚蒙纳士大学研究团队研发出超大容量的锂硫电池,据称是世界上最高效的锂硫电池,能够连续 5 天为智能手机供电,或者让电动汽车在不需重新充电的情况下行驶 1000 km 以上,与目前市场上领先的同类电池相比,性能可高出四倍以上。

锂硫电池主要由正极、电解质、隔膜和负极组成。其正极材料硫元素是由八个硫原子组成的冠状结构,具有非常稳定的热力学性能。硫元素高的充放电性能与 S_8 分子中硫硫键的断裂和重组有关。锂硫电池也有其天然的局限性,比如硫自身导电性不强,需要掺杂才能投入使用,目前主要是通过多孔碳及碳基材料对硫进行掺杂,是最经济有效的改性方法。这些掺杂的碳基材料对硫具有吸附性,可提高正极硫的电化学性能。充放电反应时,硫会与金属锂形成多硫化物,多硫化物能溶于电解质,尤其是有机溶剂电解质,溶解后的活性物质因电解质的浓度差向负极扩散,与锂负极反应,产生"穿梭效应"造成活性物质的损耗,使得放电电位降低;锂硫电池充放电过程中,硫元素会在硫和锂化硫之间不断转化,而硫化锂的密度约为硫密度的 81.77%,这就使得锂硫电池工作时,电池的体积膨胀率过大,破坏电池电极,造成安全事故。同样,所有锂电池都不可避免会出现锂电极金属表面的枝晶生长,消耗锂金属,使 SEI 膜不断加厚,电池的内阻变大,严重时将造成电池的内短路,使电池失去工作能力。

1. 工作原理

锂硫电池的正常工作缘于锂负极和硫正极之间的电势差。如图 4-3-8 所示,单质硫正极与锂负极发生复杂的氧化还原反应,正极的固体单质硫发生相变,变为液态的硫,与从负极迁移来的锂离子发生反应,生成多硫化物 ($4 \leqslant S \leqslant 8$),这是第一个电位放电平台,为 2.1~2.4 V。这个放电平台中有大量的中间产物——长链多硫化物 ($6 < S \leqslant 8$),

易溶于液体电解质,尤其是常用的碳酸酯类电解质和醚类电解质,多硫化物的溶解会增加电解液的黏度,这种聚硫锂物以高价态迁移到负极,被还原成低价态后又迁移回正极,被氧化形成高价态聚硫锂物,往返穿梭于正负极之间。这种在正负极之间的迁移现象叫作多硫化物的"穿梭效应"。电解液由于黏度的增加,会减弱其离子导电性,使电池处于无限充电状态,无意义的消耗锂电极。而在正极,由于这些活性物质从液相和固相的转移,正极材料的体积会重复进行着变化,既造成活性物质的浪费,又使电池性能无端损耗。在第二个放电电位(1.5~2.1 V)下,长链多硫化物被还原成短链多硫化物,最终将 Li_2S_4 还原为溶解度很低的 Li_2S_2 和 Li_2S,它们会沉积在硫正极,降低正极的反应活性。在充电过程中,放电产物 Li_2S_2 和 Li_2S 逐步被氧化成长链多硫化物,理论上都会被氧化为单质硫,但由于第一次反应很多活性物质都以 S_n^{2-} 的形式在电解质中存在,因此最终产物大多以 Li_2S_8 的形式存在,很少的硫化物会真正氧化为单质硫而回到正极。

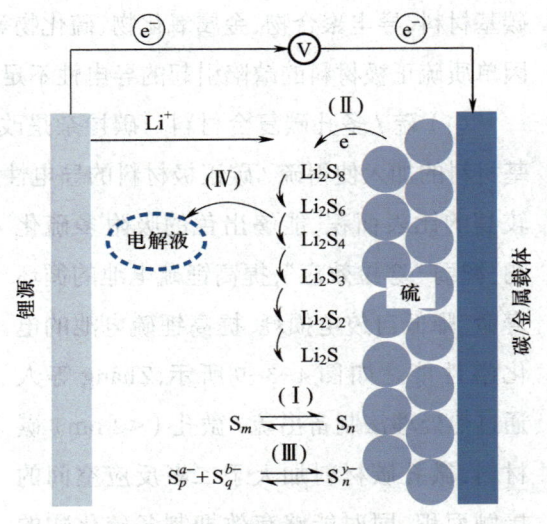

图 4-3-8 锂硫电池分阶段反应

锂硫电池放电工作的总反应式:

$$S_8 + 16Li \longrightarrow 8Li_2S$$

电池内的界面反应式:

$$S_8 \longrightarrow Li_2S_8 \longrightarrow Li_2S_6 \longrightarrow Li_2S_4 \longrightarrow Li_2S_3 \longrightarrow Li_2S_2 \longrightarrow Li_2S$$

事实上,"穿梭效应"一直影响锂硫电池的发展,一种解决方法是使用固体电解质或难溶多硫化物电解质对电解液进行改善,但这类电解质的电导率普遍性较差,不能良好适应锂硫电池充放电过程中体积的变化;另一种解决方法就是保护锂负极,通过在电解质中加入添加剂使其与金属锂反应,在锂电极表面形成有效的绝缘带,避免与聚硫锂物质的反应。锂硫电池正极反应前后的单质硫、Li_2S_2 和 Li_2S 都是难溶于电解质的物质,这些物质导电性都很差,使得锂硫电池的利用率下降,循环寿命降低,不利于大型电池的投入使用。

2. 正极材料

尽管单质硫在地球上含量丰富,但由于穿梭效应、单质硫离子电导率差、充放电时硫正极体积膨胀大以及容量衰减快等问题一直制约着锂硫电池的发展。硫正极材料的这些缺点造成锂硫电池在实际工作中的实际比容量很难接近理论比容量,同时这些因素还导致锂硫电池循环寿命低、能量耗损严重以及体积膨胀带来的安全隐患等问题,所以做出符合实际需求的硫正极是促进锂硫电池商业化的关键一环。目前研究人员利用碳基材料、导电聚合物、金属氧化物、硫化物等材料对硫进行掺杂、改性,以便调节、改善因单质硫正极材料的缺陷引起的导电性不足以及安全性不够的问题。

(1)硫/多孔碳复合材料 碳掺杂是改变锂硫电池正极性能经济有效的方式,碳基材料的加入使得硫/碳正极材料的导电性能增强。多孔碳材料的孔道结构使其具有较高的比表面积,能够出色的吸附多硫化物,减弱"穿梭效应",提高锂硫电池的循环寿命,降低自放电损耗,提高锂硫电池的电化学性能。如图4-3-9所示,Zhang等人通过热处理法制备出硫/微孔(<2 nm)碳材料,微孔碳材料加大了二者反应空间的接触面积,同时能够有效抑制多硫化物的溶出,限制"穿梭效应",适用于酯类电解质溶剂。然而其对硫的浸渍作用不够,虽增强了单质硫的性能,但微孔碳表面的活性结合位点有限,反而无法发挥硫的理论比容量和能量密度。

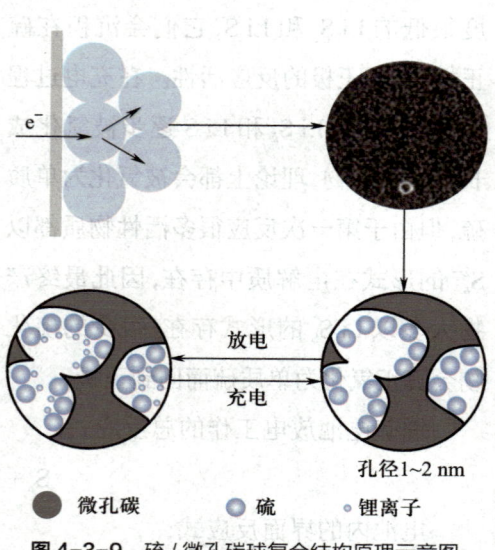

图4-3-9 硫/微孔碳球复合结构原理示意图

介孔($2\ \text{nm} \leqslant x \leqslant 50\ \text{nm}$)碳材料因其有比较大的孔容,可以负载更多的单质硫,加速锂离子的转移和电解液的浸渍,更大限度地提高硫的电化学性能,提高电池的放电容量。Nazar研究小组通过纳米浇注法制备了平均孔径为3~4 nm的有序阵列介孔碳,采用熔融法与单质硫复合制备成碳/硫复合结构,1 C倍率下首次放电比容量为995 mAh·g^{-1},经100次循环后容量仍保持在550 mAh·g^{-1}。孔容较大的介孔碳材料不能有效抑制多硫化物的溶解,使得电池的循环性能较差。

大孔(>50 nm)碳材料与硫复合能很好地吸收电解质,在一定程度上抑制了多硫化锂的溶解,但大孔结构最大作用是提高正极导电性,其与g-C_3N_4复合后,对多硫化物产生良好的吸附效果,进而提高电池性能,也可以与碳纤维或碳纳米管进行复合进一步改善电池性能。

(2) 硫/碳纳米管复合材料 碳纳米管因其具有长程导电性,可以有效改善单质硫的绝缘性,复合后的材料可以大大地提高正极电导率。由于具有比表面大、质量轻、孔容大等优点,碳纳米管可看作绝佳的载硫体,可以提高电池的电化学性能以及硫的利用率。但实际电池工作中,碳纳米管的活性位点少,导致其很难与单质硫最大限度地接触,使电池的实际比容量低,比容量降低过快。Peng等人通过掺杂制得的硫/碳纳米管复合材料,在200次循环后,放电比容量可达934 mAh·g^{-1},将硫/碳纳米管复合材料与金属氧化物(如氧化锌、二氧化锡)进行掺杂,可以有效抑制硫容量的衰减,提高电池的循环性能。

(3) 硫/石墨烯复合材料 石墨烯材料本身就是科研界的超新星,具有由碳原子组成的二维层状结构和层状导电网络,与硫复合后,可保证离子的有效传输,从而降低界面阻抗,使锂硫电池具有卓越的电化学性能。石墨烯在正极材料中的引入主要通过将石墨烯或氧化石墨烯直接用作支撑单质硫的碳基板。在石墨烯上引入官能团可以减少正活性材料的损失。

(4) 硫/导电聚合物复合材料 导电聚合物主要包括聚吡咯纳米线、聚吡咯纳米管、聚苯胺纳米管及聚苯胺空心球。导电聚合物在复合材料中起到导电剂、分散剂、吸附剂和缓冲体积变化的作用,为硫的沉积提供了较好的基质。利用导电聚合物束缚硫正极,可抑制多硫化物的溶解,限制"穿梭效应"。Pang等以沸石咪唑框架(ZIF-67)为前驱体,然后在其上包覆一层聚吡咯(ZIF-67-S-PPy),制备了一种锂硫电池的电极材料。这种特殊的中空结构能有效抑制器件因发热而产生的体积膨胀。复合材料获得了很高的比容量(1092.5 mAh·g^{-1}),并且在200次循环后仍能保持在353.6 mAh·g^{-1}。通过设计的合成策略,聚合物包覆空心MOF复合电极的容量得到了明显的提高,这表明它具有应用于高性能的锂硫电池的潜力。

现阶段有两类硫/导电聚合物复合方法:一种方法是把导电聚合物通过氧化还原反应与硫颗粒复合成核壳结构的材料;另一种方法是包覆,通过熔化、升华、化学沉积使单质硫与导电聚合物进行复合,制成比较实用的锂硫电池正极复合材料。因为导电聚合物的导电性有自身的局限性,不如石墨烯、碳纳米管等材料优越,所以硫/导电聚合物复合材料需要添加一定比例的导电剂,才能投入使用。

(5) 硫/金属氧化物复合材料 纳米结构的金属化合物用其较大的比表面积和极

性,吸附多硫化物,抑制多硫化物溶解于电解质,锂硫电池电解质大多是有机溶剂,金属氧化物不溶于这类电解质,加上金属氧化物能带较窄以及晶格缺陷,使其具有不错的导电性,可以增强硫正极材料的导电性,提高电池的循环性能,降低电池的能量损耗。Seh等制备了一种S/TiO_2核壳结构,该材料最大限度地防止多硫化物透过壳层的保护而溶解扩散,在0.2 C下循环1000次,容量衰减率仅0.033%。氧化物本身具有大量的活性位点,加上其较大的比表面积,可以使其与碳基材料复合,制备新型的锂硫电池正极材料。

（6）硫/金属硫化物复合材料　金属硫化物对硫有很强的亲和力,使其具有极性,能够吸附多硫化物,抑制多硫化物从正极的溶出,可以有效限制正极活性物质的损失。但金属硫化物大多是不溶、难溶物质,导电性较差,尽管金属硫化物做电池正极时,负极材料可以使用非锂材料（如硅、碳等）,但其成为锂硫电池的正极材料条件还不成熟。正极材料的最终放电产物是LiS_2,已经处于硫的体积膨胀状态,LiS_2在充电脱锂过程中所腾出的空间能有效容纳锂化引起的体积膨胀,LiS_2既不溶于电解质,还会沉积在锂硫电池正极材料表面,阻碍硫正极反应的进行。LiS_2做电池正极时,在充电过程中正极会生成易溶于电解液的聚硫锂,导致电池内部出现"穿梭效应",造成电池容量的损耗,再加上LiS_2电导率差,以及LiS_2制备成本高等问题,使LiS_2作正极材料不如单质硫作正极材料有吸引力。LiS_2的性能可以通过与碳基材料复合进行改性,但碳基材料与硫的复合材料,无论是在比容量还是循环性能上,都比LiS_2要有更高的吸引力。

3. 负极材料

锂硫电池的锂金属负极材料有将近3860 mAh·g^{-1}的理论比容量,但实际工作中锂负极和电解液是直接接触的,锂硫电池的反应机理是电化学机理,也就是氧化还原反应。放电时,锂金属不断转化成锂离子,从负极脱落,造成负极材料表面的不平整;充电时,锂离子转化为锂金属沉积在负极表面,诱发锂枝晶生长。

在电沉积过程中,正负极不同的锂离子密度,会造成短暂的电流密度峰值,造成锂沉积的不均匀性,加速锂枝晶的生长。在金属锂沉积时,锂离子脱附沉积成金属锂,金属锂沉积过程会带来无限的体积膨胀,造成负极材料的不可逆的形变,破坏锂负极与电解质形成的SEI膜,造成电池容量的快速衰减。再加上"穿梭效应"迁移到负极的多硫化物,会在负极附近与SEI膜发生作用,使电池内阻升高,有些多硫化物甚至穿过SEI膜与锂金属直接反应,加重电池的容量损失。因此,对锂硫电池的锂负极材料进行改性是发展锂硫电池不可或缺的一环。现阶段对锂金属负极的保护处理主要有包覆和负极钝化两种。

(1) 包覆法　包覆的锂负极的材料既有较高的导电性，又有稳定的电化学性质，不能与锂金属发生反应，还应能够缓解多硫化物在电解质中的"穿梭效应"。有些包覆材料，如石墨烯、多孔碳和碳纳米纤维，具有多孔结构可以为沉积的金属锂提供充足的空间，有效缓解金属锂沉积时的无限体积膨胀现象；这些材料与锂金属复合后，可以增大负极材料的反应面积，避免出现充放电过程中的电流过载现象，从而限制锂枝晶的生长，提高电池的电化学性能。

(2) 负极钝化法　此方法就是为了防止电池循环过程中多硫化物与锂负极发生反应，稳定锂负极的表面结构，避免中间产物对负极材料的浪费。Liu 等将硝酸镧作为添加剂加入锂硫电池的电解液中，在负极表面被金属锂还原成 La_2S_3，与 Li_2S_2、Li_2S 一起形成锂负极钝化膜，稳定锂负极的表面形貌，提升锂硫电池的电化学性能。Wang 等制备出锂硼合金负极材料，Li_7B_6 材料具有纤维网状框架，能够嵌入大量的锂金属，这种锂硼合金复合材料不仅在负极形成致密的钝化膜，还能抑制锂枝晶的生长、促进 SEI 膜的形成。

$LiNO_3$ 是当前普遍认可的、相对最为有效的锂硫电池添加剂，因其能抑制多硫化锂的穿梭效应，避免活性物质的流失，缓解锂硫电池的自放电现象。在不同溶剂组成的电解液中，电池展现出不同的电化学行为特征，$LiNO_3$ 对穿梭效应的抑制效果也有所不同（这与电解液的黏性差异有一定关系）。但锂硫电池正极掺杂碳后，再向电解质中添加 $LiNO_3$，三者混在一起成分与黑火药成分相似，并且 $LiNO_3$ 有较强的氧化性，将会为电池工作增添安全隐患。

Zhang 等认为，$LiNO_3$ 在锂硫电池的正负极两侧扮演了两种完全不同的角色：在负极参与形成钝化膜、抑制穿梭效应；而在正极，当首次放电低于 1.6 V 时，$LiNO_3$ 会经历一个不可逆的还原过程，产生的不可溶还原产物会降低硫正极的氧化还原可逆性。因此在电解液中使用 $LiNO_3$ 时需避免深度放电，这可以通过提高放电截止电压来解决。在锂硫电池中，$LiNO_3$ 一方面增加了活性硫的消耗，另一方面却又促进了硫电极中碳基质组分的存活。这两种效应相互竞争，因此需优化电解液中硝酸锂的浓度来实现最优的电化学性能。Eshetu 等将 LiN_3 作为添加剂加入固体电解质中，该添加剂可在 Li 金属表面形成稳定钝化膜（SEI 层），有效减少锂枝晶的生成。

4. 电解质

电解质与电池的电化学性能、安全性、循环寿命以及能量密度息息相关。基于水系电解质的二次电池安全性较高，但其能量密度低，与传统的铅酸电池相比无明显竞争优势。现今的锂硫电池工作研究重心在正负极材料改性上，开发电解质也是锂硫电池研究工作中必不可少的一环。电池工作时，电解质在传递离子、电流运输等方面起着举足轻重的作用，从开发新型拥有良好的离子迁移率的电解质，减弱"穿梭效应"、减少电池反应中的活性物质损失的电解质、抑制锂枝晶生长等方面来提高锂硫电池的电化学性能一直都是电解质的研究方向。

（1）有机液态电解液　目前，液态锂硫电池（LSB）的进一步发展受到限制，因为没有有效的策略来从根本上解决由"穿梭效应"引起的容量衰减以及由锂电池引发的安全问题。液态电解质是最早开始应用的电解质，主要由有机溶剂和电解质盐组成。目前锂硫电池使用的液态电解质有机溶剂主要是碳酸酯类溶剂和有机醚类溶剂。

① 碳酸酯类溶剂：碳酸酯类溶剂因其离子电导率高、稳定而较宽的电化学稳定窗口而成为锂硫电池常用电解质溶剂，碳酸基有机溶剂在多硫化物离子中的溶解度低，而且常用的碳酸乙烯酯（EC）和碳酸丙烯酯（PC）能够为负极提供有效的钝化，因此除了加入阻燃添加剂，比如含磷化合物，引入阻燃共溶剂也可有效提升碳酸酯类电解液的安全性，通过协同作用达到既可发挥碳酸酯类溶剂的优势又可改善电解液的热稳定性的目的。有研究表明碳酸酯类溶剂与长链多硫化物反应，导致电池容量骤减、活性硫的损失以及电解液的分解。Xin 等制备出一种硫的同素异形体（$S_{2\sim4}$），这种硫以小分子形式存在时，能够满足电极中离子传输的要求，可见采取有效的方法制成合适的电极材料能够规避锂硫电池充放电反应中生成长链多硫化物，碳酸酯类溶剂依然可以应用于锂硫电池。

② 有机醚类溶剂：鉴于多硫化物的强烈亲核反应性，通常具有链状或环状结构的醚类溶剂都具有高的多硫化物溶解度，还可以提高反应活性物质的利用率。有机醚类溶剂具有相对较高的氧化电化学窗口，在相对低电势下的活性比碳酸酯类溶剂更稳定。醚类溶剂一般分为直链、环状、短链和聚合醚，如 1,3-二氧戊环（DOL）、二甲氧基甲烷（DMM）、二甲氧基乙烷（DME）。

DME 是一种极性溶剂，具有较高的介电常数和较低的黏度，是一种良好的多硫化物的溶剂，并可确保多硫化物完全反应。长链醚具有更高的沸点和挥发点，不易燃，与其结合对高氧化电位具有抵抗力，是一种更适合锂硫电池的电解质溶剂。单一组分的溶剂往往很难同时满足离子传输性强、化学稳定性高、与锂金属相容性好等基本要求，将导致电池循环性能差、活性材料利用率低，故研究中逐步倾向将二元或多元溶剂结合使用。尤其是在链状醚（如 DME、TEGDME 等）和混合环状醚（DOL 等）的溶剂体系中，电池通常具有较好的性能。传统的电解质溶剂并不能解决多硫化物的穿梭问题，醚类电解质的溶剂甚至能与多硫化物反应，造成活性物质的流失。由混合物（二元或三元）组成的电解质如 DOL/DME、DOL/TEGDME、THF/DOL/甲苯、DME/DOL/DGM、和 DME/DOL/TEGDM 也被认为是用于锂电池的潜在候选溶剂。这些混合物的成分需要优化，以在几个关键因素之间进行权衡，例如表面张力、黏度、电导率、电化学稳定性和安全性。在上述体系中，DOL/DME（体积比为 1∶1）溶解于 1 mol·L^{-1} 的 LiTFSI 形成的电解液体系具有低黏度、高电导率、高多硫化物溶解度和优异的 SEI 成膜特性，因此是锂硫电池中应用最广的商业电解液。

（2）聚合物类电解质　聚合物电解质由高分子聚合物和盐组成，具有很强的可塑性，且具有离子传导率高与寿命长的优点，因此成为取代液态电解质的首选。聚合物电解质主要包括固态聚合物电解质（solid polymer electrolyte，SPE）和凝胶聚合物电解质（gel polymer electrolyte，GPE）。固态聚合物电解质可以满足锂硫电池中液体电解质较少的需求，并提高电池的安全性和稳定性。但在室温下，固态聚合物电解质的离子电导率太低，不能达到锂硫电池实际充放电的要求，但聚氧化乙烯（PEO）及其衍生物由于能够有效地分离和溶解锂盐，由其制得的配合物的离子电导率相对较高。

通常，凝胶聚合物电解质与液态电解质具有相似的离子电导率，且稳定性好、塑性强、与锂的反应性较弱，因此可抑制锂枝晶的生长。在锂硫电池常见的 GPE 体系中，聚偏氟乙烯-六氟丙烯（PVDF-HFP）体系的性能较为突出，原因是该体系的无定形部分易吸收大量电解液，可提高电解质的离子电导率，且 PVDF 晶体具有优良的机械性与化学稳定性。

（3）无机固态电解质　与传统的锂硫电池相比，采用无机固体电解质组装的固态锂硫电池拥有很好的化学稳定性，可以解决电池的安全问题。由于活性材料的低离子电导率，因此复合材料阴极中活性材料与固体电解质之间的界面结构对于电池的性能至关重要。无机固体电解质的力学性能好，与硫阴极具有良好的相容性，但其中陶瓷类电解质的锂硫电池的循环性能不好，比容量达不到理论的预期值。Xu 等人通过高能球磨加退火的方法制备出一种由 MoS_2 掺杂的 $Li_2S-P_2S_5$ 玻璃-陶瓷电解质（$Li_7P_{2.5}S_{10.85}Mo_{0.01}$），拥有比较高的离子电导率，放电比容量高达 1020 mAh·g^{-1}，大大超

过了 $Li_7P_3S_{11}$ 电解质,无机的固体电解质具有解决多硫化物"穿梭效应"的巨大潜力,但是制造过程太复杂,无法实现大规模生产。

(4)离子液体电解液　离子液体是完全由阴、阳离子构成的、在室温或其附近温度下呈液态的一类物质。多数离子液体具有使用温度区间宽、不挥发燃烧、化学和电化学性质稳定、对锂盐的溶解能力良好、离子电导率较高等优点,这使得其用作二次电池的电解质材料颇具优势,在锂硫电池中能够显著提高电池的安全性。但是,离子液体普遍存在的高黏性缺陷会对锂离子的传输扩散形成阻碍,降低电解液的离子导电能力,因此电池使用离子液体后倍率性能较差。为此,将离子液体与一些低黏性溶剂混合使用是一个合理选择。Yuan 等在 2006 年首先将离子液体用于锂硫电池,将 $N-$ 甲基 $-N-$ 丁基哌啶鎓(PP14-TFSI)溶于 1 mol L^{-1} LiTFSI 中,形成的复合离子液体电解质改善了电池的循环稳定性,且有助于抑制多硫化物的溶解。Wang 等研究发现,单独使用 $N-$ 甲基 $-N-$ 丙基哌啶双三氟甲磺酰亚胺的电解液离子电导率低、极化大、放电比容量少,而单独使用 DME 则会引发电池过充和穿梭效应。如果将二者混合调制电解液,在优化后的比例下电池的放电容量和库仑效率均得到提高,且长期循环的稳定性好,此时多硫化锂在电解液中的溶解与扩散达到良性平衡。此外,Wang 等人发现 $N-$ 甲基 $-N-$ 丙基哌啶鎓双(三氟甲磺酰基)亚胺对"穿梭效应"有明显抑制效果。这种电解质可以使充满电的电池在两天内实现零自放电。

4.3.4　钠离子电池

我国高度重视钠离子电池(sodium-ion battery,SIB)的研发应用,中华人民共和国国家发展和改革委员会、国家能源局、中华人民共和国工业和信息化部等相关部门已出台多项扶持政策,将 SIB 产业纳入国家新能源产业。《关于在我国大力发展钠离子电池的提案》指出,钠离子电池等新型电池作为推动新能源产业发展的压舱石,是支撑新能源在电力、交通、工业、通信、建筑、军事等领域广泛应用的重要基础,也是实现碳达峰、碳中和目标的关键支撑之一。

1. 工作原理

SIB 的工作原理(图 4-3-10)类似于 LIB 的工作原理,但钠离子电池的发展历史较短,是一种新型电化学电源,其技术成熟度、能量密度等均与 LIB 有着较大的差距。

为了与 LIB 竞争,钠离子电池必须便宜得多,而且它们的比能量应该与 LIB 的比能量相当。然而,钠离子电池因为地球上钠元素丰富、开采成本低、电池倍率性能较好和循环效率较高等优点得到了迅速发展。目前,关于 SIB 的基础研究依然集中在正极材料、负极材料两个方面。

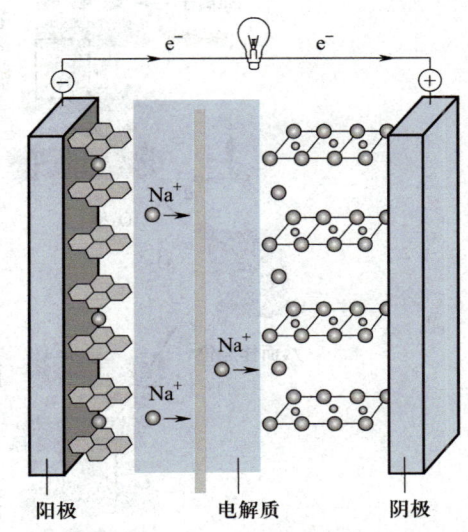

图 4-3-10　SIB 的工作原理示意图

2. 正极材料

对于任何一款电池而言,其电池能量密度、循环寿命和安全性方面等性能均受正极材料的影响,因此正极材料有着至关重要的作用。在正极材料选择过程中需要注意以下几点:结构稳定;储量丰富环保;比容量高;工作电压高;离子电导率高。目前有三类材料是主流研究方向:过渡金属氧化物、聚阴离子化合物和普鲁士蓝化合物。

(1) 过渡金属氧化物　过渡金属氧化物细分有两大类,一类是隧道型氧化物,另一类是层状氧化物。隧道型氧化物 Na_xMO_2($x \leqslant 1$,M 代表一种或多种金属离子,如 Ni、Co 等)为正交晶系,M^{4+} 和一部分 M^{3+} 占据八面体位点,另一部分 M^{3+} 位于 MO_5 正方形锥体位置。通过 MO_5 单元可形成大的半填充 S 型隧道和较小的全填充隧道。钠离子沿着 c 轴方向移动。隧道型的 $Na_{0.44}MnO_2$ 的理论容量可达到 120 mAh·g^{-1},低倍率下循环性能亦较好。Na_xMO_2 是层状氧化物的一般通式,也是众多科学家研究最多的电极材料,其高电压和高容量的特性是其他材料不可比拟的。在层状氧化物中常见的晶型为 O_3 和 P_2,分别采用 ABCABC 和 ABBA 堆积。而钠离子处在棱柱型和八面体的配位环境中。P_2 型和 O_3 型虽同属层状材料,但是 P_2 型往往具有更高的比容量和更好的循环性能。例如,Kamaba 团队在研究 $Na_xFe_{0.5}Mn_{0.5}O_2$ 时发现 P_2 型钠离子会占据更多棱形空缺,这非常有利于钠离子的脱嵌,因此 P_2 型的电化学性能比 O_3 型的更好。同时,P_2 型很难发生相转化、MO_6 八面体的旋转和 M—O 键位的断裂,因此 P_2 型比 O_3 型更稳定。但这些材料的首圈放电容量都超过了充电容量,严重影响了整个电池的匹配(图 4-3-11)。此外,即使在充电到 4.4 V 的极端条件下,含有锂离子的 P_2 材料也可以有效抑制 P_2-O_2 的相转化。这种性质可以有效保持材料结构的稳定,从而提高其性能。

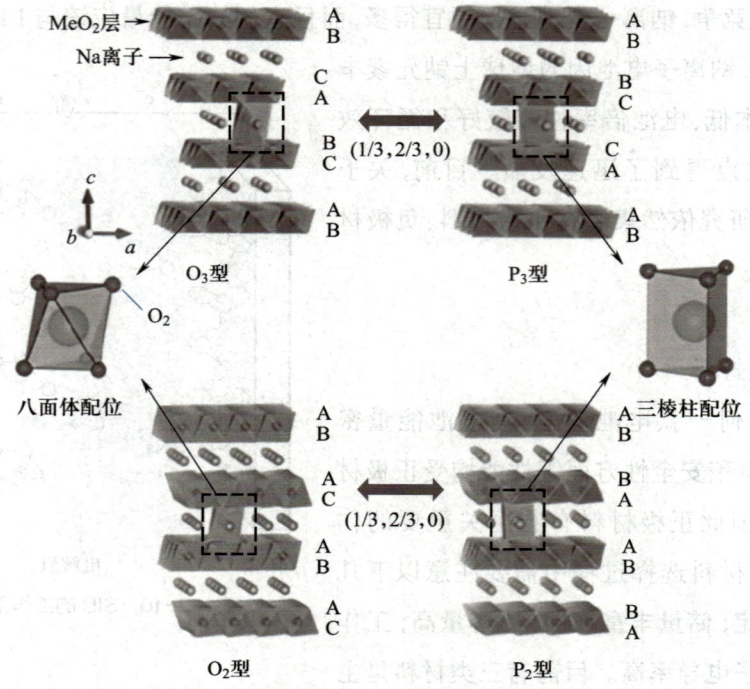

图 4-3-11 拥有不同层状结构的钠离子电池层状氧化物材料

（2）聚阴离子化合物　聚阴离子化合物具有很好的热稳定性和结构稳定性，作为钠离子电池的正极材料近年来得到了广泛的研究。与二维氧化物正极材料相比，三维聚阴离子正极材料是由一系列强共价键的聚阴离子单元$(XO_4)^{n-}$（X=S、P、Si 等）构成的。它具有许多显著的优点，如在 Na^+ 的嵌入/脱出过程中结构的变化极小、耐热性好、输出电压高等。这种材料有着较好的结构稳定性和阴离子诱导效应，通常来说它们的电压平台高，循环稳定性也非常好。近年来，主要的研究对象包括磷酸盐[$NaFePO_4$，$Na_3V_2(PO_4)_3$]、焦磷酸盐[$Na_2MP_2O_7$，$Na_4M_3(PO_4)_2P_2O_7$]、氟磷酸盐（Na_2MPO_4F，M=Fe、Co、Mn）和硫酸盐[$Na_2Fe_2(SO_4)_3$]等。

以磷酸盐为例，科学家们研究了多种结构的 $NaFePO_4$，发现其有两种晶相（Maricite 相和 Olivine 相）。Maricite 相的 $NaFePO_4$ 的结构因热力学稳定，没有钠离子扩散通道，故而不能进行可逆的扩散和嵌入。相反 Olivine 相的 $NaFePO_4$ 具有扩散通道，在充放电循环过程中能够在不破坏结构的情况下进行脱嵌，其理论容量为 120 $mAh·g^{-1}$。

焦磷酸盐 $Na_2MP_2O_7$（M=Fe、Mn、Co）系列的材料拥有不同的结构类型、较高的结构稳定性和电子导电性。基于不同的过渡金属阳离子和不同的制备方法，这类材料具有三斜、正交、四方等不同的晶体结构。在 $Na_2FeP_2O_7$ 和 $Na_2MnP_2O_7$ 材料之间,三斜晶结构较为稳定,而对于 $Na_2CoP_2O_7$,正交结构最为稳定。在 3.0 V 时,$Na_2MnP_2O_7$ 的可逆容量可达 80 $mAh·g^{-1}$。

氟磷酸盐 Na_2MPO_4F(M=Fe、Co、Mn)是另一类聚阴离子化合物,也具有结构稳定和可碳复合改性的特点。在这种结构材料中,钠离子占据了一个带有二维钠离子通道的伪八面体。其中,Na_2FePO_4F 碳复合材料在 3.0 V 时的可逆容量可达 100 $mAh·g^{-1}$。

(3) 普鲁士蓝化合物　普鲁士蓝化合物是一类含有过渡金属的配合物。该结构非常利于钠离子的快速脱嵌,因其具有开放的三维空间结构,大量的活性位点。目前该类材料所不足的是电导率较差。

3. 负极材料

SIB 的负极材料可大致分为碳基材料、转化基材料和合金基材料。这些材料具备电压合适、结构稳定以及容量高的特点。

(1) 碳基材料　从材料来源来讲,碳基材料资源丰富,例如石墨烯、软碳、石墨、硬碳等。由于硬碳材料通常为无序的结构,钠离子脱嵌较容易,因此,硬碳被认为是较有前景的负极材料。此外通过掺杂 B、N、S 和 P 等元素,能够扩大层间距离,改善材料表面润湿性能,从而达到提升硬碳材料的电化学性能的目的。

(2) 转化基材料　硫化物、金属氧化物和磷化物通常用作转化基材料。硫化物相比于氧化物具有更好的导电性能,其在能量密度、循环稳定性以及大倍率的充放电等方面具有很大优势。金属氧化物需要引入导电碳来进行修饰以改善电子传导性能并缓冲体积膨胀。磷化物具有良好的储钠功能以及循环稳定性能,通过结构修饰能够进一步提升该材料的电化学性能。

(3) 合金基材料　合金基材料的理论容量可达到 370~2600 $mAh·g^{-1}$,因其高容量和低输出电压受到广泛关注。该材料的脱嵌机理是多电子反应和形成二元金属化合物。在脱嵌过程中,多个钠离子参与反应,从而带来较大的体积变化,导致材料粉化,引起容量衰减。目前通过修饰以及表面处理的方法来提升此类材料的电化学性能。

4.3.5　金属空气电池

随着全球对能源危机和气候变化的日益加深的关切,对清洁能源的迫切需求愈发

凸显。在这一背景下，金属空气电池（metal-air battery，MAB）正逐渐崭露头角，成为备受瞩目的新兴储能技术。MAB 基于金属阳极（如 Zn、Li、Al）与空气中氧气的氧化还原反应（生成金属氧化物）实现能量存储与释放，其核心组件包括金属电极、双功能空气阴极（催化 O_2 还原/析出）及电解液（水系或非水系）。相较于锂离子电池，MAB 通过直接利用环境氧气作为阴极活性物质，显著降低了系统重量与体积，理论能量密度可达 500~3000 $Wh·kg^{-1}$（锂空气电池最高），且原材料成本低廉、环境兼容性优异（产物为金属氧化物和水）。

1. MAB 的介绍和种类

MAB 的性能直接受到所选材料的影响，包括正极材料、负极材料和电解质的选择。MAB 的正极通常为氧气，负极为过渡金属（如铁、锌、镁、铝、锂、钠、钾等）。其中，锂空气电池的理论能量密度最高。根据电解质的区别，可分为水系和非水系。不同类型的 MAB 采用不同的金属和气体组合，因此具备各自独特的性能优势。这种多样性为 MAB 在满足不同需求的应用场景中提供了灵活性。由于反应基于金属的氧化过程，MAB 表现出较高的能量密度，与锂离子系统相比，这种方法可以大大减少电池的体积和质量。金属-空气系统的理论能量密度和比能如图 4-3-12 所示。MAB 的另一优势在于其较高的能量密度，有助于使其在商业应用中更具竞争力。采用相对廉价的金属（如锌）作为负极材料，使 MAB 具备潜在的低成本优势。一些 MAB 采用可再生金属（如铝），减少对有限资源的依赖，提高电池的可持续性。此外，MAB 以轻质金属作为主要反应物质，具有出色的质量特性。广泛且丰富的金属资源为 MAB 提供了可持续发展的基础。MAB 的阴极反应是氧化还原反应，因此不会产生有害的污染物，符合环保和可持续发展的原则。综合而言，MAB 的多重优势使其成为未来能源存储领域的有前途的技术，为清洁能源的可靠供应做出了积极贡献。因此，随着对清洁能源需求的不断增长，金属空气电池作为一项创新技术，有望为应对能源危机和气候挑战提供可行的解决方案。

（1）$Li-CO_2$ 电池　对于 $Li-CO_2$ 电池来说，CO_2 被认为是空气中的有害成分，因为 CO_2 与 Li_2O_2 反应不可避免地会产生 Li_2CO_3 副产物，并且由于其高氧化电位将大大增加充电过电位。同时，Li_2CO_3 氧化被认为是形成 O_2 的另一种方式，这会使 $Li-CO_2$ 电池性能恶化。Liu 等人提供了一种有效的策略，利用 RMs 来消除锂空气电池中积累的 Li_2CO_3。$Li-CO_2$ 化学反应是构建高能量密度电池或高效 CO_2 捕集方法的新策略。如图 4-3-13 所示,Li-CO$_2$ 电池由多孔阴极、电解质和锂阳极组成。在放电过程中,锂阳极失去电子成为 Li$^+$,而阴极周围的 CO$_2$ 分子获得电子形成放电产物。基于该反应途径,可计算出 Li-CO$_2$ 电池的热力学平衡势约为 2.80 V,比能量密度约为 1876 W·h·kg^{-1}。

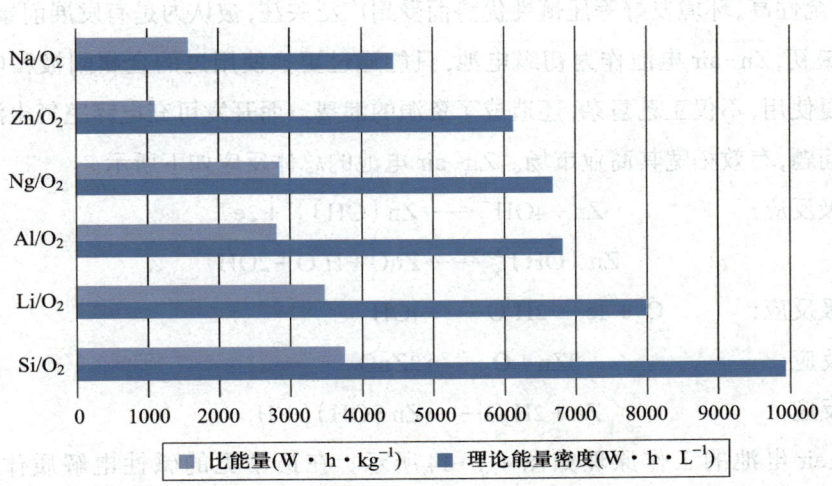

图 4-3-12　常用的金属-空气电池的理论能量密度和比能量(含氧)

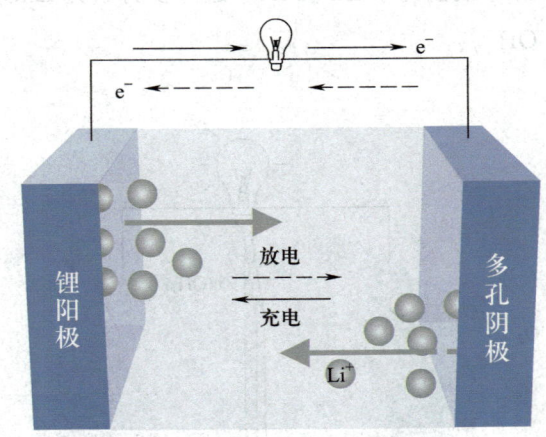

图 4-3-13　Li-CO$_2$ 电池结构示意图

(2) Na-air 电池　作为 Na-air 电池的典型模拟物,Na-O$_2$ 电池是一种有竞争力的替代品,提供了一种有前途的储能策略。虽然 Na-O$_2$ 电池的理论能量密度低于 Li-O$_2$ 体系的,但 Na-O$_2$ 电池具有更高的丰度、更低的充电过电位和更好的可逆性,为电动汽车和储能系统提供了实用的解决方案。作为一种 MAB,Na-air 电池也由空气电极、金属阳极、非质子/水电解质和隔膜四个典型部分组成。目前研究的主要有两种配置,即非质子 Na-O_2 电池和混合 Na-air 电池。

(3) Zn-air 电池　上述 MAB 通常在非质子条件下工作,具有较高的工作电压和良好的碱金属兼容性。近年来,一般在水溶液中工作的 Zn-air 电池因其具有价格竞争力强、安全性高、环境友好等压倒性优势而受到广泛关注,被认为是有发展前景的电池。然而在最初,Zn-air 电池作为初级电池,只能通过更换使用过的金属阳极和电解质溶液来重复使用,不仅工艺复杂,还造成了资源的浪费。而开发可充电锌空气电池可以避免这些问题,有效拓宽其商业市场。Zn-air 电池的总体反应如下所示。

阳极反应：$$Zn + 4OH^- \longrightarrow Zn(OH)_4^{2-} + 2e^-$$
$$Zn(OH)_4^{2-} \longrightarrow ZnO + H_2O + 2OH^-$$

阴极反应：$$O_2 + 4e^- + 2H_2O \longrightarrow 4OH^-$$

全反应：$$2Zn + O_2 \longrightarrow 2ZnO$$

副反应：$$Zn + 2H_2O \longrightarrow Zn(OH)_2 + H_2$$

Zn-air 电池的工作原理如图 4-3-14 所示。在最常见的碱性电解质体系中,Zn 阳极在电池放电时失去电子并与 OH^- 反应生成可溶性 $Zn(OH)_4^{2-}$。当电解液中的 $Zn(OH)_2$ 达到饱和时,锌酸盐离子 $Zn(OH)_4^{2-}$ 进一步分解为 ZnO。在阴极一侧,氧得到电子并直接还原为 OH^-。

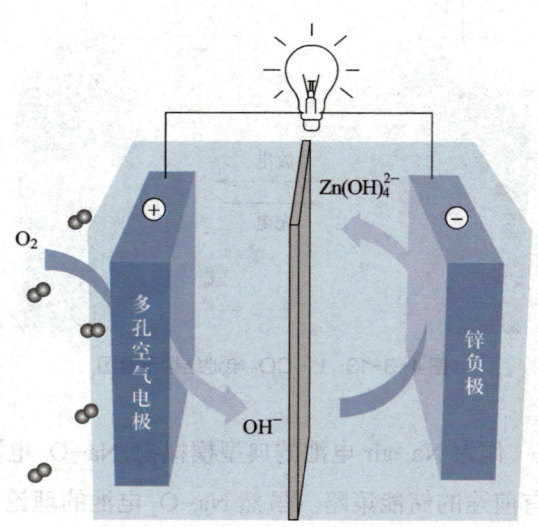

图 4-3-14　Zn-air 电池的工作原理

2. 正负极材料

MAB 的正极通常采用氧气（空气），而空气电极上常采用多孔材料，如碳复合物或气体透过性的金属氧化物（如铁氧体或锰氧化物），以提供更多的氧气反应位点。研究还发现，硒化物和硒酸盐在 MAB 中作为正极材料表现出卓越的电化学性能，有望增加电池的能量密度。至于 MAB 的负极，则采用固体金属（如锌、铝或铁）。这些金属具有较高的电化学活性、高能量密度、出色的可再生性、丰富的资源和相对较低的成本，因此在 MAB 中得到了广泛的研究和应用。在电池放电过程中，金属经历氧化还原反应，释放电子，并在电解质中形成离子。这种电化学过程不仅实现了电能的转化，还为 MAB 的高性能和可靠性提供了基础。因此，通过对正负极材料的不断优化和创新，MAB 有望在能源存储领域取得更大的突破，为清洁能源转型做出积极的贡献。

3. 电解质

电解质在 MAB 中扮演着关键的角色，作为正极和负极之间的介质，通常以电解质溶液或固体电解质的形式存在。MAB 主要采用碱性溶液作为电解质，如氢氧化钠或氢氧化钾。这些碱性溶液具备出色的导电性，有助于促进离子传输，从而提高电池的整体性能。电解质的存在使得离子能够在正极和负极之间进行传输，并维持电池的电中性。在 MAB 的放电过程中，负极的金属（例如锌）氧化为离子，同时释放电子。这些电子通过外部电路流动，形成电流，然后在正极上的氧气发生还原反应，与金属离子结合，形成氧化物。电解质在这个过程中发挥着至关重要的作用，确保离子能够有效传递，从而实现 MAB 的高效能量转化。通过优化电解质的性质和配比，可以进一步提高 MAB 的性能和稳定性，为可再生能源储存等领域提供更可靠的解决方案。这种优化可以包括电解质的浓度、电导率以及对于特定金属和气体组合的适应性。因此，电解质的精心设计和调控对 MAB 的可靠运行至关重要。

金属空气电池被视为未来能源存储的前景之一，其高能量密度和可再生性使其成为清洁能源转型的重要组成部分。尽管还存在一些技术挑战，如电极耐久性和成本效益等问题，但随着科学家和工程师的不断努力和创新，这些问题将逐渐被解决。金属空气电池的商业化应用正在不断拓展，预示着其在未来能源领域的巨大潜力。通过持续的研究和发展，金属空气电池有望成为可靠的、高效的能源储存解决方案，推动可再生能源的广泛应用，实现清洁、可持续的能源未来。

4.3.6 燃料电池

清洁能源和可持续能源的迫切需求推动着燃料电池技术的不断发展,使其成为能源转型的重要组成部分。在这个背景下,新型能源储能材料在燃料电池(fuel cell,FC)中的应用逐渐成为研究和产业的焦点。FC 是一种将燃料和氧化剂中的化学能转化为电能的电化学装置。传统的电池作为能量储存器,是将特定的活性物质储存在其中,当活性物质消耗完毕时,电池必须停止使用直到重新补充活性物质才能继续使用,而 FC 本身不储存活性物质,仅仅作为催化转换元件,因此只要不断供给燃料和氧化剂就能持续发电。从工作方式来看,FC 接近于汽油发电机或柴油发电机。而 FC 不经过热机过程,因此不受卡诺循环的限制,能量转化效率高(40%~60%)。FC 最常用的燃料是氢气,产物主要为水,几乎不排放氮氧化合物和硫氧化合物,所以其对减少环境污染是十分有利的。FC 按照电化学原理工作,运行时噪声小。同时 FC 具有可靠性强、用途广等优点,使其日益受到关注并得到研究。FC 通过直接将氧气与燃料进行化学反应,实现了高效能量转换的过程。这一技术的独特之处在于其可通过各种可再生燃料进行操作,为清洁、可持续的能源未来提供了潜在的解决方案。FC 电池的总体反应如下所示。

阳极反应: $2H_2 \longrightarrow 4H^+ + 4e^-$

阴极反应: $O_2 + 4H^+ + 4e^- \longrightarrow 2H_2O$

总反应: $2H_2 + O_2 \Longrightarrow 2H_2O$

FC 发电原理与原电池或二次电池相似,电解质隔膜两侧分别发生氢氧化反应与氧化还原反应,电子通过外电路做功,反应产物为水(图 4-3-15)。但与原电池不同的是,FC 中的反应物并非预先存储于电池内部,而是在发生反应时通入燃料气和氧化气反应后并排出生成物,因此,FC 并非能量存储装置而属于转化装置,在反应过程中其电极和电解质并未直接参与到反应中。燃料电池由阳极、阴极、电解质和电解质质子传导膜组成。通常选择具有良好氢气氧化性或其他燃料气体氧化性能的材料作为阳极材料。

1. 燃料电池的基本类型

(1)质子交换膜燃料电池(proton exchange membrane fuel cell,PEMFC) PEMFC 使用质子交换膜作为电解质,这种膜只允许质子通过,阻止氢气和氧气之间的直接混合。PEMFC 广泛用于轻型汽车和移动设备,因为其在低温下即可工作,具有较高的能量密度和效率。

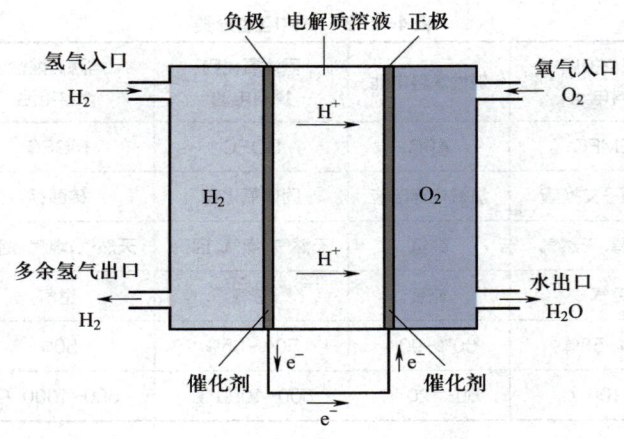

图 4-3-15 FC 的工作原理

（2）碱性燃料电池（alkaline fuel cell，AFC） AFC 使用碱性溶液（通常是氢氧化钠或氢氧化钾）作为电解质，主要用于一些特殊领域（如航天器和一些固定电源系统），因为它们需要在高温下运行。

（3）固体氧化物燃料电池（solid oxide fuel cell，SOFC） SOFC 使用固体氧化物（例如氧化锆）作为电解质，需要高温下运行。SOFC 广泛应用于大型电力系统、工业领域和一些固定电源系统。

（4）熔融碳酸盐燃料电池（molten carbonate fuel cell，MCFC） MCFC 使用碱性碳酸盐溶液作为电解质，通常在较高的温度下运行。MCFC 主要用于大型电力系统，其较高的温度使其能够直接从天然气等燃料中提取氢气。

（5）磷酸燃料电池（phosphoric acid fuel cells，PAFC） PAFC 属于碱性燃料电池家族，其利用磷酸作为电解质，通常采用磷酸盐溶液浸渍在固体聚合物膜中构成。电池的工作原理基于氢气的氧化还原反应：在阳极，氢气发生氧化反应产生质子和电子，质子穿过磷酸电解质，而电子则通过外部电路提供电能，最后在阴极处与氧气发生还原反应，与质子结合形成水。

近年来，随着对燃料电池研究的日益深入，逐渐诞生了直接碳燃料电池、微生物燃料电池、直接甲醇燃料电池、葡萄糖 $/O_2$ 酶燃料电池等。在上述种类中，最早被开发的燃料电池为磷酸燃料电池和碱性燃料电池，也被称为第一代燃料电池，发展至今，已经拥有较为成熟的技术。而第二代燃料电池为熔融碳酸盐燃料电池，第三代燃料电池为固体氧化物燃料电池。燃料电池的分类总结于表 4-3-2 中。

表 4-3-2 燃料电池分类

类型	质子交换膜燃料电池	碱性燃料电池	固体氧化物燃料电池	熔融碳酸盐燃料电池	磷酸燃料电池
英文名称	PEMFC	AFC	SOFC	MCFC	PAFC
电解质	含氟质子交换膜	氢氧化钾溶液	固体氧化物	碳酸钾	磷酸
燃料	氢、甲醇、天然气	纯氢	天然气、煤气、沼气	天然气、煤气、沼气	天然气、氢
氧化剂	空气	纯氧	空气	空气	空气
效率	43%~58%	60%~90%	50%~65%	50%	37%~42%
使用温度	80~100 ℃	60~120 ℃	600~1000 ℃	600~1000 ℃	160~220 ℃

2. 正负极材料

FC 的正负极材料在不同类型的燃料电池中有所差异。在 PEMFC 中，正极材料通常采用铂金（Pt）或其合金，如 Pt/C。这些材料在质子还原反应中具有良好的催化性能。常用的负极材料包括铂钴合金（PtCo）或铂镍合金（PtNi），以提高氢气氧化反应的效率。在 SOFC 中，典型的正极材料包括极稳定的氧化锆（YSZ）和锗酸盐，它们在高温下能够导电，并促进氧化还原反应；负极材料通常采用尼龙（Ni-YSZ）或其他金属阳极材料，用于在高温下促进燃料气体的氧化反应。在 AFC 中，正极材料是铂或其合金，负极材料常使用镍氢合金（Ni-H_2）等。在 DMFC 中，正极材料仍然以铂金为主，因其对甲醇氧化反应的良好催化性能；负极材料使用直接甲醇氧化反应的催化材料，如钯（Pd）或钯合金。最后，在 SPEFC 中，正极材料与 PEMFC 相似，常采用铂金或其合金；负极材料可以使用与铂合金相似的负极材料。

3. 行业应用与市场前景

氢燃料电池车辆已经成为交通运输领域的重要应用，涵盖轿车、公交车、卡车和火车等多个领域。这些车辆具备零排放、高续航里程和快速加注等优势。随着对清洁交通的需求逐渐增加，氢燃料电池车辆市场有望迎来逐步扩大的趋势。政府的补贴和支持措施也为推动这一市场的发展提供了积极助力。FC 在工业领域的广泛应用包括备用电源、材料搬运车辆、叉车、无人机和无人潜艇等多个方面。这些应用中，FC 为工业提供了高效、可靠的电能解决方案。工业应用是 FC 市场的重要组成部分，随着技术的不断进步和成本的进一步降低，FC 在工业中的应用前景将不断扩大。在电力生产方面,FC 被广泛应用于微网和离网系统,同时作为一种能量储存形式。其快速响应和长寿命周期使其在这些应用中具有潜在优势。随着对可再生能源整合和储能技术的需求增加,FC 在电力和能源存储领域的市场前景也在不断扩大。在便携式设备领域,FC 的广泛应用包括移动充电器、便携式计算机、智能手机等。其高能量密度和长工作时间使其成为便携设备的理想能源解决方案。随着移动设备的不断普及和对便携能源解决方案的需求增加,FC 在便携式设备市场有望得到更广泛的应用。

FC 汽车虽然发展迅速,但从商业化要求角度,中国车用燃料电池技术上仍然存在一定差距,未来需加强对以下几个方面的布局:① 提高 FC 电堆性能与比功率。目前,国内 FC 车电堆的功率级别还普遍偏低。国内车用 FC 堆主要以 30~50 kW 为主,与国际上乘用车的 FC 功率级别(100 kW 左右)相差甚远。② 提高 FC 的耐久性。提高 FC 堆及系统的耐久性,是 FC 商业化的前提。目前,提高系统控制策略是提高 FC 车耐久性的有效途径之一。③ 降低 FC 的成本。要发展低成本的材料与部件,例如低 Pt 催化剂与膜电极、低成本的双极板和系统部件,并实现量产,以降低电堆与系统成本。④ 加强关键材料与核心部件批量生产技术。这严重制约了我国氢能 FC 产业的自主可控发展,加强上述关键材料核心部件的技术转化,加快形成具有完全自主知识产权的批量制备技术和建立产品生产线,是全面实现关键材料核心部件的国产化与批量生产的重要环节。

思考题

1. 太阳能是怎样转换成电能的?
2. 光伏发电主要依靠什么材料完成发电?
3. 生物质能在减少温室气体排放方面有什么独特优势?
4. 什么是第二代燃料乙醇,它与第一代燃料乙醇有何不同?
5. 生物制氢技术面临的主要挑战是什么?
6. 生物质固体清洁能源材料在减少环境污染方面有哪些优势,以及它们在能源供应方面未来的潜在发展趋势是什么?
7. 超级电容器由哪几部分组成? 按照储能机制分类,其可以分为哪些类型?

8. 锂离子电池在研发过程中所面临的挑战有哪些？
9. 目前锂硫电池存在的问题是什么？
10. 金属空气电池在能源领域的应用潜力如何？它可能如何改变现有的能源格局？
11. 燃料电池在未来能源领域的发展中可能面临哪些挑战？你认为如何克服这些挑战？

第 4 章参考文献

第 5 章
碳中和与环境

第 1 节
大气环境污染低碳处理

所谓大气污染,是指大气中直接排放的污染物或者由它们转化形成的二次污染物的浓度到达有害程度的现象。人类活动及自然界都不断向大气排放各种各样的物质,当大气中某种物质的浓度超过了正常的水平,并在大气中停留足够长的时间,进而对人体健康、生态系统或其他环境要素(如气候、水体)产生不良效应时,就构成了大气污染。大气污染的形成及危害程度,不仅是以空气中是否存在某种有害物质来衡量,还需考虑其作用的浓度和时间等因素。

常见大气污染物有气溶胶状态污染物和气体状态污染物两种。气溶胶状态污染物是指固体粒子、液体粒子或它们在气体介质中的悬浮体,其直径约为 0.002~100 μm 的液滴或固态粒子;气体状态污染物是指在标准状态、常压下以分子状态存在的污染物,主要有硫氧化合物、氮氧化合物、碳氧化合物和碳氢化合物等。在人类活动中,大气污染物的来源主要有四种:一是煤、石油、天然气等燃料的燃烧排放;二是工业生产过程中污染物的排放;三是汽车、船舶、飞机等交通工具在运输过程中的排放;四是施用农药、秸秆焚烧等农业活动中污染物的排放。最为主要的还是气体状态污染物。

近几十年来,全球人为温室气体排放量显著增加,特别是 21 世纪以来,温室气体排放量增幅约为 1.1%。2023 年,全球人为温室气体排放量约为 409 亿吨(以 CO_2 当量计),其中 CO_2 排放量(368 亿吨)占比高达 90%。相关数据都反映了全球平均温度变化与温室气体排放的关系。

2021 年,诺贝尔物理学奖获得者证明了 CO_2 是导致全球变暖的主要因素。《2023年全球碳预算》显示煤炭、天然气和石油等化石燃料的燃烧是向大气排放 CO_2 的主要原因,也是气温升高的关键驱动因素。如果不加以控制,到 21 世纪末,升温可能会达到 3~4 ℃。这可能会引起生命、生态和气候系统等的崩溃性紊乱,对全球的气候和生态系统产生巨大的影响。

5.1.1 碳排放时空分布

CO_2 人为排放是全球气候变化的主要原因，了解 CO_2 排放的历史、分布及其关键驱动因素，对于缓解气候变化至关重要。

1. 全球碳排放时间分布

19 世纪中叶工业革命之后，化石燃料的消耗导致 CO_2 排放量明显增加，扰乱了全球碳循环并导致了全球变暖，1950 年 CO_2 排放量已达 60 亿吨，但增长相对缓慢。随着全球工业化进程加快，CO_2 排放量急剧上升，到 2000 年，CO_2 排放量达 251.2 亿吨，较 1950 年的增加 3.2 倍。2019 年全球 CO_2 排放量超过 360 亿吨，2023 年全球化石燃料造成的 CO_2 的排放量再次上升，达到创纪录水平的 368 亿吨。排放量在过去几年增速虽显趋缓、但尚未达到峰值。

2. 全球碳排放空间分布

20 世纪以前，欧洲和美国是全球 CO_2 排放的主要经济体，1900 年欧洲和美国的 CO_2 排放量占总排放量的 90%，至 1950 年占总排放量的 85% 以上。但近几十年来，以中国为代表的亚洲发展中国家的碳排放量急剧增加。最显著的变化发生在 21 世纪初，中国碳排放量不断上升，并于 2006 年取代美国成为全球碳排放量最大的国家。许多发达国家的碳排放已经稳定，并在近几十年呈现一定程度的下降。而发展中国家的 CO_2 排放呈现增长趋势，且目前这些经济转型体的排放增长已主导了全球 CO_2 的排放趋势。

亚洲的 CO_2 排放量占全球的 53%，是第一大排放区域。以美国为主导的北美是第二大排放区域，排放量占全球的 18%。欧洲是第三大排放区域，占全球的 17%。我国自 2006 年以来一直是世界上最大的排放国，近年来其排放量占全球的 25% 以上。

迄今为止，美国的累计排放量超过任何其他国家，占全球累计排放量的 25.5%。我国为累计排放量第二的国家，占比为 13.7%。2023 年全球碳排放空间分布总结于表 5–1–1 中。

表 5-1-1 2023 年全球碳排放空间分布

国家/地区	排放量 /GtCO₂e	排放量占全球比 /%
中国	15.7	29.2
美国	6	11.2
欧盟	3.6	6.7
印度	3.9	7.3
俄罗斯	2.6	4.8
巴西	1.3	2.4
其他国家	20.7	38.4

3. 人均碳排放时空分布

世界各地 CO_2 排放量存在很大差异。为了对 CO_2 的排放进行公平的比较，须关注各个国家和地区的人均 CO_2 排放水平。

世界上人均排放较高的国家主要是石油生产国，特别是那些人口规模相对较小的国家。一般而言，生活水平高的国家往往具有高碳足迹，但即使在生活水平相近的国家之间，人均排放量也可能存在较大差异。例如，欧洲许多国家的人均 CO_2 排放量远低于美国和加拿大。事实上，一些欧洲国家的人均 CO_2 排放量与全球的平均排放量相差不大。虽然 CO_2 排放与经济发展关系密切，但政策和技术选择也会对其产生影响，如英国 2023 年的人均 CO_2 排放量远低于美国，主要是由于核能和可再生能源的利用。

亚洲拥有世界 60% 的人口，人均 CO_2 排放量略低于全球平均水平。同时，中国人均 CO_2 排放水平不到美国的一半（图 5-1-1）。21 世纪后，世界及主要发达国家的人均排放量已呈现不同程度的降低，而以中国、印度为代表的发展中国家的人均排放量仍不断上升，其差异主要来自国家能源供应及经济的差距。

虽然应对气候变化是全人类共同的责任，但受经济发展和历史排放总量的制约和影响，各国应承担"共同但有区别的责任"。

如果全球能源需求仍以化石燃料为主，且需求持续增长，预计到 21 世纪末，大气中的 CO_2 浓度将超过 900 $mL \cdot m^{-3}$。大气 CO_2 浓度水平的变化速率也由于人为原因均逐渐加快，自然碳循环中的大气浓度变化往往需要经历几个世纪甚至几千年，在人为因素的影响下，达到这一变化仅用了几十年，这使得生物、生态系统和

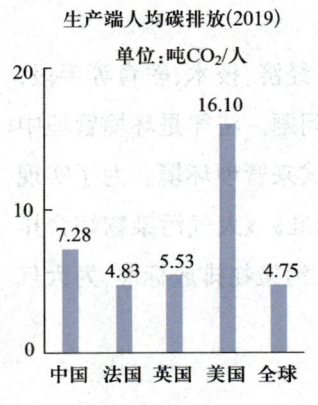 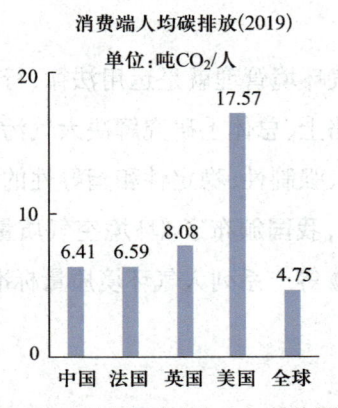 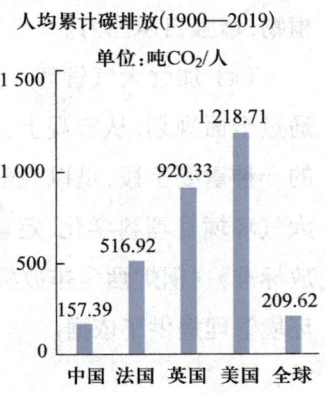

图 5-1-1 主要国家人均 CO_2 排放量比较

地球系统的适应时间大幅度减少。高浓度 CO_2 带来的气候变化深刻影响着生态系统和人类生活。

5.1.2 大气环境低碳防治措施

从大气污染的发生过程分析,防治大气污染的根本方法是从污染源着手,通过减少污染物的排放量,促进污染物扩散稀释等措施来保证大气环境质量。但目前现有的经济技术条件还不能彻底解决污染源,因此,大气环境的保护就需要通过运用各种措施,进行综合防治。

目前主要从以下几个方面入手寻求大气污染的控制途径。

(1) 采取各种措施,减少污染物的产生　① 区域采暖和集中供热; ② 改善燃料构成; ③ 进行技术更新,改善燃烧过程; ④ 改革生产工艺,综合利用"废气"; ⑤ 开发新能源。

开发太阳能、水能、风能、地热能、潮汐能、生物能和核聚变能等清洁能源,以减少煤炭、石油的用量。以上新能源多为可再生能源,在利用过程中不会产生化石能源开采使用的环境问题,是比较清洁的燃料。

(2) 采用各种技术,控制污染物排放　① 烟尘治理技术; ② 二氧化硫治理技术; ③ 光化学烟雾的治理技术。

(3) 合理利用环境自净能力,保护大气环境　① 优化总体规划,合理工业布局; a. 优化城市规划,完善基础设施建设; b. 调整工业结构、合理工业布局; ② 做好大气环境规划,科学利用大气环境容量; ③ 选择有利污染物扩散的排放方式; ④ 发展绿色

植物,增强自净能力。

(4)加强大气管理　大气环境管理就是运用法律、行政、经济、技术、教育等手段,通过全面规划,从宏观上、战略上、总体上研究解决大气污染问题。法律是环境管理中的一种重要手段,是以规范性、强制性、稳定性和指导性的方式来管理环境。为了实现大气环境管理科学化、定量化,我国颁布了《环境空气质量标准》《大气污染物综合排放标准》《锅炉烟尘排放标准》等一系列大气环境质量标准和污染物排放标准,为大气环境管理提供了依据。

第 2 节
污水废水低碳治理

近年来,气候变化成为全球共同关注的问题。为了应对气候变化,各国纷纷提出碳达峰和碳中和的目标,积极探索低碳转型的路径和方式。目前,我国污水产量巨大,并且还有不断上升的趋势,其能耗在整个社会能耗中所占的比重也逐年上升。据统计,我国污水处理厂电耗占全国总电耗的 0.26%,算上工业废水处理和污泥处理,所占比例将超过 2%。污水处理行业的碳排放量约占全社会总排放量的 1%,在环保产业中占比最大。因此,"双碳"目标下的节能减排要求对传统的污水处理理念提出了挑战,协同推进减污降碳已成为我国新发展阶段经济社会发展全面绿色转型的必然选择,寻求低碳技术作为高耗能产业发展的新出路已成为现代社会发展的重要趋势。

5.2.1　污水废水治理现状

我国的污水处理主要采用生化处理的工艺,传统的生化处理工艺是利用微生物的生命活动对污水中的有机物加以利用,达到降低水体化学需氧量(chemical oxygen demand,COD)与生物需氧量(biological oxygen demand,BOD)的目的。但是这种处理方式不仅耗电量较大,而且会排放 CO_2、CH_4 和 N_2O 等可导致温室效应的气体,同时污水中所含的多种污染物很少被回收利用。其中 CO_2 主要来源于污水治理设施的能耗过程,而水污染物降解产生的 CO_2 则被认定为生源性碳排放;CH_4 主要来源于污水处理的厌氧环节,包括管网、厌氧池、化粪池、污泥厌氧消化池等;N_2O 等主要来源于污水处理过程的硝化、反硝化阶段。

在传统的城市污水处理技术中,活性污泥的去除过程仍然存在严重的高能耗问题(图 5-2-1)。一座处理能力为 15000 $m^3 \cdot d^{-1}$ 的城市污水处理厂,仅生化处理单元和污泥处理单元就消耗 2582.68 $kW \cdot h$ 的电量,这还不包括处理过程中产生的大气污染和温室气体排放。粗略估计,2030 年我国整个污水处理行业的温室气体将达到全国温室气体排放量的 2.95%。解决了水污染,却将污染转移到了空气中,这种污染转移的结果与污水处理希望达到的环保目标是背道而驰的。因此污水处理行业转变方向,全面推广低碳处理技术,充分利用现有资源进行合理的碳转化势在必行。

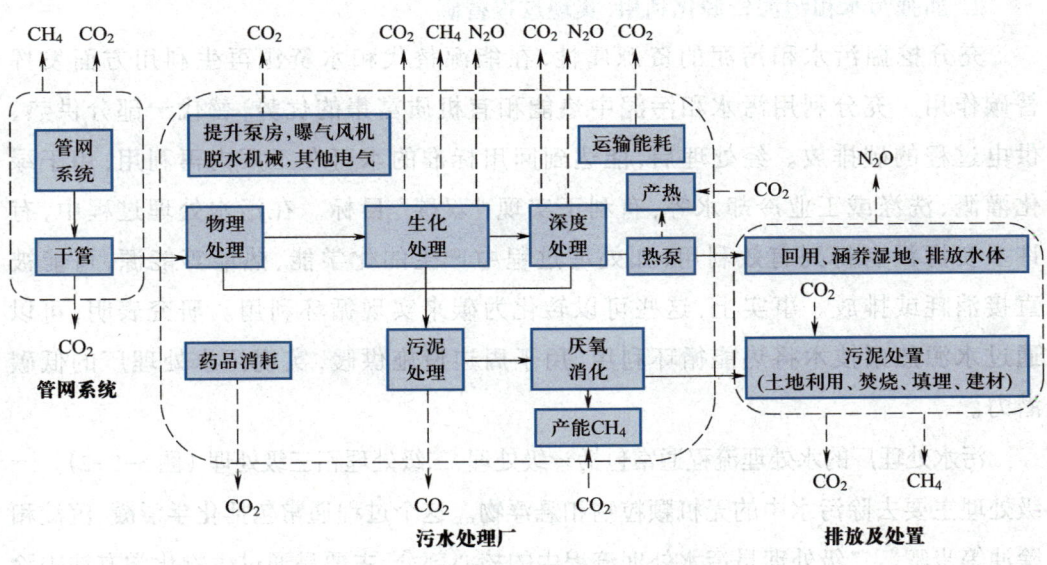

图 5-2-1 污水处理过程中的碳排放示意图

5.2.2 污水废水低碳治理措施

要有效控制污水废水处理过程中的温室气体排放,满足"双碳"目标下的减排要求,必须突破传统理念的束缚。目前采用的污水废水处理的低碳运行策略主要聚焦

以下两个方面：一方面，要从源头上做到低碳节能，另一方面，要减少污水处理过程中的碳排放量，更重要的是降低污水处理的能耗，从而实现能源的自给自足和资源的充分利用。

1. 注重污水、废水治理，坚持源头减碳

针对工业废水治理过程，坚持"节水即治污、节水即降碳"，重点通过工业园区用水系统的集成优化以及工业企业废水的分质再生利用等方式，减轻工业废水处理过程的治污减排压力。对于城镇污水治理过程，坚持推进污水应收尽收、高效输送、节能处理等举措的落实。通过污水管网改造修复、污水处理工艺优化、高能耗设备更替、智慧化管理等多种组合措施，提高城镇污水收集处理效能，同步减少温室气体的直接和间接排放。

2. 加强污水和污泥资源化利用，实现过程替碳

充分挖掘污水和污泥的资源属性，在能源替代和水资源再生利用方面发挥替碳作用。充分利用污水和污泥中热能和有机质富集的优势，替代一部分供热、供电过程的碳排放。经处理后，能达到回用标准的水可在工厂内再利用，用于绿化灌溉、洗涤或工业冷却水等，有利于实现"双碳"目标。在污水处理过程中，有许多资源没有得到有效利用，如处理过程中产生的化学能、热能等能源，可能被直接消耗或排放。事实上，这些可以转化为碳来实现循环利用。研究表明，可以通过水源热泵技术将热能循环利用，用于周边设施供暖，实现污水处理厂的低碳潜力。

污水处理厂的水处理流程通常包括一级处理、二级处理和三级处理（图5-2-2）。一级处理主要去除污水中的无机颗粒物和悬浮物。这个过程通常包括化学混凝、沉淀和除油等步骤。二级处理是污水处理流程中的核心部分，主要是通过生物化学方法去除污水中的有机物和营养盐。这个过程通常包括活性污泥法、A/O法、A2/O法等生物反应池和后续的二次沉淀池等步骤。三级处理也称深度处理，是针对排放标准或回用要求较高的污水处理厂的处理流程，主要是进一步去除污水中的微量有机物、营养盐和有害物质。这个过程通常包括过滤、消毒和高级氧化等步骤。

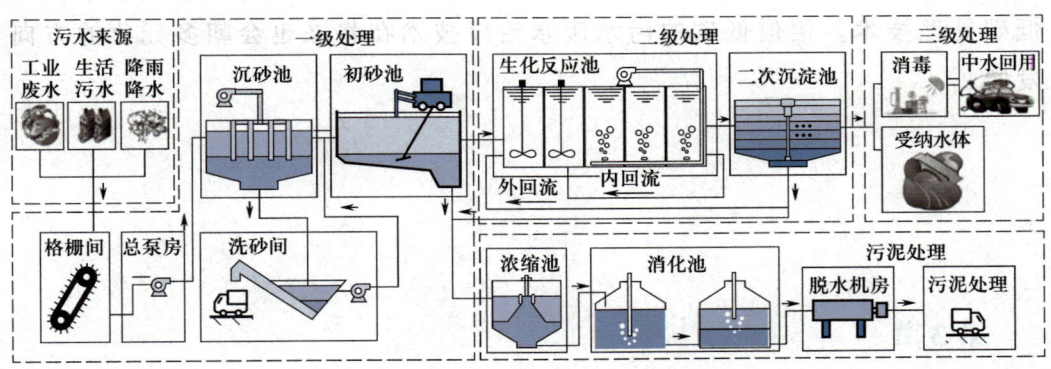

图 5-2-2　污水处理厂工艺流程

以面向未来的新概念污水处理厂的需求为导向,突破并集成碳浓缩、磷分离、氮素转化、厌氧技术碳素能源转化、氮磷资源回收与利用、环境友好等关键技术,形成完整的污水处理新工艺技术路线和成套方案,从而推动水处理全流程降低能耗物耗及实现资源化。未来污水处理厂应配套建设有机固废厌氧消化中心、资源输出中心,以实现消除环境污染物与环境治理的和谐统一、能源良性循环和资源化运营。污水处理厂将治污、产气、资源综合利用三者相结合,将环境效益、经济效益和社会效益统一起来,对减少水污染、保障水生态安全、优化地区供水结构、增加水资源供给和缓解供需矛盾具有重要意义。国家鼓励污水处理企业综合利用场地空间,建设光伏发电项目。污水处理厂具有空间庞大的天然优势,其主要处理单元,如初次沉淀池、生化反应池、二次沉淀池拥有较大的表面空间,厂区内的绿化地带和办公建筑屋顶也能安装光伏电池组件,在污水处理厂具备设置光伏发电系统的基本硬件条件。污水处理厂＋光伏发电系统的模式(图 5-2-3)能降低厂区用电成本,是污水厂增收降碳的重要措施。

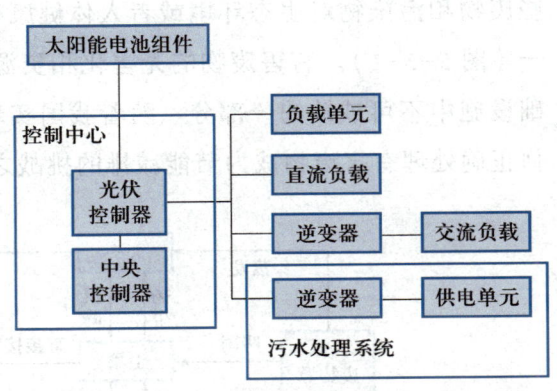

图 5-2-3　污水处理＋光伏发电系统

虽然污水废水治理行业不是一个突出的碳排放行业,但其长期的水处理项目和大量高能耗的积累必然会导致碳排放。因此,在处理过程中,还需要不断研究和更新水处理技术,尽可能通过节能降耗和资源回收来发展污水的

低碳处理技术。相信低碳的污水废水治理技术在将来也会朝多元化的方向发展。

第3节
有害废物低碳处理

5.3.1 有害废物的来源

近年来,随着我国社会经济的飞速发展、城镇建设率的显著提升以及人民生活水平的大幅度提高,我国城市化进程进一步加快,人类在生产、生活和其他活动过程中产生的废弃有害物不断增加,包括种类繁多、成分复杂、体量巨大的固体废物(简称"固废")以及具有生物毒性、环境持久性、生物累积性等特征的有毒有害化学物质类新污染物(持久性有机污染物、内分泌干扰物、抗生素和微塑料等)。这些废物和污染物对生态环境或者人体健康存在较大的危害性,是主要的污染源之一(图5-3-1)。有害废物的无害化和资源化的处理设施成为城镇发展所需的基础设施中不可或缺的一部分。随着我国实现"碳达峰""碳中和"目标的提出,如何正确处理有害废物成为节能减排的挑战之一。

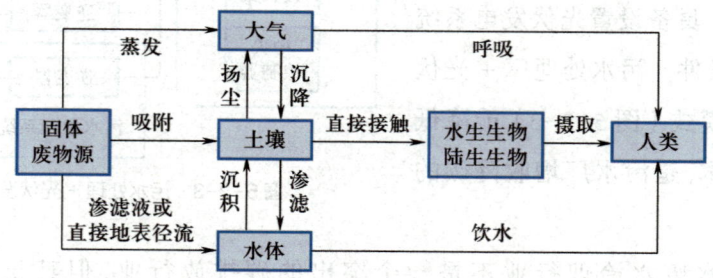

图5-3-1 有害废物的主要污染途径

5.3.2 有害废物的特点

在产生有害废物的工业行业中,矿业、电力蒸气热水生产供应业、黑色金属冶炼及压延加工业、化学工业、有色金属冶炼及压延加工业、食品饮料及烟草制造业、建筑材料及其他非金属矿物制造业、机械电气电子设备制造业的产量最大,占总量的 95% 左右,其中以矿业和电力蒸气热水生产供应业产生的有害废物为主,占总量的 60%。生活垃圾的多寡及成分与居民物质生活水平、生活习惯、季节气候、废旧物资回收利用程度、市政建设情况等有关。

有害废物的固有特性及其对环境的危害决定了对其进行管理的方法和体制。有害废物污染呆滞性大,扩散性小,它对环境的污染主要是通过水体、大气和土壤进行的。概括地讲,有害废物的特点包括以下四个方面:

① 资源和废物的双重性:有害废物是在错误时间放在错误地点的资源,与其他物态的污染物相比,有害废物具有高浓缩态的特征,同时它具有污染源释放和资源化潜力的双重特性,具有鲜明的时间和空间特征。从时间特征来看,所谓的废物只是在目前的科学技术和经济条件下无法利用,但随着时间的推移,科学技术的发展,人们的要求变化,今天的废物可能成为明天的资源;从空间特征来看,所谓的废物仅仅是相对于某一过程或某一方面没有使用价值。一种过程的废物,往往可以成为另一种过程的原料。

② 产生量大、种类繁多、成分复杂:例如一部废手机就含有塑料、金属、玻璃等多种成分;废旧电视机含有玻璃、塑料、金属、荧光粉等。

③ 有害废物是其他处理过程的终态,又是污染环境的源头:例如一些有害气体或飘尘,通过处理(洗气、吸附和除尘),最终富集成为有害废物;废水中的一些有害溶质和悬浮物,通过处理(物化处理或生物处理技术),水得到净化,产生大量污泥或残渣。这些物质通过水、气、土壤等介质,又会成为污染大气、水和土壤环境的"源头"。

④ 有害废物中污染物滞留期长、危害性强:固体废物的污染物迁移转移缓慢,所产生的环境污染常常不易被察觉,容易发生人身伤害等灾害性事件,环境污染后恢复时间长。

5.3.3 有害废物防治措施

有害废物如不加以妥善收集、利用和处理处置将会污染大气、水体和土壤,严重地危害人体健康。有害废物污染处理需要从两个方面着手,一是减少有害废物的排放量,二是防治有害废物污染。其中:

1. 工业有害废物污染处理

对于工业有害废物而言,有六个方面的因素影响着其排放量,包括原材料和能源、技术工艺、设备、过程控制、管理和员工。这六方面因素直接影响着产品的质量和废物的产生量。为减少工业有害废物污染,可采取以下主要措施:① 积极推行清洁生产审核,实现经济增长方式的转变,限期淘汰有害废物污染严重的落后生产工艺和设备;② 采用清洁的资源和能源;③ 采用精料;④ 改进生产工艺,采用无废或少废技术和设备;⑤ 加强生产过程控制,提高管理水平和加强员工环保意识的培养;⑥ 提高产品质量和寿命;⑦ 开发物质循环利用工艺;⑧ 进行综合利用;⑨ 进行无害化处理和处置。

2. 城市生活垃圾污染处理

城市生活垃圾的产生与城市人口、燃料结构、生活水平等息息相关,其中人口是决定城市生活垃圾产量的主要因素。我国 2016 年大、中城市生活垃圾产生量为 18850.52 万吨,2021 年生活垃圾产量增至 27119 万吨,同比 2020 年增长 6.39%。燃煤地区城市生活垃圾中无机成分明显多于燃气地区的;高级住宅区的垃圾中可回收废物(塑料、纸类、金属、织物和玻璃)的含量明显高于普通住宅区的。鼓励城市居民使用耐用环保材料;加强宣传教育,积极推进城市生活垃圾分类收集制度;改进城市燃料结构,提高城市燃气化率。

3. 城市生活垃圾综合利用

进行城市生活垃圾的无害化处理与处置,通过焚烧处理、生化堆肥、卫生填埋处置等无害化处置措施减轻污染。其中,焚烧法可以使垃圾减重、减容,并可以使某些有害组分分解和去除,同时可以回收垃圾燃烧释放出的热能,但是建焚烧厂的投资往往较大,同时对垃圾成分的要求较高,焚烧法只适用于有机物含量高的垃圾;堆肥可以将垃圾转化成肥料,并且获得沼气等附加产品,但是它占地面积大,堆置时间长

且影响环境,适用于可降解有机物多的垃圾;填埋法只要经过适当的预处理,任何废物都可以通过填埋处理,通常用来处理无机废物,此法占地面积大,前期工程量大,对隔离措施要求较高,还需要配套的渗滤液处理设备。

为了使有害废物得到最有效最严格地处理,实施与有害废物相关的管理原则:

(1)"三化"原则 ① 减量化:有害废物"减量化"是指通过采用适当的技术,一方面减少有害废物的排放量,另一方面减少有害废物体积;② 资源化:有害废物"资源化"是指从有害废物中回收有用的物质和能源,加快物质循环,创造经济价值的广泛的技术和方法,包括物质回收、物质转换和能量转换;③ 无害化:有害废物"无害化"是指通过采用适当的工程技术对废物进行处理,使其对环境不产生污染,不对人体健康产生影响。

(2)"全过程"管理原则 ① 有害废物本身往往是污染的"源头",故须对其进行产生－收集－运输－综合利用－处理－贮存－处置的全过程管理,在每一环节都将其作为污染源进行严格的控制;② 解决有害废物污染控制问题的基本对策是避免产生(clean)、综合利用(cycle)、妥善处置(control)的"3C"原则;③ 通过对有害废物实施减少产生(reduce)、再利用(reuse)、再循环(recycle)策略(即3R 原则)实现节约资源、降低环境污染及资源永续利用的目的。

因此,加大力度,全面深入精准开展有害废物的处置工作,全面科学规范有害废物的贮存、转移、利用和处置,才能确保风险的有效防控,积极回应人民群众所想、所盼、所急,坚定增强深入打好污染防治攻坚战和加强有害废物污染治理的定力、信心、决心,不断满足人民日益增长的优美生态环境需要,使人民群众的生态环境获得感、幸福感、安全感得到不断增强。

第 4 节
土壤污染低碳修复

在工农业快速发展背景下,我国土壤环境的污染范围逐渐扩大,污染程度越来越严重,污染物含量与种类也不断增加,已经严重威胁到了我国的可持续发展。在绿色发展

理念下，人们逐渐意识到土壤环境污染修复与防治的重要性，全国各地针对土壤污染情况采取了多种措施。党的二十大报告提出要深入推进环境污染防治，持续深入打好净土保卫战。我国已在"十三五"时期基本摸清土壤污染状况的家底，初步健全土壤环境管理制度体系，全国土壤生态环境质量发生了基础性变化。今后一段时期，需要全面提升土壤污染的绿色低碳修复水平。

5.4.1 土壤污染

土壤是自然环境要素的重要组成之一，主要有两个重要的功能：一是土壤作为一项极其宝贵的自然资源，是农业生产的基础，二是土壤对于外界进入的物质具有同化和代谢能力。由于土壤具有这种功能，所以人们肆意开发土壤资源，同时将土地看作人类的垃圾场，而忽略了对土地资源的保护。由于这种原因，人类面临着土地退化、水土流失和荒漠化以及土壤污染等诸多问题。其中，土壤污染的形势极为严峻。

土壤污染是指当污染物进入土壤后，通过土体对污染物质的物理吸附、过滤阻留、胶体的物理化学吸附、化学沉淀、生物吸收等过程，使污染物不断在土壤中累积，当其含量达到一定数量时，便引起土壤发生污染。土壤的主要污染源见表 5-4-1。

表 5-4-1 土壤的主要污染源

污染类型	污染源	污染途径
工业污染	工业"三废"（废水、废气和废渣）	施肥、灌溉
农业污染	化学农药、除草剂	驱虫、除草
生物污染	病原菌和寄生虫	灌溉

空气污染、水污染较为直观，易于察觉，土地污染却很难发现端倪。调查国内土壤环境污染现状，分析目前低碳发展存在的主要问题、影响低碳发展的因素，提出低碳发展的对策，可为土壤的修复新生、绿色低碳发展提供科学依据。

5.4.2 土壤污染现状

1. 总体污染情况

我国土壤环境质量总体较低，部分地区污染严重，多种环境问题突出。全国土壤污染的主要类型分为无机污染与有机污染。从宏观角度看，北方污染轻于南方，长江三角洲、珠江三角洲等经济发达地区及东北工业区污染问题突出,西南、中南地区重金属超标面积大,无机物污染含量自北向南逐渐增多。

2. 污染物超标情况

无机污染方面,镉(Cd)、汞(Hg)、砷(As)、铜(Cu)、铅(Pb)、锌(Zn)和镍(Ni)7种重金属元素是主要的无机污染物。土壤重金属污染已给社会带来经济和健康的双重巨大危害。从无机污染情况来看,全国大多地区的土壤仍存在或多或少的无机物污染问题。锌污染较严重的是贵州、湖南(吉首)、福建(三明、南平)以及河南(新乡)。土壤中的砷污染主要来源于地下水污染,较严重地区是天津、山东(济南)和安徽(铜陵)。铜污染主要分布在东南沿海地区,尤以广州最为集中。总的来说,重金属污染主要集中分布在矿业区(包括采矿和矿加工)和人口稠密的地区,部分地区同时存在多种重金属污染。有机污染方面,双对氯苯基三氯乙烷(DDT)超标率最大,为1.9%,轻微污染占1.1%,重度污染占0.25%;多环芳烃次之,为1.4%,轻微污染占0.8%,重度污染占0.2%;六氯环己烷(六六六)最少,为0.5%。虽然目前六六六、DDT已经被禁用了三十多年,但至今仍然能够在土壤环境中检测出来。

3. 不同土地利用类型土壤污染情况

按照土地利用类型,我国土地主要分为耕地、林地、草地、建筑用地、工业用地及未利用地。除去建筑用地与工业用地,其他类型土地的土壤污染超标率依次为19.4%、10.0%、10.4%、11.4%。从污染物来看,耕地土壤总污染面积为3.9亿亩,污染物主要为重金属污染物与农药污染物,林地与耕地污染物相似,草地与未利用地基本是重金属污染物。

针对土壤污染治理,目前的一些技术手段仍然相对滞后,传统的治理方法(如浸泡法、堆肥法等)存在一定的局限性。为了符合低碳发展的需求,实现"碳达峰""碳中和"的目标,需要探求更加低碳绿色的处理措施。

5.4.3 土壤污染低碳修复措施

全球95%的食物来自土壤,但是全球约33%的土壤已经退化,面临着有机碳和生物多样性的丧失、养分失衡、土壤侵蚀、污染和肥料使用不当等问题。农业活动是全球主要污染来源之一。据统计,与20世纪90年代相比,农药总用量增加了近50%,每公顷耕地的农药用量从1.2 kg增加到1.8 kg。农业活动是全球23%的污染来源,农业污染会损害植物的新陈代谢,降低作物的产量,从而对粮食安全、水资源质量、人类健康造成威胁。土壤环境质量安全至关重要,要形成集建设分析评估土壤污染检测能力、建立土壤污染数字化信息系统、加强土壤污染修复管理、实施土壤污染保护政策等措施为一体的土壤污染治理的综合解决方案。

农业和土地利用部门减排与其他部门相比起步稍晚,但对于达成减排目标的作用很大(图5-4-1)。在基准情景下,2050年的碳排放量预期比2020年增长约12%;而在1.5 ℃情景下,减排幅度须略微超过100%,达到负排放,才能达到减排目标。在1.5 ℃情景中,农业和土地利用部门需"各尽其能":通过农村沼气池建设与化肥改革达到约48%的减排量;在废物处置方面,分担约37%的减排量;通过造林工程发掘地球"天然绿肺"的碳汇潜力。

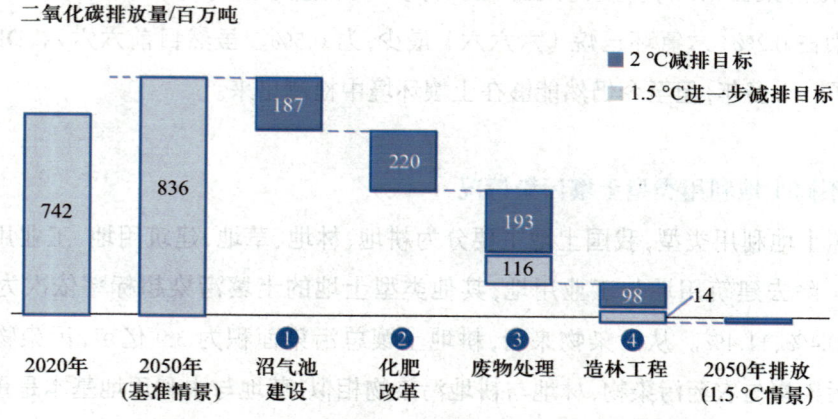

图5-4-1　农业和土地利用对于达成减排目标作用很大

1. 农村沼气池建设

农村沼气工程运用厌氧工程技术处理禽畜粪便、农作物秸秆等农村废弃物,从中获得清洁可再生能源和农业生产所需有机肥料,并能改善农村环境污染,促进循环生态的农业发展。通过该技术手段对禽畜粪便等废弃物进行厌氧发酵产生大量的沼气,不仅改变了废弃物随意排放带来的土壤污染问题,还能为人类的生产和生活提供便利的燃料,且可用来发电,给人类的生活带来了很大的便利。并且在这个过程中,可以有效地杀死多种病原微生物、寄生虫，沼渣还可以做优质的化肥，沼液可以做养鱼虾的饲料，也可以用来浇灌瓜果蔬菜，极大地提升了作物的品质。所以，利用禽畜排泄物等废弃物制取甲烷，不仅是一种高效率的废物处理方法，而且能有效地解决农村土壤污染问题。

面向未来，农村沼气工程如要在减碳事业中"崭露锋芒"，则需要由户用和中小型沼气池向更大规模的沼气生物池发展。这需要对农村沼气工程建设有更全面的规划：首先，沼气产品的利用水平有待提升，比如大型沼气池可发电并且并入电网，沼渣、沼液可以制成有机肥；其次，除了政府布局与扶植，还需要社会多元化的参与，如非政府资本还需大量注入沼气产业，科研机构需继续专注于技术攻关，市场营运与维护的服务也需进一步成熟。

2. 化肥改革

化肥的过度利用是农业温室气体（如 N_2O）排放的"元凶"，而肥料产业革新将有效推动肥料结构的优化，并加速科学施肥方法的普及。我国是世界上最大的氮肥使用国，其耕地面积不到世界各国总和的 1/10，但是氮肥的使用量却占世界总量的 1/3，每亩氮肥用量达到了 22 kg，是欧盟国家和美国的 2~3 倍。氮肥在生产和施用过程中排放大量的 N_2O，其产生温室效应的强度比 CO_2 产生的要强 300 倍。经过多年对化肥施用策略的研究和在我国农村的普及教育，化肥利用率在 2015 年至 2021 年提升了 13.8%，这相当于减少了 6 亿吨的 N_2O 排放，同时在制造化肥过程中也节省了 130 万吨的煤炭；化肥消耗量在 2020 年首次实现了零增长。

若要继续减少化肥产生的碳排放，必须让有机肥成为更多耕种人的首选，回归绿色农业。因此，政府和市场应共同努力提倡合理施肥，科学施肥，提高肥料配比，以达到减少土壤营养元素污染的目的。提倡使用有机肥，根据土壤的供肥特点和作物的吸肥规律，在有机肥与化肥配合使用的情况下，进行因土、因作物、及时适度的施肥，从而改善土壤的物化性质，提高肥料的利用率，形成农业的绿色低碳循环。

3. 废物处置

中国目前的垃圾处理主要依靠填埋（占比约 78%）。在填埋过程中，垃圾中的有机物会发生分解，产生大量的 CO_2 与甲烷。相对来说，垃圾焚烧处理的低碳优势较为明显，为公认的垃圾处理的未来发展方向之一。目前，我国政府已经开始针对垃圾分类与

处理进行了管理试点和资金补助。若要加大垃圾处理的减排力度,则需推进垃圾焚烧处理的研发,破解现有技术与成本方面的难题,大幅提升垃圾焚烧处理的渗透率——在城市生活垃圾处理中达到 80% 的水平。

4. 造林工程

要达到农业和土地利用部门的负排放,必须珍惜、呵护且充分利用碳汇资源——森林。需进一步推进造林工程与林业资源管理,增强温室气体吸收能力,为负排放贡献源源不断的绿色动力。

从改革开放初期倡导植树造林以来,我国的森林净增长面积在过去的 30 多年都位列世界第一;我国实现了再造林 7900 万公顷,是世界上再造林面积最大的国家。与此同时,政府、企业与环保机构也在摸索、创新商业模式,让森林碳汇发挥更大的减排作用。例如,蚂蚁金服与中国绿化基金会合作运行了"蚂蚁森林"项目,种植了 1.2 亿棵树,使其用户"亲自"参与减少碳足迹的行动。另外,如今已经正式开启的全国碳交易市场对林业发展而言无疑是一个前所未有的机会。之前已经有一些企业购买森林碳汇的初步尝试,例如,青海省林业和草原局在 2020 年向壳牌能源交付了第一笔基于碳核证标准的林业碳汇——核证 CO_2 减排量共计 25.46 万吨。森林碳汇有机会在碳交易平台上"崭露头角",体现其珍稀的生态价值,助力碳中和的进程。

做好土壤污染的防治措施是一个复杂而又长期的过程,需要各方面共同努力和合作。要想全面推进土壤修复绿色生态化的转型,需加快推动土壤修复绿色低碳发展。提升环境治理体系和治理能力,健全行政监管为主的准入管理机制,完善促进污染土地再生的社会共治体系。变革土壤修复与风险管控工程,以自然力量为主,减少人为工程扰动和次生影响。创新土壤修复与风险管控技术,以绿色可持续理念为基础,研发具有弹性和韧性的修复技术、材料、核心装备,发展以净土技术和削减污染通量为目标的耦合集成技术体系。

思考题

1. 污水处理工程中,为何建造二次沉淀池?二次沉淀池和初次沉淀池有什么区别?

2. 列举污水处理过程中一些化学反应的类型及其作用。
3. 有害废物污染控制的特点有哪些?
4. 简述减少工业有害废物污染的主要控制措施。
5. 简述城市垃圾的类型、危害、常见处理方法及其优缺点。
6. 土壤在环境中起的作用是什么?
7. 造成土壤污染的污染源主要有哪些?
8. 土壤污染物质主要有哪些?
9. 农村土地污染问题的低碳处理措施有哪些?

第 5 章参考文献

第 6 章

碳中和与物理

第1节
核能发电

核能像水能、风能、太阳能等可再生能源一样，在发电过程中几乎不产生温室气体。根据世界核协会（World Nuclear Association, WNA）公布的数据，截至2022年12月31日，全球有32个国家在使用核能发电，共有411台在运核电机组，总装机容量约371.0 GW。

核能是原子核通过核反应，改变了原有的核结构，由一种原子核变成了另外一种新的原子核，即由一种元素变成另外一种元素或者同位素，由此所释放出的能量。

核能的利用包括核裂变能和核聚变能两种，核裂变和核聚变是两个相反的核反应过程（图6-1-1）。在核裂变反应和核聚变反应中，都有质量的减少，减少的质量转化为核能。

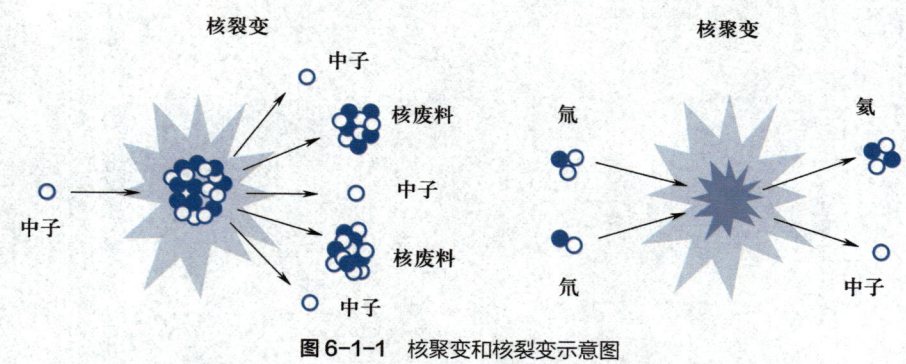

图 6-1-1　核聚变和核裂变示意图

6.1.1　核裂变发电

1. 核裂变原理

核裂变是指由重的原子核（主要是指铀核或钚核）分裂成两个或多个质量较小的原子核的一种核反应形式。核裂变发电过程与火力发电过程相似，是利用核反应堆中核裂变所释放出的热能进行发电的方式（图 6-1-2）。

目前已经发现的天然可裂变元素只有铀，在天然铀金属中，^{238}U、^{235}U 和 ^{234}U 所占比例分别是 99.28%、0.71% 和 0.01%。^{235}U 含量虽少，但是在普通的热中子反应堆中它是唯一的天然可裂变元素。

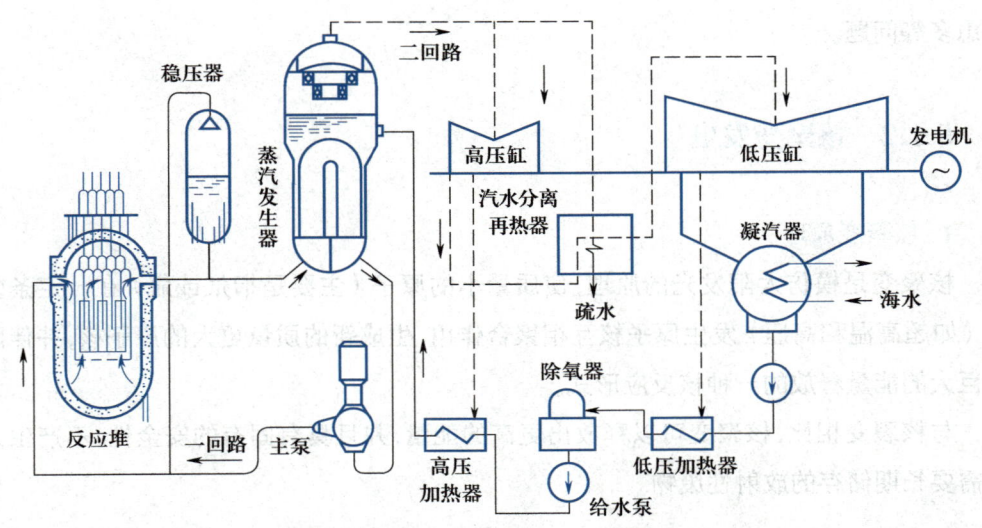

图 6-1-2　核裂变电站原理流程图

2. 核裂变反应堆

根据核反应堆类型的不同，核裂变能电站可分为轻水堆型、重水堆型、石墨气冷堆型、快中子增殖堆型等。

（1）轻水堆型　轻水堆型采用的是轻水（H_2O），即普通的水作为慢化剂和冷却剂。目前世界上的核电站大多数采用轻水堆型。据统计，目前已建的核电站中，轻水堆型大约占 88%。轻水堆又有压水堆和沸水堆之分。

（2）重水堆型　重水堆型采用重水（D_2O）作为中子慢化剂，重水或轻水作冷却剂。重水堆的特点是可采用天然铀作为燃料，无须浓缩，燃料循环简单，但建造成本比轻水堆要高。

（3）石墨气冷堆型　石墨气冷堆型采用石墨作为中子慢化剂，用气体作冷却剂。由于气冷堆的冷却温度可以较高，因而提高了热力循环的热效率。目前，气冷堆核电机组的热效率可以达到 40%，相比之下水冷堆核电机组的热效率只有 33%。

（4）快中子增殖堆型　快中子增殖堆型主要使用快中子引发核裂变反应，因此堆芯体积小、功率大。由于快中子引发核裂变时新生成的中子数较多，可用于核燃料的转化和增殖。特别是采用快冷却堆，其增殖比更大，是第四代核技术发展的重点堆型。

核裂变发电已被用于核电厂。但核裂变存在燃料有限、核裂变废料难处理及安全隐患多等问题。

6.1.2　核聚变发电

1. 核聚变原理

核聚变是模仿太阳发光的原理，使质量小的原子（主要是指氘或氚）在一定条件下（如超高温和高压）发生原子核互相聚合作用，生成新的质量更大的原子核，并伴随着巨大的能量释放的一种核反应形式。

与核裂变相比，核聚变可以释放出更高的能量，并且具有固有的安全性，不产生大量需要长期储存的放射性废物。

2. 核聚变产生方式

实现核聚变反应必须将聚变燃料加热至极高温度并予以有效约束。核聚变通常由三种方式来产生，分别是引力约束、惯性约束和磁约束。

（1）引力约束聚变　太阳就是典型的引力约束聚变的产物。在太阳中心的高温高压条件下，氢原子聚变成氦原子核，并放出大量能量，犹如一个巨大的核聚变反应装置。

（2）惯性约束聚变　是利用粒子的惯性作用来约束本身，从而实现核聚变反应的一种方法。氢弹采用惯性约束聚变，是一种人工实现的、不可控制的核反应。

（3）磁约束聚变　是利用特殊形态的磁场把氘、氚等轻原子核和自由电子组成的、处于热核反应状态的超高温等离子体约束在有限的体积内，使它受控制地发生大量的原子核聚变反应，释放出热量。磁约束热核聚变是当前开发聚变能源中最有希望的途径。

3. 核聚变燃料

已经实现的第一代可控核聚变的燃料还只限于氘和氚，不会产生环境污染和温室效应气体，是最具开发应用前景的清洁能源。

氘是天然存在的一种非放射性氢同位素，其资源是非常丰富的，地球上仅海水中就含有 45 万吨氘，因此氘的储量不会对聚变能源技术的需求形成任何限制。

氚在自然界中几乎不存在，地球上天然氚的总量仅约为 3.6 kg，又由于它是一种非天然存在的放射性氢同位素，半衰期仅为 12.33 年，所以必须人为地通过其他技术来生产。氚在普通反应堆中可以通过用中子照射锂陶瓷材料得到或在将来的热核反应堆中生产出来，并且地球上的锂储量足以保障人类对聚变能源的应用。

4. 核聚变反应堆应用

（1）国际热核聚变实验堆计划　国际热核聚变实验堆（International Thermonuclear Experimental Reactor, ITER）是目前世界上最大的实验性托卡马克核聚变反应堆。2020 年 7 月 28 日，ITER 计划重大工程安装启动仪式在位于法国的组织总部举行。由欧盟、印度、日本、中国、俄罗斯、韩国和美国七个成员共同资助和运营，该计划预期将持续 30 年，其中 10 年用于建设，20 年用于运行，耗资超过百亿美元。ITER 是各国构建实用聚变堆前，最重要的、共担风险的反应堆工程技术和堆物理技术的集成发展研究，为建造未来具有实用意义的聚变堆奠定基础。

（2）中国环流器二号 M 装置　中国环流器二号 M 装置采用更先进的结构与控制方式，等离子体体积达到国内现有装置的 2 倍以上，等离子体电流能力提高到 2.5 MA 以上，等离子体离子温度可达到 1.5 亿摄氏度，能实现高密度、高比压、高自举电流运行，是实现中国核聚变能开发事业跨越式发展的重要依托装置，也是中国消化吸收 ITER 技术不可或缺的重要平台。2020 年，中国环流器二号 M 装置（HL-2M）在成都建成并实现首次放电，是我国规模最大、参数最高的先进托卡马克装置，是我国新一代先进磁约束核聚变实验研究装置。

（3）中国"东方超环"　东方超环（Experimental Advanced Superconducting Tokamak, EAST）是中国科学院等离子体物理研究所研制的磁约束核聚变实验装置，是世界上第一个全超导非圆截面托卡马克核聚变实验装置，位于安徽省合肥市科学岛。2017 年，EAST 核聚变实验堆在全球首次实现了超过 100 s 的稳态长脉冲高约束等离子体运行，创造了新的高约束模等离子体运行的世界纪录。2018 年，EAST 核聚变实验堆在

10 MW 加热功率下实现了 1 亿摄氏度高温。2021 年,成功实现可重复的 1.2 亿摄氏度下 101 s 和 1.6 亿摄氏度下 20 s 的等离子体运行。如今,EAST 成为国际磁约束聚变装置中最前沿的国际开发平台之一,已有 40 多个国家和地区与之开展广泛交流合作。

第 2 节
热电能源转换

6.2.1 热电效应概述

在各种形式的自然能源中,热是最普遍的能源。清除和检测杂散热能以转换为电能可以为现代电器和传感器应用提供经济高效且可靠的能源。热电能源转换技术,是一种零排放的清洁能源技术,它基于材料内部的电子声子耦合效应,实现热-电能源的直接转换,为解决能源危机、减少碳排放、实现碳中和的目标提供了一条新途径。其独特优势包括:能量形式的直接转换;热电器件内部不含任何传动部件与流体;长寿命无噪声;尺寸可高度自定义,发电量近似线性正比于器件用量;适用于任意存在温差的场合,尤其适合作为分布式电源使用。

热电效应指的是热能和电能在温度梯度下能够相互转换的现象。热电效应包含泽贝克效应、佩尔捷效应和汤姆孙效应。其中,泽贝克(Seebeck)效应是指把两种不同的导体连接成闭合回路,如两个接点的温度不同,则回路中将产生一个电势,称为"热电势",且温度差越大,热电势亦越大。佩尔捷(Peltier)效应是指当电流通过由两种不同的金属组成的回路时,在金属导体中除了产生焦耳热之外,还要在接点吸收或放出一定热量——佩尔捷热。汤姆孙(Thomson)效应是指如果使用金属导体两端保持恒定的温差 ΔT,在时间 τ 内通过电流 i,则在两端点间依电流方向不同放出或吸收一定的热量 QT(汤姆孙热),且 $QT = -\tau Je \cdot \Delta T$。

6.2.2 热电性能参数

热电器件由热电材料组装而成,热电器件的发展应用伴随着对热电材料的开发研究。热电材料的性能可以用热电优值 ZT 来表征,热电优值 ZT 与热电材料的物理性质相关,可表示为

$$ZT = \frac{\alpha^2 \cdot \sigma}{\kappa} \cdot T \qquad (6\text{-}2\text{-}1)$$

式中,σ 为热电材料的电导率,α 为热电材料的泽贝克系数,T 为绝对温度,而 κ 则表示热电材料的热学性能。根据 ZT 值的表达式可以看出,高性能的热电材料需要高的电导率、高的泽贝克系数和低的热导率。其中 $\alpha^2 \cdot \sigma$ 表示热电材料的电学性能,也称为功率因子。热电材料的 ZT 值、功率因子、热导率、电导率及载流子之间的参数往往是相互耦合的。同时,研究表明最终的热电性能还有其他的影响因素,如热电材料的尺寸。尺寸效应的思想甚至启发了后来的纳米结构和能带工程策略,从而有效地提高了块状材料的热电性能。

6.2.3 多层热电薄膜概述

周期性多层薄膜是基于不同的材料叠层,利用材料的不同特性和材料之间的界面特性,实现材料性能的优化的。其最主要的特征就是在纳米级别的组元之间有多个相界面,从而产生不同于块体材料的纳米尺度效应和界面效应。

关于热电薄膜的热电性能,其在平行平面和垂直平面的区别较大。在平行平面方向,如果电子输运不受影响,通过声子在每个界面的散射导致导热系数降低,就可以显著改善热电性能。但是,平面内的输运参数也可能受到分层结构的影响,每一层的量子阱结构也会对输运产生一定的影响(图6-2-1)。与此不同的是,在垂直于平面的方向,热电的传导受到了层的阻碍,因此会有不同的现象。

目前关于多层热电的研究对声子输运和散射的原理研究还远未完成,大

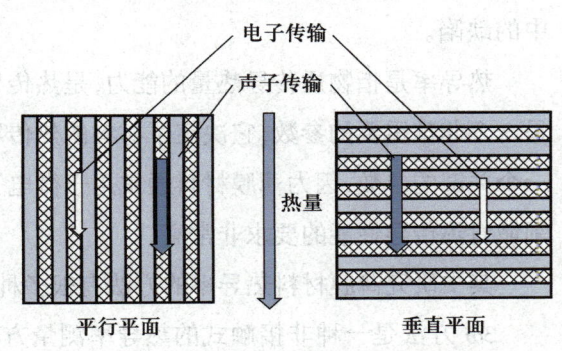

图 6-2-1 不同传输方向有不同的输运特性

多数效率的提高都来自导热系数的降低。在研究热电薄膜性能的时候,不仅需考虑其科学上的价值,也需考虑其工程上的价值。在工程应用中会出现接触电阻的问题、衬底热导率的问题、集成在芯片的热电材料的问题和经典的器件垂直高度的问题,这些问题都是工程上极为关注的。除此之外,纳米晶体的长期热稳定性、相互扩散、粗化等问题也是应用中关注的重点。

6.2.4 多层热电薄膜制备与测试方法

通常常见的物理气相沉积法有磁控溅射法和分子束外延法。物理气相沉积法制备的薄膜有利于结合微加工工艺制备微型器件,具有更广的应用场景。

(1) 磁控溅射法　磁控溅射(magnetron sputtering)是在氩气(Ar)的氛围中进的。在电场的作用下,高能电子与氩原子发生碰撞,产生 Ar 离子和电子。电子向基片移动,Ar 离子向靶材运动并与靶材料发生碰撞,使靶材中溅射出粒子。溅射飞出的中性原子或者分子沉积在基片上形成膜,产生的二次电子受磁场约束,在靶材表面运动并电离出更多的 Ar 离子,使得薄膜的沉积速率增加。由于磁控溅射沉积薄膜致密,沉积速率较快,适合于大批量生产。

(2) 分子束外延法　分子束外延(molecular beam epitaxy,MBE)技术是在超高真空下进行原子级生长的一种薄膜沉积方法。该法能精准地控制薄膜的生长速率及高质量超薄层的生长,也可精准地控制半导体薄膜的组分。因其生长过程并不是在热平衡的条件下进行的,因此可以获得一些特殊的晶体。在 MBE 生长的过程中,原材料放置在束源炉中,升高束源炉的温度,超高真空的条件使得材料能在较低温度下产生分子束流,并运动到基片表面生长薄膜。同时控制基片台的温度,可以减少薄膜中的缺陷。

热导率是指物质传导热量的能力,是热传导的基本物理量。在材料科学中,热导率是一个非常重要的参数,它决定了材料的热传导性能。对于薄膜材料来说,热导率更是一个关键的参数,因为薄膜材料通常用于微电子器件、光学器件、热电器件等领域,这些领域对热传导性能的要求非常高。

其中研究薄膜材料热导率的方法有很多种,其中比较常用的是 3ω 方法。

3ω 方法是一种非接触式的热导率测量方法,它基于交流热传导原理,通过测量样品表面的温度响应来计算热导率。3ω 方法的优点是测量精度高、测量速度快、适用于各种材料。

在 3ω 方法中，首先需要将样品制成薄膜形式，并将其固定在一个热电偶上。然后，将一个高频交流电流通过热电偶，使得样品表面产生一个高频温度梯度。最后，通过测量热电偶的电压响应，可以计算出样品的热导率。通过 3ω 方法测量薄膜材料的热导率，可以得到非常精确的结果。

同时，3ω 方法还可以用于研究薄膜材料的热传导机制。例如，通过测量不同厚度的薄膜材料的热导率，可以研究薄膜材料的尺寸效应。此外，3ω 方法还可以用于研究薄膜材料的界面热阻，这对于微电子器件的热管理非常重要。

第 3 节
摩擦纳米发电

碳中和进程推进了全球能源形式新变化，从化石能源向新型能源的转变。通过开发新能源技术，实现可持续、可再生、环保的能源，对实现碳中和具有重要意义。在自然环境中存在着大量的机械能，如风与海浪等，这些能量巨大，并且几乎不受地域与气候的限制。摩擦纳米发电机（triboelectric nanogenerator，TENG）基于接触起电和静电感应耦合效应，实现微纳尺度机械能向电能的转化，具有成本低、结构简单、重量轻、效率高、材料选择多样等优势。

6.3.1 摩擦纳米发电技术

摩擦纳米发电是一种利用摩擦起电效应在纳米尺度下产生电能的技术。当两种不同材料相互摩擦时，会产生电子转移，其中一种材料会失去电子而带正电荷，另一种材料则会获得电子而带负电荷。通过将这种电荷分离并连接到电路中，可以产生电流并输出电能。摩擦纳米发电技术可以应用于许多领域，例如能源收集、自供电传感器和微电子器件等。通过摩擦纳米发电技术，可以收集和利用机

械能，从而减少能源消耗和碳排放。此外，摩擦纳米发电技术还可以应用于新能源汽车等领域，通过收集和利用车辆运动过程中的能量，降低新能源汽车的能耗和碳排放。摩擦纳米发电机是一种利用摩擦产生电能的纳米级发电装置。它可以将机械能转化为电能，通过纳米材料之间的摩擦产生微小电荷。摩擦纳米发电机最早是由美国加州大学伯克利分校的科学家王中林教授团队于 2006 年提出的。王中林教授是摩擦纳米发电机的发明者之一，这一技术可以有效地将机械能转换为电能。摩擦纳米发电机在低频下具有高效能，可以用来收集生活中原本浪费掉的各种形式的机械能，同时还可以用作自驱动传感器来检测机械信号。这一技术在绿色能源、柔式穿戴电子产品、生物医学器件、传感网络、物联网、环境保护等方面有着广泛的应用前景。

6.3.2 摩擦纳米发电机概述

早在 2600 多年前的古希腊，接触起电现象就已为人所知，并且于人们的日常生活中随处可见。其作为一种常见物理现象，可以发生在所有相之间，包括固－固、固－液、液－液、液－气、气－气和气－固。尽管接触起电历史悠久，但该现象究竟是离子转移、电子转移还是物质转移还存在争议。研究接触起电的基本机制，将为 TENG 这一新能源领域奠定重要的基础，也将对物理学、化学以及生物学的发展起到重要作用。

近年来，TENG 的基础物理学研究取得了一系列重大突破。王中林教授团队发现固－固之间接触起电的主导机制是电子转移。电介质和金属之间的接触起电可以分别用电介质和金属的表面态模型和费米能级模型来很好地描述。如果两种材料的距离大于结合长度，两个原子倾向于相互吸引，如图 6-3-1 中的（a）所示。只有当原子间距离短于成键长度时，在两个原子的相互作用势中的排斥力区域才会发生接触起电，如图 6-3-1（b）所示。图 6-3-1（c）展示了两种材料的电子云在其发生原子级接触之前保持分离。当两个原子靠近并相互接触时，强烈的电子云重叠将导致势垒降低，从而使得两个原子之间发生电子转移，如图 6-3-1（d）所示。在该过程中，机械力可以缩短原子间的距离，并使电子云的重叠程度最大化。这样的模型可以作为理解任何两种材料之间电子转移的通用模型。

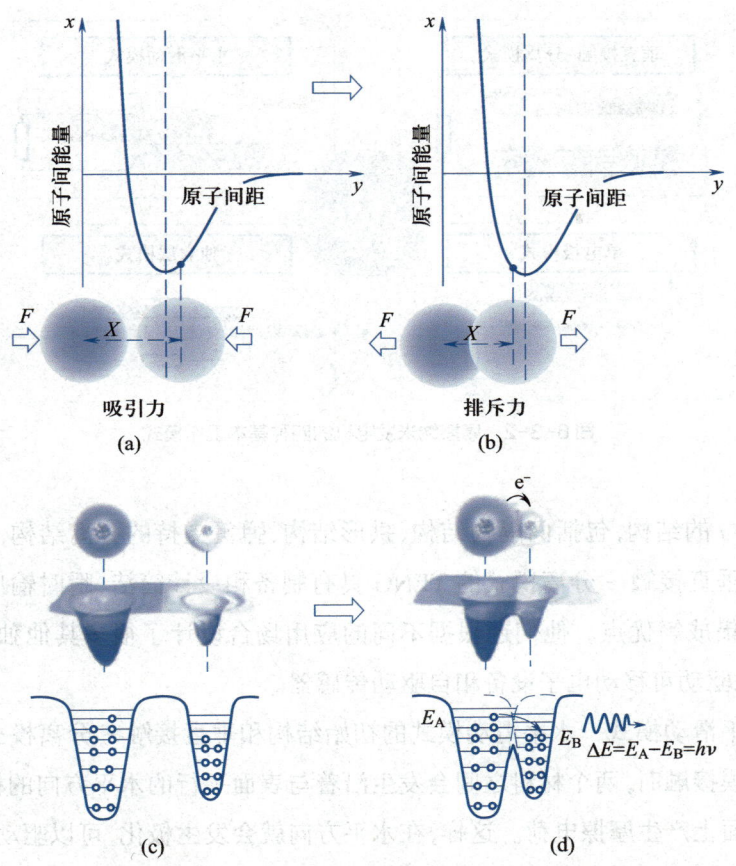

图 6-3-1 一般情况下接触起电的重叠电子云模型

TENG 有四种基本工作模式，分别是垂直接触-分离模式、水平滑动模式、单电极模式和独立层模式，如图 6-3-2 所示。

（1）垂直接触-分离模式 其中垂直接触-分离模式是 TENG 最基本、最常用的一种工作模式，其结构是两个不同的介电薄膜面对面堆叠，而它们的背面各自镀了金属电极。两个介电层之间的物理接触会使两个内表面带上符号相反的电荷。当两个表面由于机械力的作用而分离时，两个表面之间会形成一个空气间隙。在这个过程中，外力克服静电引力和材料自身的弹性能做功，提供了发电机的输入能，进而产生一个电势差。如果两个电极之间通过负载相连，为了平衡摩擦电荷引起的电势差，自由移动的电子会从一个电极流向另一个电极。当这个空气间隙闭合时，由摩擦电荷形成的电势差消失，电子会发生回流。而这个使两个摩擦表面分离的空气间隙可以由多种方式引入，根据引入方式的不同，王中林等人研发了几种

第 3 节 摩擦纳米发电

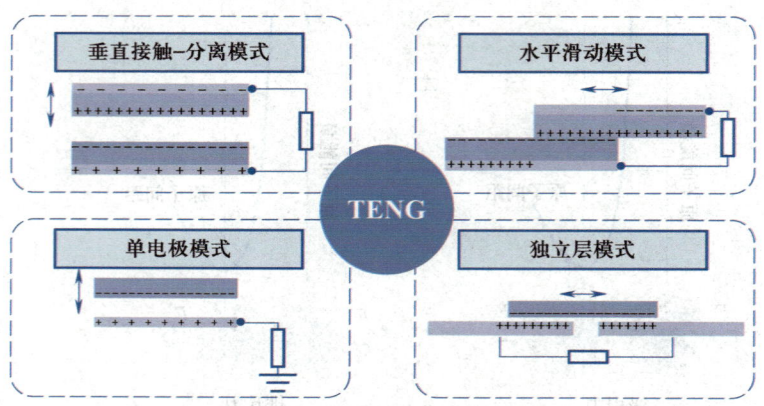

图 6-3-2　摩擦纳米发电机的四种基本工作模式

不同的 TENG 的结构,包括间隔物结构、拱形结构、弹簧支持的分离结构,以及其他的进阶结构。垂直接触－分离模式的 TENG 具有制备和设计简洁、瞬时输出功率高、容易实现多层集成等优点。他们还根据不同的应用场合设计了很多其他独特的器件结构,可以用来驱动可移动电子设备和自驱动传感器。

（2）水平滑动模式　水平滑动模式的初始结构和垂直接触－分离模式的相同,当两种介电薄膜接触时,两个材料之间会发生沿着与表面平行的水平方向的相对滑移,可以在两个表面上产生摩擦电荷。这样,在水平方向就会发生极化,可以驱动电子在上下两个电极之间流动,以平衡摩擦电荷产生的静电场。通过周期性的滑动分离和闭合可以产生一个交流输出,这就是水平滑动模式的 TENG 的基本原理。水平滑动模式优于垂直－接触分离式之处在于,其不再需要空气间隔将两摩擦表面分开,因而有利于后续的包装工序。如果把 TENG 的结构看作一个可变电容,那么垂直接触－分离模式中变化的是电容极板的距离,而水平滑动模式变化的是电容极板的重合面积。

（3）单电极模式　这种工作模式的 TENG 只需要一个电极连接在 TENG 的一个起电面上,而另外一个电极只是作为电势的参考电极,所以可以任意放置,甚至可以直接接地。因此,TENG 的另外一个起电面无须电极限制,可以自由移动,即单电极。当活动物体（如手指、手套或笔）通过接触、轻敲或滑动接触摩擦面时,活动物体的表面与固定摩擦面构成摩擦对,由于两个表面的吸电子能力不同,电子会从吸电子能力弱的表面转移到吸电子能力强的表面,从而使摩擦对带上静电。当带电的活动物体与摩擦面分离时,感应电极与接地的参考电极之间形成电位差。电荷将通过外部负载从一个电极转移到另一个电极,以达到静电平衡状态。当活性物体再次接触摩擦面时,会发生反向电荷转移。尽管由于静电屏蔽效应,此种工作模式的电子转移效率不是很高,但是由于其中一个摩擦面可以自由移动且能够更方便地收集机械能,所以该种模式下的 TENG 有非常广泛的应用。它可以从风、旋转的轮胎、雨滴、翻动的书页中采集能量,同时也在自供电的传感器中有很广泛的应用。

（4）独立层模式　一个移动物体在空气中与其他物体接触而带电荷。由于这种静电荷会在表面保留至少几小时,而且材料表面的电荷密度会达到饱和,所以在这段时间并不需要持续的接触和摩擦。如果在介电层的背面分别镀两个不相连的对称电极,电极的大小及其间距与移动物体的尺寸在同一量级,那么这个带电物体在两个电极之间的往复运动会使两个电极之间产生电势差的变化,进而驱动电子通过电路负载在两个电极之间来回流动,以平衡电势差的变化。电子在这对电极之间的往复运动可以形成功率输出。这个运动的带电物体不一定需要直接和介电层的上表面接触。例如,在转动模式下,其中一个圆盘可以自由转动,不需要和另一部分有直接的机械接触,可以大大减少材料表面的磨损,这对于提高 TENG 的耐久性非常有利。这种设计方便了器件的制作和工作,同时还可提供比单电极模式更高的能量转化效率,因其不会受单电极模式屏蔽效应的干扰,所以可以提供更高的输出性能。在这种工作模式下已经发展了几个独特的结构,包括平面滑动结构、接触分离结构、线性栅状结构和旋转轮盘结构。这种设计对于从移动物体（例如在地板上行走和移动的汽车和火车等）上收集能量非常理想。

6.3.3　摩擦纳米发电机应用

作为一种智能设备,TENG 利用众所周知的接触充电和静电感应的耦合效应,将环境能量（例如水波能、风能、人体运动产生的机械能以及其他一些机械运动）转化为电能。此外,TENG 作为电源还显示出驱动一些小型电子产品的广阔应用前景,并在传感器、照明、防腐和其他一些领域显示出巨大潜力。TENG 最常见的应用是作为能量收集装置,为商用发光二极管、电子手表和无线发射器等小型设备供电（图 6-3-3）。此外,作为电源模块,TENG 与电池的主要区别在于 TENG 是自供电组件,其本质是将环境中的机械能转换为电能,达到持续供电和清洁能源的目的。在实际应用过程中,TENG 有多种驱动方式。例如,附着在鞋底上的 TENG 的驱动是基于鞋底与地面之间的接触分离；涂在墙上的电极可以用手摩擦,实现单电极 TENG 驱动；缝制在衣服上的 TENG 可以通过衣袖与电极之间的摩擦来为 TENG 供电;通过吹风使摩擦层接触分离,产生摩擦电;涂有 TENG 防腐涂层的船能被冲击船体的海浪驱动;雨滴的跳动可以实现固液 TENG 等的驱动。所有驱动方式都有一个共同的特点:摩擦层必须同时满足接触和分离,这是 TENG 产生摩擦电的必要条件。

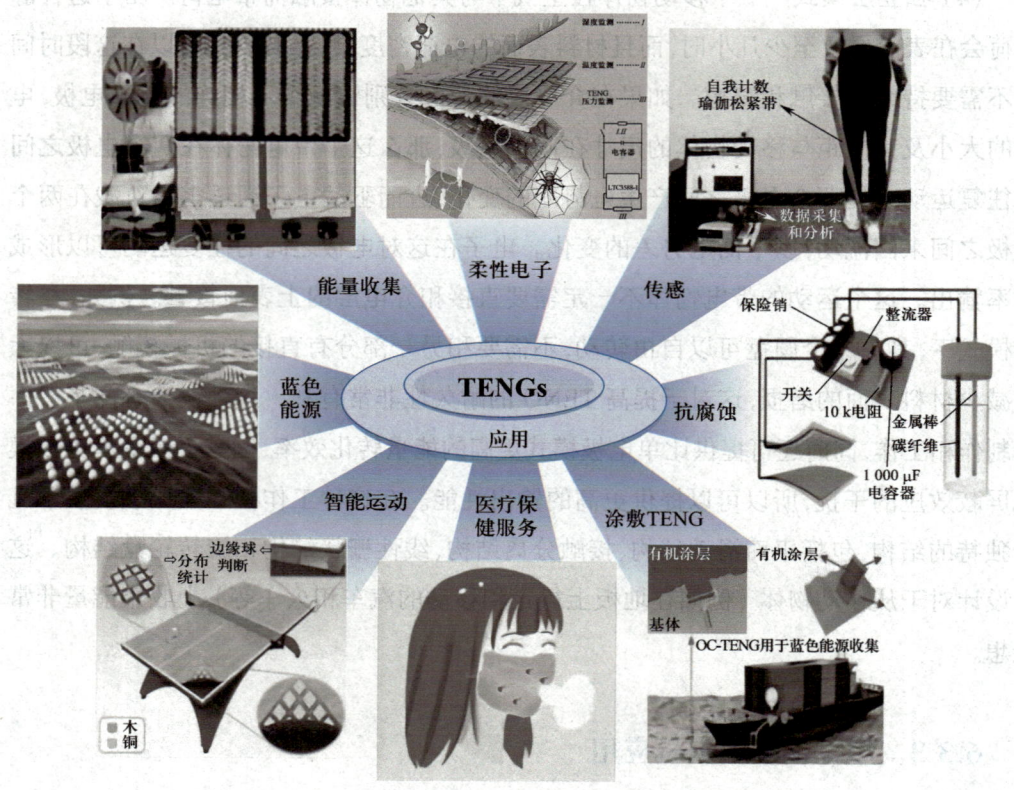

图 6-3-3　TENG 在能量收集、传感器、医药、涂料、防腐等领域的应用

基于此,TENG 的应用范围得到了无限地扩展。除了能量收集之外,柔性电子已成为 TENG 应用的新热点。作为一种灵活的可穿戴自供电能源模块,TENG 可以为小型传感器供电,取代传统电池。此外,TENG 的特殊摩擦层材料还可以依靠温度、湿度、大气或压力的变化来实现自供电传感。在医疗领域,TENG 的应用也十分普遍。例如,利用聚乙烯醇(PVA)优异的电荷存储能力,结合水分子接触充电,在高湿环境下提高摩擦电性能,通过静电纺丝制备出具有自充电性能和更强静电吸附能力的医用口罩静电吸附层,在病毒大流行期间具有很大的应用价值。此外,附着在背部的 TENG 可以监测人体的各种姿势变化,在医疗康复方面具有潜在的应用前景;附着在皮肤上的柔性

TENG 可以监测血氧和体温的变化，这在检测新型冠状病毒方面具有重要意义。

在实际工作条件下，TENG 摩擦层的磨损问题是不可避免的。磨损会直接导致 TENG 的电输出性能下降或不稳定，甚至损坏设备。此外，金属摩擦层还将面临腐蚀、污染等问题。因此，涂层 TENG 应运而生。涂层 TENG 致力于在提高电输出的同时，解决摩擦层的磨损、腐蚀和污染问题。用于制备涂层 TENG 的材料多为树脂聚合物，如环氧树脂、酚醛树脂、丙烯酸甲酯等，它们具有很强的电负性，是固－液 TENG 中理想的电负性摩擦层材料。例如，通过在丙烯酸树脂中引入含氟大分子增加材料的电负性，然后将其涂覆在模型游轮的船体上。这种封装的有机涂层摩擦纳米发电机展现出良好的稳定性和高输出性能，可以在航行过程中通过收集波浪能，轻松点亮模型船上的几个商用 LED 灯。这种基于涂层材料的新型摩擦纳米发电机具有工艺简单、成本低廉、制备面积大等优点，它将涂层本身的性能与发电功能相结合，在海洋能收集利用、自供电传感等领域具有潜在的良好实际应用前景，如图 6-3-3 所示。在防腐蚀领域，TENG 可有效保护阴极（金属材料）免受盐水腐蚀。在自供电防腐系统中，引入了一个电容器，用于在 TENG 往复运行过程中稳定电压并存储电荷。TENG 与整流器相连，将交流（AC）转换为直流（DC），这对于阴极保护至关重要。虽然短路电流不是直流电，但电流仍然在一个方向上，这可以通过阴极保护系统有效防止铁质材料的腐蚀。

第 4 节
辐射制冷

辐射制冷，是使温度较高的物体向外界辐射能量以降低温度的方法。利用在真空环境中互不接触的物体，因温度的不同彼此进行辐射热交换的原理，使高温物体降温。宇宙空间是超低温和超真空环境，因此航天器上的仪器能采用辐射制冷以获得冷却效果。

辐射制冷技术是一种新兴的制冷技术，它利用辐射效应实现制冷，已经在很多领域得到了广泛应用。辐射制冷技术在很多领域都有广泛的应用。例如，在太空探索中，宇

航员需要在太空中进行长期的任务,而太空中没有大气层,传统的制冷技术无法使用。辐射制冷技术则可以在真空中实现制冷,因此该技术在太空探索中得到了广泛的应用。此外,辐射制冷技术还可以用于制造高精度仪器和设备。在这些设备中,需要对温度进行高精度的控制,传统的制冷技术无法满足这种需求,而辐射制冷技术可以实现,因此在制造高精度仪器和设备中也得到了广泛的应用。

随着全球能源消费的不断增加,能源危机和气候变化已成为全球能源研究的焦点。据统计,建筑能耗占全球能耗的 30%~40%,空调系统能耗是建筑能耗的重要组成部分。近年来,辐射冷却系统在全球受到越来越多的关注,因为它们与传统空调系统相比更节能,并能提供更舒适的室内环境和热环境。

然而,在传统的辐射冷却终端中,当辐射冷却表面温度低于室内空气露点温度时,会发生冷凝。这不仅影响了辐射冷却板的美观价值,还破坏了室内卫生条件,降低了空气质量,从而对人体舒适度和健康产生了负面影响。然而,如果辐射冷却表面温度提高到空气露点温度以上以避免冷凝,又将导致冷却能力不足,尤其是在炎热和高湿度环境中。这意味着辐射冷却表面的冷却能力与空气接触表面的防冷凝需求完全矛盾。

为了解决这些问题,已经探索了许多解决方案。其中一种方案是将辐射冷却系统与通风除湿系统相结合的控制策略。在 Kong 等人的研究中,辐射冷却系统与附壁射流系统相结合,有效地防止了冷凝。然而,结果表明可能存在冷却速度慢、除湿能力不足和室内空气质量差等问题。另一种方案是将辐射冷却表面温度控制在露点温度以上,疏水涂层或排水管也可用于辐射冷却表面。然而,效果有限,并没有从根本上解决冷凝问题。

还有一种简单有效的方法是用红外透明膜覆盖辐射冷却表面,将辐射冷却表面与环境空气直接隔离。莫尔斯在 20 世纪 60 年代首次提出使用红外透明膜进行去耦,即在辐射冷却表面和膜之间形成密封的干燥空气层。层间空气较高的热阻使得膜与空气接触面的温度远高于辐射冷却表面温度,同时保持在露点温度以上防止冷凝,这为降低辐射冷却表面温度和相应提高冷却能力提供了可行性。此外,红外透明膜对辐射冷却表面与其他非表面之间的高长波传递透射率表明,这种结构类似于被动天空辐射冷却装置,通过"大气窗口"(8~13 μm 波长)散热。辐射冷却表面类似于接近绝对零度的宇宙,空气接触膜则类似于对流屏蔽或大气窗口;不同的是,该方法主要应用于室内冷却,在高冷负荷或高湿度环境中具有显著优势,可以从根本上打破露点限制。这为解决辐射冷却系统的技术瓶颈提供了一个有趣的思路,有助于辐射冷却的进一步研究,具有

广泛的工程应用前景。

最近,Teitelbaum 等人重新考虑了这一设计,开发了一种膜辅助辐射冷却的实验板,并评估了防冷凝性能。此外,他们根据辐射、传导和对流的平衡阐明了适当的层间空气厚度,从而为辐射板设计提供了指导。然而,冷却能力尚未得到有效评估。后来,Xing 等人从理论上分析了该方法的可行性,并研究了影响防冷凝性能的关键因素,包括空气夹层中的流动状态、膜的红外辐射特性和室内空气的相对湿度。然而,其性能尚未得到实验验证。Du 等人提出了一种用双层红外透明膜(double-skin infrared-transparent membrane,DIM)覆盖冷源表面的无冷凝辐射冷却方法,其密封的中空结构进一步提高了层间空气的安全运行,并且无冷凝现象。同时,在缩小规模的辐射冷却装置下进行了实验。在冷却源温度为 7 ℃时,其防冷凝性能比常规辐射冷却系统提高了48%。然而,该实验的实验空间较小,冷源表面与冷负荷表面之间的距离仅为 50 mm。其尺寸与实际建筑存在显著差异,导致热流密度可能偏高。因此,有必要在全尺寸原型空间中对辐射冷却性能进行更详细和准确的测量。

带 DIM 的辐射冷却系统测试平台包括一个带 DIM、一个不带 DIM 和一个供水系统的辐射冷却室,新的辐射冷却性能技术通过与不同供水温度下的常规辐射冷却进行比较,可以探索 DIM。实验中,在 27 ℃和 50% RH 的工作温度和湿度下,测量和分析了 DIM 对防结露、提高制冷能力和辐射制冷特性的影响。主要结论如下:

使用 DIM 将辐射冷却表面与空气接触表面分离,可以有效打破室内露点限制,独立调节温度。在供水温度较低时(仅为 8 ℃),空气接触表面温度始终可以保持在室内露点以上,确保辐射冷却系统的安全运行。

带 DIM 的辐射冷却面板可提供 105.5 $W \cdot m^{-1}$ 的冷却能力,在供水温度较低(8 ℃)时,传统辐射冷却系统的最大允许制冷量,与供水温度较高(14 ℃)时的相比,提高了 24.4%。

与传统的辐射冷却系统相比,带有 DIM 的辐射冷却系统的特性发生了变化,包括辐射冷却表面、墙壁和地板的温度降低,而空气温度升高。这些变化导致制冷量减少,其中对流通量显著减少,而辐射通量略有增加。

因此,在辐射冷却系统中使用 DIM 确实可以在较低供水温度下显著提高冷却能力,同时避免冷凝。预计这将是未来辐射冷却系统的一个新选择,尤其在炎热和潮湿的环境中。

对于 DIM 新技术的进一步应用,在选择合适的膜材料时需要综合考虑 DIM 的设计，以加强制备过程并延长使用寿命。在实际应用中，大尺寸的 DIM 更难生产和安装，可以尝试添加多网格高强度支撑框架。支撑架的材料选择应依据其耐磨性、耐老化性、热稳定性以及标准绝缘性能进行评估，以避免 DIM 应用中的冷桥效应。需要注意的是，聚乙烯薄膜在安装和搬运过程中很脆弱，因为它很薄（约 20 μm），并且具有灵活性，因此容易起皱和断裂。未来还需要重点发展更高强度的红外透明材料（例如红外透明无机陶瓷和具有更高透明度的轻质 PC 板），以满足长波透射率高、强度更高、可加工性更好的要求。

思考题

1. 核能发电有几种方式？各自原理是什么？
2. 核能发电的优缺点？
3. 简述热电能源转换技术的独特优势。
4. 简述 3ω 方法的作用及其优点。
5. 简述摩擦纳米发电机的几种工作方式，它们有何不同？
6. 什么是辐射制冷？
7. 辐射制冷的工作原理是什么？

第 6 章参考文献

第 7 章
碳中和与机械

碳中和与机械的关系在推动可持续发展中变得非常重要。碳中和的目标是实现净零碳排放，而机械领域作为能源消耗的主要领域，对碳中和目标的达成具有重要影响。在机械制造的过程中，传统的能源利用通常伴随着大量的碳排放。通过引入清洁能源、优化生产工艺和采用高效节能技术，机械行业能够显著减少碳足迹。同时，机械设备的研发与创新也在推动碳中和目标的实现中发挥着关键作用。高效的机械系统不仅可以提高能源利用效率，还有助于降低碳排放水平。另外，碳中和目标的制定也促使机械工业更加注重可再生能源的应用，推动机械设备的智能化和绿色化发展。新型的碳中和技术，如碳捕集、利用与封存，也为机械系统的升级提供了新的技术路径。因此，碳中和与机械的关系体现了可持续发展理念在工业领域的具体实践。机械制造业的转型不仅有助于降低整体碳排放水平，还为推动绿色、智能及可持续的未来机械发展奠定了基础。因此，将碳中和理念与机械工业深度融合，已成为实现全球可持续发展目标的重要战略方向。

第 1 节
高效节能机械设计

在"碳中和"大背景下，清洁能源装备、燃料电池和节能减排装备行业迎来重大发展机遇。目前，中国发电装机量方面仍然以火电为主，清洁能源发电量也逐年上升，随着"碳中和"的推进，趋势明显提升。未来国内能源结构将减少化石能源比重，向清洁能源倾斜。机械装备行业将在"碳中和"背景下迎来新的机遇。在当下的机械制造中融合节能高效理念，能够提升机械制造与自动化的契合度。节能高效理念追求在降低能耗量的同时追求高效生产。为了达到这一目标，需要借助先进的信息技术、通信技术和计算机技术等高新技术推动机械制造与自动化领域。而这些技术应用能够使机械制造与自动化领域应用范围大幅提升，从而在潜移默化中推动了机械制造与自动化技术的契合度，从而更好地提升机械生产功率，推动企业的可持续发展。除此以外，节能减排理念与中国特色社会主义可持续发展观相符合，将节能高效设计与机械制造及其自

动化予以融汇,能够加强对机械制造过程的把控,减少不必要的工序及资源浪费,大幅度降低企业的消耗成本,为企业长足发展推波助澜。

7.1.1 优化机械设计

在环保节能设计核心理念实践过程之中,规定机械设备设计人员必须在设计的每一个环节之中融进环保节能核心理念,持续提升自身的专业技能观念,高度重视环保节能设计核心理念用于机械设备制造与自动化的重要性。设计人员理应高度重视对发动机的挑选,汽车发动机作为机械设备制造过程之中的一个重要零件,对机械设备制造总体的运转过程具有十分重要的作用。所以选择汽车发动机时理应选择效率高、能耗低和噪声小的发动机。选择合适的汽车发动机能够提升资源利用率,从而全面提升整体的生产效率。此外,还需要对液压系统进行有效设计,液压系统所形成的常见故障可能会给机械设备制造与自动化造成棘手的问题,例如造成工业设备偏瘫不能正常工作。其存在的不足不但会降低成本高效率,耽误正常的生产制造,还可能对现场人员的人身财产安全造成极大威胁。因此设计师对其机械设备制造过程开展设计的过程之中理应高度重视液压系统的环保性能及其安全系数可能对生产制造过程带来的影响。在齿轮油量的把握上,要了解不同类型的剩余油及其残渣可能对液压机械带来的影响,除此之外必须全方面的提升液压机设计的基础标准,确保液压管道具有的基本上安全系数,每隔一段时间对液压系统进行清洁,确保液压系统的正常运转。

7.1.2 优化加工工艺

加工工艺的升级通常是为了处理传统式生产工艺技术高污染、高耗能等诸多问题。在实际升级过程中,室内设计师必须优先选择节能型、低污染水平的加工工艺,以满足节能理念的需求。此外,加工工艺流程的有效设定主要指在机械设备和自动化技术加工工艺流程中融进节能设计方案理念,以减少不必要能源消耗。应特别注意的是,设计师务必高度重视工艺指标的节能设计,以减少加工过程中的能源消耗,确保设备生产效率。生产机器设备的设计对机械设备制造和全自动生产有很大影响,因此在生产过程中务必掌握生产线具体情况。生产线越少,生产构造就越简单。因而,在生产过程中也会带来能耗增加和资源短缺的问题。不周密的设计方案通常

会导致整个生产过程的资源浪费和成本增加。因此,在总体设计过程中,设计师应综合考虑具体工作标准,在原有设计方案的基础上进行调整,结合自动化技术生产理念和节能生产理念,改变生产方式,促进节能提升,保证将来机械设备制造和自动化技术在更高效的环境里完成生产目标。

7.1.3　油电混合动力技术

油电混合动力车在保留传统内燃机的基础上,配合使用电动机提供辅助动力,系统可按照整车实际运行情况而进行灵活调控,使得发动机始终保持在综合性能最佳的工作状态,可有效降低其油耗与排放。考虑到系统的节能、排放、布局和成本等因素,工程机械应用的混合动力驱动方式主要有两种:串联混合动力驱动方式和并联混合动力驱动方式,而结构设计更加复杂的混联式混合动力系统还没有成熟应用,油电混合动力系统的对比如表7-1-1所示。

表7-1-1　油电混合动力系统的对比

动力系统方式	传统动力系统	串联混合动力系统	并联混合动力系统
峰值功率/kW	1	0.84	0.76
消耗能量/kW·h	1	1.24	1.12
油耗率/%	0.54~1	0.55	0.534
油耗/[L·(100 km)$^{-1}$]	1	1.05	0.89

近年来,采用发动机和电动机进行复合驱动的油电混合动力挖掘机成为国内外的研究热点之一。其关键技术包括动力复合模式、参数匹配、动力系统控制、能量综合管理等方面。随着油电混合动力技术的发展,越来越多的车企加大对混合动力技术研发的投入,推动了动力系统的发展。该技术能显著减少燃油消耗和尾气排放,减少对燃油的依赖,还使动力系统更高效。

7.1.4　节能设计与自动化的应用优势

要在机械设备生产中降低制造工艺能耗,就要落实节能设计核心理念,务必有效生

产设计工艺,提升生产加工阶段。在机械设备制造中,应该根据施工图纸的工艺方案选择绿色环保的加工工艺。例如,在机械设备制造中热锻和冷锻比较常见,但相比于以上两种工艺,热焙烧工艺的环境保护实际效果更佳,因此应全面推广,减少能耗。

在机械加工业和自动化行业,机械设备性能和可靠性对生产品质具有重要影响,而生产品质又直接影响能耗。因此,运用节能设计核心理念,挑选能耗低、环保性能强的机械设备,在符合质量标准的前提下减少能耗。在机械设备使用时,选用适宜的原材料降低机械设备的噪声,能使机械设备的运行更平稳,减少常见故障难题的产生,延长机械设备的使用期。与此同时,机械设备的稳定运作能够减少对周边环境的不良影响,确保周边环境的安全性,从而提升机械设备制造以及自动化的生态环境保护水准。与系统软件机械生产设计相比,机械设备制造以及自动化在自动化、智能化方面的优势更明显。

7.1.5 高效节能机械设计的具体应用

在汽车设计中,高效节能机械设计体现在改进引擎和传动系统的设计上,可以减少能量损耗和排放,提高燃油效率。例如,采用先进的燃烧技术和减轻车重等措施可以降低燃油消耗,并实现更环保的汽车设计。采用高效的压缩机和换热技术可以提高设备的能效比,减少能源浪费。在空调和制冷设备的设计中,高效节能机械设计体现在改进压缩机、风扇和传热器等组件的设计方面,降低能源消耗。在工业生产设备的设计中,高效节能机械设计体现在降低摩擦损耗、优化传动系统和控制策略等方面,提高设备的能效。例如,采用无需润滑的滚动轴承、高效的电动机和变频器等技术可以降低消耗和维护成本。在输电和发电设备的设计中,高效节能机械设计体现在减少能量损耗、提高输电效率和发电效率等方面,降低能源消耗和环境影响。例如,采用高效的发电机、变压器和输电线路可以减少能源损耗和电能传输的损失。在水泵和风机的设计中,高效节能机械设计体现在改进叶轮和驱动系统的设计方面,实现能源的有效利用。采用高效的水泵和风机设计可以减少能源消耗,提高流体传输和气体输送的效率。通过优化设计和采用先进的技术,可以提高能源利用效率,减少能源浪费,同时也降低了对环境的影响。高效节能机械设计的实施有助于推动可持续发展和环境保护。

第 2 节
智能控制系统零碳排

随着科学技术的发展和进步,制造产业得到快速发展,信息化时代来临,传统的机械制造和加工模式逐渐被替代,智能机械制造成为时代发展的必然趋势。智能制造作为一种新的工业生产模式,借助智能化信息技术,在产品的设计、生产和服务等各个环节得到了广泛应用。通过分析智能制造在机械制造及其结构方面存在的问题,可以有效促进我国智能制造行业的发展。在当今的全球化背景下,环境保护和资源可持续利用已经成为各国政府和企业的共同关注焦点。面对日益严重的环境问题,如何在经济发展与环境保护之间找到平衡,已经成为了全球的共同挑战。在这一背景下,机械行业作为全球产业链中的重要一环,在推动环保、节能和可持续发展方面的作用尤为关键。

7.2.1 智能化制造在工程机械行业中的应用现状

国内工程机械行业中,尽管 25% 以上的企业具备了智能化制造的意识,但尚未落实,43% 的企业处于智能化制造的单项覆盖期,22% 的企业处于过渡期,只有 10% 的企业正处于智能化制造技术的突破时期。通过调查研究可知,现阶段我国工程机械行业在应用智能化制造技术中面临的问题主要集中在两方面。一方面是制造装备的自动化水平较低,而西方国家仍遵循机械化、电气化至自动化的发展进程;另一方面是制造阶段的信息化水平较低。不少企业信息化系统的作用得不到突显,也没有整合好优化制造执行系统和经营管理系统,导致智能化的发展缺少稳固的基础。随着社会经济的全球化和社会发展的信息化,市场竞争愈发激烈,消费者的需求越来越多,工程机械行业在面对这一市场环境时,需着重解决全面质量控制策略(total quality control strategies,TQCS)的问题,也就是指上市的速度、最好的质量、最低的成本以及最优质的服务，以此来满足不同消费者提出的要求，要想解决这些问题，最有效的方案就是推广智能化制造的理念。在传统机械制造行业中，机械制造与自然环境间的矛盾十分突出，对环境的污染与破坏非常严重，污染产生后的治理工作难度也比较大。机械制造智能化所应用的多种过滤技术和设备既能减少资源的浪费，也使废物排放更加节能环保，符合国家可持续发展的要求。传统的机械制造业往往被贴上高能耗、高污染的标签，但近年来，随着技术的进步和环保意识的增强，机械行业已经开始转型，朝着更加绿色、低碳的方向发展。例如，许多企业已经开始研发和应用高效节能设备，这些设备在设计、材料和工艺上都进行了创新，大大降低了能源消耗。此外，清洁能源装备如风能和太阳能设备的研发和应用（如图 7-2-1 所示），也为机械行业带来了新的机遇。

图 7-2-1　清洁能源装备

7.2.2　机械制造中智能化技术的应用

焊接操作是最常用的工业机器人技术之一，主要应用于船舶、汽车等多个领域。特别是在船舶制造业中，更是发挥着重要的作用。因为船舶体积较大，所以通过移动焊接机器进行操作更为方便可行。在进行焊接时，机器人可以通过跟踪和系统优化集成等相关技术，再结合视觉传感器等配套设施实现离线作业，有效地提升了焊接工作的质量。另外，还可以通过无线通信技术，利用移动设备完成无人操作的焊接作业。

在汽车制造业中,工业机器人也有着广泛的应用,如图7-2-2所示。将工业机器人科学有效地应用于汽车制造领域当中,可以为汽车领域提供良好的技术支持。另外,工业机器人的应用能够进一步增强数控机床的生产加工性能,以便更好地满足数字柔性化制造的相关要求。针对热加工生产作业,工业机器人一般会在铸造、清理、运输等环节中发挥作用。

图7-2-2　汽车制造业中的智能化应用

为了在促进自动化程度的提升同时提高生产效率,制造企业一般会在产品的生产包装流程中设立一条专门的物理线。而将搬运机器人设置在物流线中,不仅可以提高物流线的效率,更可以保证较高的准确率,如图7-2-3所示。另外,搬运机器人能够在对质量和频率要求较高的作业环境中发挥出巨大的作用,因此一般多应用于搬运、装箱、分拣等操作环节当中。

应用于自动化装配线的工业机器人种类比较复杂,包括旋转和平面关节型、直角坐标型等。比如在对摩托车的发动机设置装配线时,就可以应用工业机器人来完成相关作业,从而更好地实现连杆、缸体等不同部件科学高效的自动化装配。这样除了可以在一定程度上提升装配作业的整体效率,还可以有效地降低装配零部件时的失误率,保障零件的推动力度处于标准范围内,减少工件损伤。除了上述几种工业机器人的类型外,双臂机器人也在自动化装配线中有着广泛的应用。如ABB公司研发的YuMi双臂机器人,充分发挥了小件装配领域中人机协作的潜能,而且配备了轻质合金手臂,可以模拟人类的一系列肢体动作。另外,YuMi机器人还具备极高的安全标准,可以在受到冲击时停止运动,从而减少装配事故的发生。

图 7-2-3　生产搬运中的智能化应用

7.2.3　智能制造对制造行业产生的影响

随着节能减排理念逐渐深入人心,部分制造产业引入了智能化机械制造设备,以节约生产过程中的能源。智能制造在机械制造加工中有着优异的效果,如有效提高产品的生产效率和成品率,提高设备利用率,借助工艺流程的优化,实现设备运动状态的实时监控,有效提高产品生产质量和效率,同时还有效降低监控管理成本。在大数据的支持中,通过对不同时段的设备情况进行分析,能采取更加科学的决策和管理措施,提高整体效益。在机械制造和加工环节中,智能化技术有着重要的作用,可以有效解决生产制造环节中多方面的问题,保障生产更加高效,提高产品质量。在智能机械制造和加工过程中结合了现代化信息技术,具有低能耗、低成本、高质量的特点,可有效提高企业核心竞争力。在大数据时代背景下,充分发掘数据信息价值,不仅提升了产品品质,还降低了生产成本,使企业在市场竞争中占据优势。

在机械制造行业发展的过程中,机械发展和科学技术有着密切的关系,借助智能机械制造和加工技术能够有效提高机械制造生产效率,调动生产活动积极性。因此,我国机械制造行业需要认识到这一点,在机械制造和加工中不断融入现代化信息技术,解决传统机械加工中的问题,促进机械制造和加工行业的可持续发展,获取更好的经济效益,推动企业的发展。总之,机械行业在环保、节能和可持续发展方面的作用不容忽视。

作为全球产业链中的重要一环,机械行业不仅要为自身产业的绿色转型努力,还要为其他产业提供技术支持,共同推动全球的绿色、可持续发展。面对未来,人们有理由相信,机械行业将继续在这一领域取得更多的成就,为全球的绿色转型做出更大的贡献。

第 3 节　机械设备维护及技术改造

7.3.1　设备维护

设备维护是生产过程中不可避免的重要管理活动。设备工作过程出现故障产生的维修成本、停机成本和产品报废成本等将直接影响到企业的生产利润。合理的设备维护不仅能节约维护成本,同时还能提高系统的开动率,降低系统的故障停机时间。串并混联系统是制造行业生产中最常见的设备配置模式,其设备维护周期、故障停机时间和维护时间取决于设备的型号、结构和价值等因素,探讨串并混联系统中设备的小修时间和维护时间对系统开动率和维护成本的影响,有利于合理安排设备维护周期,降低维护成本,提高系统开动率。

根据维护对象,设备维护分为单机设备维护和多设备混联维护。其中,针对单机设备的维护决策研究已从单一角度建立维护决策演变为从多个目标结合,综合考虑影响维护决策的变量来制定维护决策。Jackson 等从设备维护度的角度来建立设备维护成本定价模型;廖雯竹在假定设备小修时间和维护时间相同的前提下,基于设备加工零件的学习效应和劣化效应变化过程,建立总加工时间和维护成本最优的决策模型,满足生产和维护的双重需求;Merve 从设备状况难以观察为角度,建立部分可观察马尔可夫决策过程(partially observable Markov decision processes, POMDP)的决策方法,提出维护计划和生产排序领域的综合策略;马维宁将设备的组成系统分解成一个串联系统,根据设备部件的退化演变及部件之间的相关关系建立设备维护决策模型。以多设备组成的生产系统中,串联系统、并联系统、串并混联系统及并串混联系统仍是目前生

产系统的主流研究对象，多设备维护决策的目标主要分为多设备机会维护和目标优化。孙博文等人以租赁生产系统的串并联结构为研究重点，权衡产能平衡，生成以成本率最小化的机会维护方案；陆志强等人以串联系统为背景建立最小维护成本模型，解决了在实际问题中串联系统"一停全停"的问题，在维护计划内满足了维护成本最低，系统产出率最大的需求；与单机系统相比，多设备系统的结构更为复杂，设备维护决策的影响因素更加多元。针对由多台设备通过串并混联构成的多阶段生产系统，成国庆等人对批量生产、质量控制以及预测性维护进行了联合建模与优化，以蒙特卡罗模拟和响应曲面法设计了优化算法；马智亮等人从设备的可靠性出发，通过设备系统辨识关键设备后，以失效率等指标对关键设备进行风险评估并采取相应的维护措施；沈南燕在分析了维护成本的计算方法后结合设备的可靠度建立了基于串联系统设备可靠度与维护成本的双决策模型，在满足系统运行可靠度的同时降低维护成本，从而获得最优维护计划；Wakiru等人通过使用模糊聚类分析方法来解决设备预防维护的成本高昂、维护耗时的问题，并以电力设备的实际数据证实了该方法的经济性和省时性。史凯龙等人以混联系统最大开动率为目标建立系统机会维护策略和决策模型，从而量化因系统失效而影响系统产能的内在因素，保障系统产能；俞梦琦等人引入维护时机时间窗，通过最小化系统在规划期内的维护总成本，获取系统的最优维护策略，与单时间窗相比，双时间窗更加稳定，维护成本更低。上述研究不管是从设备可靠度、维护成本还是系统开动率等方面都解决了混联系统设备在实际运行中的真实难点，在理论和实践中都是有价值的。

在高标准的要求下，目前机械设备的操作人员普遍不具备足够的能力，因此，设备的完好率以及利用率与操作人员的个人技术水平息息相关。为了避免出现损坏，就必须要对机械设备的维修人员加以重视，对他们的技术水平加以关注，当前很多设备的维修人员在技术水平方面参差不齐，所以才会影响到设备的维护与保养效果，由此造成工程生产的效率不高。纵观当前机械设备的使用效率，延长其使用时间可为工程发展带来更多的经济效益。机械设备的日常检查是设备维修与保养的基础，为了保证机械设备的维修与保养工作满足生产需要，在日常检修工作中要做规范化、制度化。对于机械设备各零件的调整、清洗和维修都需要严格按照设备维修与保养规范进行，确保维护内容的统一。对于不同的机械设备，需要制定不同的维护工艺规程，并严格按照规程进行维护。在日常检查时，还需要根据不同设备，充分考虑不同的工作条件，规定不同的维护时间并严格执行，确保及时发现并修复机械设备在日常检查过程中发现的问题，以避

免更大的损失。

机械设备技术改造是通过采用先进技术和实践经验,对现有机械设备结构进行有效改造,包括改造或更换零部件,以提升其使用性能和功能,达到新设备的水平,使经过改造之后的机械设备在使用性能以及功能方面都有所提升,从而达到新设备的使用技术水平。在对机械设备进行改造的基础上,不但可以使设备的使用效率实现显著的提升,并且在一定程度上还能够达到节约能源以及加强环保的重要作用,在对机械设备进行使用的过程中具有非常明显的易操作性。与单纯地对设备进行更新相比,机械设备技术的改造可以在一定程度上减少资金的投入,并且还能减少一定的更新时间。

7.3.2 设备维护模式

设备维护一般有三种模式:事后维护、预防性维护和预测性维护。

事后维护通常是在设备产生故障后采取措施进行维护,是一种成本较高的维护方式。由于这种维护方式往往发生在设备故障后,对于工厂而言,往往会存在意外停机造成损失、维修不当造成设备二次故障、维护备件库投资过多等诸多弊端。因此,这类设备维护策略被中大型工厂所摒弃。预防性维护属于事先维护,是一种基于时间、性能等条件,对设备进行定期维护,但更多是根据经验进行维护的方式。这种维护方式相较于事后维护而言,解决了备件库投资过多、设备经常停机等所给企业造成损失的问题,但仍存在很大弊端。这类维护策略往往会存在由于意外或维护人经验外的停机,同时维护投入远远大于维护需求(过剩维护)。相较于事后维护和预防性维护两种方式,预测性维护具有智能化、降低维护成本、减少停机时间等优点。

预测性维护是一种基于状态监测的维护方式,通过对设备运行状态进行实时监测和数据分析,预测设备可能出现故障的时间和部位,提前进行维护,以避免设备在工作中出现故障,提高设备运行的可靠性和稳定性。

实施预测性维护具有以下作用:① 提高施工质量和效率:通过预测性维护,可以及时发现和处理设备在运行中出现的故障,避免因设备故障而导致的施工质量下降和施工效率降低;② 降低维护成本:预测性维护不仅可以延长设备使用寿命,还可以减少设备维修和更换的次数,从而降低维护成本;③ 保障施工安全:实施预测性维护可以及时发现和处理设备存在的安全隐患,避免因设备故障导致的安全事故;④ 提高施

工智能化水平:预测性维护是一种智能化维护方式,可以通过对设备运行状态的实时监测和数据分析,实现智能化维护,提高施工的智能化水平。综上所述,实施预测性维护可以提高生产的可靠性和稳定性,降低维护成本,保障施工安全,提高施工智能化水平。

7.3.3 设备维护的主要内容

关于设备维护保养工作,目前国内企业实行比较多的是三级保养制,可以根据三级保养制来了解设备定期维护的内容:

(1)日常维护保养(日保) 日保也称例保,即操作者每天照例要进行的保养。日保的目的是保证设备整齐、清洁、润滑、安全,预防事故和故障的发生。为了规范设备的日常维护保养,有些行业(如机械行业)还制定了设备保养规程。

(2)一级保养(一保) 以操作工人为主,维修工人辅导进行。这是一项计划性维护保养工作,也可叫定期保养(定保)。它要求按计划对设备进行局部和重点部位拆卸、检查,彻底清洗外表和"内脏"、疏通油路,清洗或更换油毡、油线、滤油器,检查磨损情况,调整各部件配合间隙,紧固各部位,达到脱"黄袍"、清"内脏"、油路通、油窗亮,操作灵活,运转正常的标准。一保的范围应是企业全部在用设备,对重点设备应严格实行。一保的主要目的是减少设备磨损、消除隐患、延长设备使用寿命,为完成到下次一保期间的生产任务提供设备方面的保障。

(3)二级保养(二保) 以维修工人为主,操作工人参加,对设备的规定部分进行分解检查和修理。其内容除包括一保内容外,尚需进行机电检修,更换磨损的零件,机械换油和电机加油等。二保完成后,维修工人应详细填写检修记录,由车间机械员和操作工人验收,验收单交设备动力科存档。二保的主要目的是使设备达到完好标准,提高和巩固设备完好率,延长维修周期。

二级保养也有保养的成分,但规定以维修工人为主,且从内容上讲,主要还是修理。所以这与日保和一保是有区别的,应当把二保看作是计划修理的一个类别来对待和考核。

设备的日常维护保养是设备维护的基础工作,必须做到制度化和规范化。也可以引入数字化系统提高规范化程度。数字化系统可以随时监测设备维护情况,提醒运维人员及时进行设备维护,还可以记录设备的维修历史和保养记录,对设备进行定期检查

和保养，根据系统中记录的维持历史，还可以指导设备的升级，以提高设备的效率和可靠性。

7.3.4 设备技术改进

为了适应市场和用户对产品质量的需求，淘汰能耗高、加工精度不能满足产品质量要求的陈旧设备；投入必要的资金，有选择性地购进、装备数控类加工设备。对新进的数控设备要做到以下四点：一要精心管理（即落实好设备管理规定和责任）；二要培养和选聘优秀的操作人员（熟知操作规程，消化操作要点，掌握操作功能）；三要注重对数控设备运行过程中的功能、精度和环境温度适应性的跟踪与记录，随时做好监控；四是发现问题及时分析原因，处置和改进。对能耗不高、功能和精度基本可满足产品加工要求的陈旧设备，可本着物尽其用的原则就地进行技术改造。

企业想要确保机械设备技术改造的效果，在进行设备技术改造中制定完善的机械改造制度是非常有必要的。机械改造制度是进行机械改造的前提，有了完善的机械改造制度，机械设备改造便可以有计划、有目的地进行，这样可以提升机械设备改造的效率，此外，还应加强各部门之间的协调配合，使机械设备技术改造工作顺利进行。为此，在机械设备改造中，企业首先要完善自身的机械改造制度，可以从提出设备改造建议、改造设计方案、试点改造和全面实施四个环节入手，完善机械设备技术改造制度，进而保证改造计划的顺利实施。此时，在设备改造过程中不能完全依靠专业人员来进行，尽管其对机械设备有比较深入的研究，但这些人员远离基层，对机械设备的具体运行情况了解程度不够，因此，对于设备中经常出现的问题，难以提出有效的改进措施。此外，基层工作人员作为设备的实际操作者，对于设备是最为熟悉的，能够及时发现设备中存在的问题，但由于其知识水平有限，很难提出有效的改进措施，因此，加强基层操作人员和专业人员的配合能够更好地帮助企业完整设备改造工作。

在机械设备技术改造中融入先进的技术手段是非常关键的，先进技术和工艺的利用不仅可以提升设备的工作效率，还能够加强对原材料的利用。进行技术改造最忌讳的问题是闭门造车，不与外界沟通，这样不仅企业自身没有任何明显的进步，还会产生相反的效果。为此，企业在进行机械设备技术改造中要不断提升自身的眼界，向国际上先进的企业标准看齐，并引进国外先进的技术改造手段，但在引入过程中也需要注意结合自身的实际情况，不可盲目引进。同时，在实际改造中，还需要加强同行业间的交流

沟通，充分发挥集体的力量，进而提升企业的机械设备改造水平，保证企业在未来能够取得更好的改造效果。

企业进行机械设备技术改造的目的是提升生产效率，节约成本，进而提升企业的经济效益。从当前企业发展现状来看，很多企业都存在低端产品过剩的问题，企业在新设备和技术中投入的精力较少，导致企业整体经济效益较低，市场竞争加剧。面对这一问题，在企业发展中进行机械设备技术改造是非常有必要的，国家也要大力支持企业进行技术改造和创新，加大资金投入。企业要从长远的角度、以发展的眼光来看待这一问题，同时，在技术改造过程中也不能一味地进行资金投入，要考虑技术创新之后是否能够提升企业的经济效益，能给企业带来多大的价值，并最终实现企业经济效益最大化。

在现代化社会的发展中，互联网技术已被应用到社会各个领域的发展中，在很大程度上改变了人民群众的生活和工作方式，这就需要企业注重机械设备网络化改造工作。在进行机械设备网络化改造的过程中，技术人员需要将改造重点放在价值运行、运行形态等方面。其中，价值运行改造的主要内容是管理机械设备使用及改造过程中涉及的高额费用；运行形态改造的主要内容是在实际改造过程中，合理地选择机械设备，针对设备的调试、使用和维护等各个环节完成网络化改造工作。除此之外，在机械设备网络化改造的过程中，企业应该确保各项数据信息的准确性和安全性，严禁出现数据信息泄露问题，在发现数据信息故障的情况下，需要及时分析故障的主要原因，并采取合理的优化措施。

7.3.5　工程机械节能途径

施工现场需要大量的能源供应，因此节能改造势在必行。传统的施工设备通常使用燃油或煤炭作为能源，燃烧排放的废气和废水对环境造成了严重污染。通过施工设备的节能改造，可以减少能源的消耗和污染物的排放，保护环境。节能改造不仅可以降低能源消耗，还可以提高施工效率和质量，减少设备的维护和运行成本，这对于企业来说具有重要意义，可以提高竞争力并获得更多的经济利益。

液压挖掘机作为工程建设中最主要的工程机械，承担的工种多，工作时间长。为了适应其复杂的工作内容和环境，目前主要依赖机械式柴油发动机作为主动力源，以液压传动为主要的动力传递方式。然而，受制于负载工况的剧变特性，动力源、液压

系统和负载较难完全匹配,能量损耗十分严重。随着电喷发动机的装机,高效率液压柱塞泵、马达以及其他液压元器件的应用,液压挖掘机的能量损失得到了一定程度的缓解。此外,正流量、负流量、负荷敏感、压力切断、恒功率控制、恒压力控制等一系列液压系统的控制方案出现,进一步提升了液压挖掘机的操作性和节能性。尽管如此,动力源、液压系统和负载三者之间的功率匹配损耗始终是液压挖掘机上难以攻克的难点,且该项难点造成的发动机和液压系统的能量损耗各占传统挖掘机总能量损耗的 35% 左右。

在传统工程机械功率匹配控制中,发动机的油门位置由驾驶人根据负载的类型按重载、中载和轻载等设定,功率匹配主要通过调整液压泵的排量来最大限度地吸收发动机的输出功率以及防止发动机熄火。因此只有在最大负载功率下,柴油机与液压泵的功率才能匹配得较好,使柴油机工作点位于经济工作区内。但由于挖掘机工况复杂,负载剧烈波动,在实际工作中,最大和最小负载功率是交替变化的。大部分场合,虽然液压泵吸收了发动机在其工作模式所对应的最大输出功率,但液压系统所需功率远远小于发动机的输出功率,所以柴油机输出轴上的转矩也剧烈波动,使柴油机在小负载时工作点严重偏离经济工作区,因此这种传统的功率匹配是不完全的。另外,为满足最大负载工况的要求,在挖掘机的设计中必须按照工作过程中的峰值功率来选择柴油机,因此柴油机装机功率普遍偏大,燃油经济性差。如果按平均功率选择柴油机,则容易造成发动机过载,柴油机经常过热。

为了解决负载波动对发动机效率的影响,混合动力技术是国际上公认的节能的最佳方案之一。混合动力系统利用电动机/发电机或者液压泵/马达的削峰填谷作用,对发动机输出转矩进行均衡控制,降低发动机的功率等级,也使发动机工作点始终位于经济工作区。虽然混合动力技术在发动机的节能方面取得了一定的效果,但由于工程机械大都为单泵多执行元件的系统,发动机功率并不能轻易地降低,同时负载的波动需要通过液压系统才能传递到液压泵,负载的波动并不能实时传递到液压泵,同时由于混合动力单元的动态响应问题,混合动力单元难以实时动态补偿负载的波动。因此当前的混合动力技术在降低发动机油耗方面的作用有限。当前,除了混合动力技术,还有纯电驱动技术、电喷发动机技术、自由活塞发动机技术、天然气发动机技术、氢发动机技术等新型动力节能技术。

液压系统的能量损耗主要包括溢流损耗和节流损耗等。节流损耗主要分为进口节流损耗、出口节流损耗、进出口联动节流损耗以及旁路节流损耗等。负流量系统、正流

量系统、新型流量匹配系统、负载敏感系统、负载口独立控制系统和基于高速开关阀的液压控制技术等各种节能技术和手段在降低节流损耗上取得了一定的效果。液压泵出口的溢流损耗则更多依赖泵和负载之间的流量匹配来降低通过溢流阀阀口流量,并未从根本上解决溢流损耗的问题。而泵控技术、变频调速技术、二次调节技术等容积节能技术虽然基本解决了节流损耗问题,但目前该方案在速度控制上比较粗糙,无法满足操作精度的要求。同时在某些工况下作为安全阀功能的溢流阀仍然会起作用,依然存在溢流损耗。

　　液压挖掘机在工作过程中,动臂、斗杆和铲斗的上下摆动以及回转机构的回转运动比较频繁,且各运动部件惯性都比较大,甚至有时动臂自身的质量会超过负载的质量,因此在动臂下放或制动时会释放出大量的能量。负负载的存在使系统易发生超速的情况,对传动系统的控制性能不利。从能量流的角度出发,解决负负载问题的方法有两种,一种方法是把负负载所提供的机械能转化为其他形式的能量无偿地消耗掉,比如液压挖掘机为了防止动臂下降过快,在动臂上装有单向节流阀,因此动臂下降过程中,势能转化为热能而损耗掉。但这种方法不仅浪费了能量,还会导致系统发热和元件寿命的降低。另一种方法是把这些能量回收起来再利用。用能量回收方法解决负负载问题。这种方法不但能节约能源,还可以减少系统的发热和磨损,提高设备的使用寿命,并对液压挖掘机的节能产生显著的效果。

　　随着计算机技术和传感技术的成熟与应用,以及物联网的普及,一种基于设备状态的预防维修理念逐渐被业界接受,并在一些关键设备上得到应用。该理念通过实时采集设备的运行参数进行大数据分析,并依据实际运行数据分析进行状态维修,弥补了计划检修和故障检修的不足,更进一步地提高了设备的使用效率。设备更新是指将在技术上或经济上不宜继续使用的设备更换为新的设备或用先进的技术对其进行局部改造。我国现在要大力发展生产力,要成为制造强国,只有重视和加大设备的更新和技术改造才能实现。企业的设备更新和技术改造,是一项十分重要而又迫切的任务,对企业的生存和发展有着十分重要的意义。机械设备节能改造是当前的重要任务,其必要性主要包括能源紧缺、环境保护和节约成本。为了实现机械设备的节能改造,可以采取引进节能设备、优化设备运行策略和加强设备维护和管理等方法。未来,机械设备的节能改造将主要集中在新能源应用、智能化控制系统和循环利用和资源共享等发展方向上。通过这些措施的积极推进,可以实现机械设备的节能降耗,促进可持续发展。

思考题

1. 节能技术有哪些?
2. 分析现代机械设计的理念。
3. 机械设计中节能要求有哪些?
4. 机械设计中发动机的节能设计理念是什么?
5. 自动化工程机械节能设计理念中应用的意义是什么?
6. 机械制造中智能化控制系统有哪些具体应用?
7. 如何减少机械行业的能源消耗?
8. 什么是智能控制系统?
9. 设备维护一般有哪几种模式,各有何特点?
10. 在设备更新时,对新进设备有哪些注意事项?
11. 三种工程机械节能途径各有何特点?

第7章参考文献

第 8 章
碳中和与建筑

第1节
设计、建造与运营碳减排

在全球气候变化的大背景下,越来越多的国家提出了"碳中和"的目标,以实现"绿色低碳"和"可持续发展"的共识。习近平总书记在第75届联合国大会一般性辩论上宣布,中国将提高国家自主贡献力度,采取更加有力的政策和措施,二氧化碳排放力争于2030年前达到峰值,努力争取2060年前实现碳中和。在这样的时代背景下,生态文明建设在人们心中的地位越来越高,并且逐渐与人们的自身利益相挂钩。因此,党和人民政府对企业生态文明建设方面的发展愈加重视,并且出台了一系列政策对企业进行引导和监督。在建筑行业中,生态文明建设应被放在首位,以提高相关人员对生态建设理念的认识,并将其及时应用在建筑设计工作中。同时,建筑行业也需要降低资源的利用,优化建筑设计方案,减少高耗能重污染的现象。

8.1.1 发挥绿色建筑节能减排的优势

绿色建筑是能够达到节能减排效果的建筑,不但能够为人们提供舒适、健康的生活空间,还有利于促进人与自然的和谐相处,实现可持续发展。要发挥绿色建筑节能减排的优势,需要从以下三点入手:

(1)控制城市建筑资源的合理分配与合理利用 在建筑设计阶段,可以通过优化建筑结构和材料设计来降低能耗需求。例如,提高建筑的保温隔热性能,选择高效节能的窗户和墙体构造。此外,还可以通过科学的绿化设计,如建造绿色屋顶、种植绿色植物等,来净化空气、改善环境。在建造过程中,应尽量减少材料的消耗,选择环保、可回收和可再生的建筑材料,例如在门窗工程方面,可以使用原生铝与再生铝比例窗,以减少碳排放并降低成本。在各类管线和板材的选择上,也可以优先采用碳排放量较低的

聚乙烯管、岩棉板、铝塑复合板和线性低密度聚乙烯材料，前提是满足建筑功能的条件。对于混凝土的型号选择、高强钢筋应用和保温材料选择等方面，也可以从设计角度有效地减少碳排放。通过在设计阶段引入星级绿色建筑的施工和评选，可以更好地实施这些减排措施。

（2）利用可回收、可循环的建筑材料设计绿色建筑物　在绿色建筑设计中，应尽量减少建筑材料的消耗，充分利用可回收、可循环利用的建筑材料。例如，选择可回收的材料（水泥、钢材）来减少对原材料的消耗。在建筑的建造过程中，通过回收利用建筑废料（砖块、混凝土），来减少对新材料的需求。同时，在施工过程中要合理管理废弃物，进行分类和回收利用，以减少废弃物的排放和对环境的影响，减少城市建筑物污染源的产生。在建筑的运营阶段，可以选择使用可循环利用的材料如可回收的装饰材料、再生纸等，来减少对资源的消耗，充分利用节能设备和技术来减少能源消耗。同时建立能源管理系统和能源监控系统，实时监测和分析建筑的能耗情况，制定更加精确的节能措施和策略。

（3）改变建筑改造和升级换代模式　从大规模拆除和新建转为维修和改造，可以显著减少建材的使用量，从而降低建材生产过程中的碳排放。建筑产业应该进行转型，从建造新房转变为维修旧房。这种转型将显著减少房屋建设对钢铁、水泥等建材的需求，从而进一步实现相关行业的减排。

绿色建筑设计理念能够带动建筑设计的进步，促进建筑行业的健康发展，有利于推动城市经济结构的改革升级，创造新的就业岗位，促使人们生活态度和生活方式的转变，增强城市的文化内涵。要发挥绿色建筑节能减排的优势，需要从合理分配和利用城市建筑资源，利用可回收、可循环的建筑材料设计绿色建筑物，以及改变建筑改造和升级换代模式等方面入手。通过科学的设计和施工，减少能源消耗和碳排放，提高室内环境质量，达到节能减排的目的。这些措施不仅能为人们提供舒适、健康的生活空间，还能促进人与自然的和谐相处，实现可持续发展。

8.1.2　绿色建筑设计理念的应用原则

绿色建筑设计需要遵循自然原则、节能环保原则和以人为本原则。遵循自然原则是指在建筑设计中要充分考虑自然环境的特点和规律，合理利用自然资源，减少对自然环境的破坏。节能环保原则是指在建筑设计中要采用节能技术，减少能源消耗和污染

物排放，保护环境。以人为本原则是指在建筑设计中要关注人的需求和健康，创造舒适、健康的室内环境，提升人们的生活质量。基于遵循自然原则、节能环保原则和以人为本原则，绿色建筑设计理念需要做到以下五个方面的运用。

（1）在规划建筑面积方面的运用　在规划建筑面积时，需要根据当地的经济条件、气候规律、地理地势等因素，明确建筑的功能要求，选择合适的建设地址，减少土地浪费。可以通过合理布局建筑，减少建筑的占地面积，提高土地利用率。同时，还可以通过合理规划公共空间和绿地，增加城市的绿化率，改善城市的生态环境。

（2）在优化平面布局方面的运用　优化建筑平面布局是指通过合理设计建筑的平面布局，降低建筑周长系数，选择合适的建筑结构形式，提高平面利用系数，充分利用自然采光和太阳能。可以通过合理设置建筑的朝向和开窗面积，最大限度地利用自然采光和自然通风，减少人工照明和空调的使用。同时，还可以通过合理设计建筑的外观形式和建筑材料，提高建筑的热学性能，减少能源消耗。

（3）在节约建筑材料方面的运用　节约建筑材料是指在建筑设计和建造过程中，选择环保材料，减少运输损耗和能源消耗，节约建筑材料，充分利用可回收材料，提高材料利用率。可以通过选择符合环保标准的建筑材料，如绿色建材、可再生材料等，减少对自然资源的消耗。同时，还可以通过合理设计建筑的结构和构造，减少材料的浪费，提高材料的利用率。

（4）在提升节能技术方面的运用　提升节能技术是指通过控制窗墙比，优化门窗设计，选择节能材料，设计外墙保温系统和屋面节能系统，应用昼光照明技术和雨水再利用装置等，提高建筑节能效果。可以通过合理设计建筑的门窗，减少能量的传导和散失。同时，还可以通过选择高效的建筑材料，如保温材料、隔热材料等，改善建筑的热学性能。此外，还可以应用新的节能技术，如太阳能热水器、地源热泵等，提高建筑的能源利用效率。

（5）在建筑景观方面的运用　建筑景观是指通过融入园林建筑元素，实现建筑与景观的协调，增加绿化面积，让建筑与景观更加有机地结合，提升建筑环境的美感和舒适度。如图8-1-1所示，可以通过合理设计建筑的外部环境，如庭院、花园等，增加绿化面积，改善空气质量和微气候环境。同时，还可以通过选择适宜的植物种类和配置，提供良好的景观效果和生态功能。此外，还可以通过合理设计建筑的立面和外墙，增加建筑的视觉效果和文化内涵。

图 8-1-1 立体园林建筑

8.1.3 助力建筑行业节能减排的其他措施

为了发挥绿色建筑节能减排的优势，除了应用绿色建筑设计理念的原则，还可以采取其他的措施，以助力建筑行业实现节能减排的目标。

（1）建筑行业可以通过参与碳抵消项目，如植树造林和森林保护等，来抵消建筑和运营过程中产生的碳排放。同时，推行碳减排措施，如推广低碳交通工具和开展碳减排宣传教育等，促进低碳生活方式的普及和推广。

（2）建筑行业可以进行碳排放监测和报告，了解建造过程中的碳排放情况，并制定相应的减排策略和目标。同时，积极参与碳减排认证和标准的制定与实施，如绿色建筑认证和碳中和标准，以规范建筑行业的碳减排行为。

（3）利用数字化技术，如建筑信息模型（BIM）和智能建筑管理系统，可以进行能耗模拟和优化设计，降低建筑的能耗和碳排放。对现有建筑进行节能改造，如加强保温和改善采光等，也可以降低建筑的能耗和碳排放。

（4）设立碳中和基金，并投资于碳中和项目，如可再生能源项目和碳捕集与封存项目等，以实现碳中和目标。同时，加强与其他行业的合作与共享，如与能源企业合作推广可再生能源的使用，与废物处理企业合作进行废物资源化利用等，共同推动碳减排与循环经济。

通过以上措施的实施，建筑行业可以在设计、建造和运营阶段减少碳排放，为碳中和和可持续发展做出贡献。这不仅有助于保护环境和减缓气候变化，还可以推动建筑

行业的可持续发展和创新。因此,设计建造与运营碳减排是一个综合性的工作,需要在多个方面采取措施和方案来减少碳排放,实现可持续发展和环境保护的目标。

第 2 节
建筑固废资源化再生碳零排

近年来,我国建筑固废的排放量仍处于逐年上升的态势。据住房城乡建设部 2020 年提供的测算数据,每年我国城市建筑固废排放量超过 20 亿吨,约占城市固体废物总量的 40%。如此大体量的建筑固废如果不及时处理和再利用,必将给社会、环境和资源带来不利影响。通过运用先进技术和设备以及有效的管理体系,将建筑固废逐步转化为可再生利用的资源。这样,不仅可以有效地解决建筑固废的管治问题,还可以实现资源的回收利用,将建筑固废"变废为宝",资源化利用,提高自然资源的利用率,减少环境污染,是实现可持续发展的重要途径。

8.2.1 建筑固废的分类、组成及危害

1. 建筑固废的分类及其来源

建筑固废也被称作建筑垃圾,是指在工程中由于人为或者自然灾害等原因产生的建筑废料。建筑固废的来源广泛、成分复杂多样。建筑固废的处置问题长期困扰着各国政府,但至今仍没有一个相对统一的定义。2018 年,我国住房和城乡建设部颁布的《建筑废弃物再生工厂设计标准》(GB51322—2018)中,根据产生源的不同将建筑固废定义为在新建、扩建、改建和拆除各类(建)构筑物、管网以及装修装饰等工程中所产生的固体废物;2019 年,我国住房和城乡建设部在发布的《建筑垃圾处理技术标准》(CJJ/T134—2019)中,又补充了建筑固废的类别,即建筑固废是工程渣土、工程泥浆、工程垃圾、拆除垃圾和装修垃圾等的总称,并明确指出建筑固废必须进行分类收集、分类运输和分类处理处置(不包含经检验、鉴定为危险废物的建筑垃圾)。2022 年,国家发

展改革委在《城乡建设领域碳达峰实施方案》中提出要推进建筑垃圾集中处理、分级分类利用。建筑固废按工程特点进行分类,可分为土地开挖固废、道路开挖固废、建筑物拆除固废、建筑施工固废、建筑材料固废等类别。

2. 建筑固废的组成

建筑固废中有许多成分,如废金属、工程弃土、废砂浆等,具有回收利用的价值,经过特定技术的处理处置后,可重新进行资源化利用,部分或全部替代建筑原料。这既有效减小了建筑固废对环境造成的压力,又减少了黏土等自然资源的消耗,符合可持续发展理念指导下的建筑行业的绿色循环发展模式。

影响建筑固废组成的因素主要包括地理条件、建造和拆毁、建筑材料来源及构筑物的结构和使用历史等。如在我国北方地区,建筑物的结构形式以混凝土和砖混结构为主,故拆除后形成的建筑再生骨料占比可达80%;南方地区建筑中则因含有旧式竹木结构,拆除后的砂石成分占比要低一些。

3. 建筑固废的危害

在"双碳"目标下,建筑材料快速发展的背景下,建筑固废的量逐年增长。目前,对于建筑固废的常规处理是将其转运至废料场堆积或填埋。然而建筑固废在自然条件下降解困难,建设专门的废料场不但占用了土地资源,且易造成二次污染。因此,建筑固废资源化利用对减污降碳的重要性日益凸显。

目前我国主要采用两种方式处理建筑固废,一种是将建筑固废运往当地建筑固废消纳场,再进行资源化、填埋或者焚烧处理;另一种是由建筑固废资源化企业对建筑固废进行收集或收购,运往相关回收企业进行资源化生产。从过去资源化率不到5%,到今天的30%,我国建筑固废资源化之路已经实现了非常大的跨越。但作为世界上每年新建建筑量最大的国家之一,我国很多地方处理建筑固废仍以堆积和填埋为主。长期堆积和填埋会占用土地资源,且对土壤和水体等产生污染,室外堆积的建筑固废也会因扬尘而污染空气。

8.2.2 建筑固废资源化利用现状

建筑固废资源化利用是需要上升到国家战略层面的,根据社会和行业的需求,因地

制宜，顶层设计资源化路径、低碳产品及其绿色建造技术。因为自然资源是有限的，随着国内砂石资源日渐匮乏，以及"双碳"目标的提出，建筑建材行业走低碳发展道路将成为必然，为此行业、企业需付出巨大的努力。

将这些建筑固废进行分类并对其进行处理可以对其进行资源化利用：对于还没有得到处理的建筑固废需要进行处理并进行利用；对于已经达到一定强度的混凝土可以使用建筑固废回填建筑工程建设现场；通过建筑固废处理等方式解决建筑工程中所产生的固废问题。通过资源化利用可以使建筑固废发挥出更大的作用与价值。建筑固废资源化利用工作对我国社会的未来发展具有十分重要的意义和作用。建筑行业的规模在不断扩大，因此在经济的发展中，建筑行业将会成为一个重要的行业之一。随着时代及社会的发展，建筑固废的产生量也在不断增加，因此建筑行业在生产时必须要重视固废资源化利用工作中所面临的相关问题。采用正确的处理方式能够提高建筑行业发展水平，减少固废产生量，同时也能够减少对环境造成的污染；而对于建筑固废进行有效处理则会给城市环境带来良好影响。近几年，涉及建筑固废资源化的国家政策频繁推出，为产业发展指引了方向。2020年4月29日，新修订的《中华人民共和国固体废物污染环境防治法》（以下简称《新固废法》）审议通过，《新固废法》将"建筑固废"从固废法中的"生活垃圾"中单独分出来，将"建筑固废"单独作为一大类进行管理；我国《"十四五"时期"无废城市"建设工作方案》提出的"无废城市"的建设要求，让各地方政府也加入了探索建筑固废资源化利用方案的队伍。目前城市建筑固废大多采用就地处置或集中处置的方式，其中以就地配置移动式处理装置生产再生骨料为主，并将其就地运用于工程施工中。这种处置方式虽然降低了固废的预处理成本，但其经济价值未被充分利用，特别是资源化率较低，导致环境效益不佳。通过特殊技术处理将建筑固废变成建设过程可用的再生原料，是当前反哺过程中最大的一片市场。将收集的建筑固废进行一次破碎、二次破碎、分选并形成建设过程可用的材料，再融合到预拌混凝土、预拌砂浆等建材产品中，是当下建筑固废资源化利用的重要途径。

在我国经济发达地区，集中处置方式近年来应用较多，建筑固废资源化方案也呈现多样化趋势。例如2020年开工建设的上海市马桥再生资源利用项目，年集中处置7.0×10^5 t拆除/装修固废，并用于生产高品质再生骨料和砌块等资源化产品；2021年建成的北京市海淀建筑固废资源化处置中心项目，年处理建筑固废1.2×10^6 t，用于生产再生骨料、道路回填材料、预拌流态固化土、还原土和再生砖等多种资源化产品。2023年，深圳市通过建立建筑垃圾回收站，统一收集和处理建筑垃圾，将其转化为资

源。建筑固废回收站配有专业的设备和工作人员，对建筑固废进行有效的处理和分拣，确保资源的最大化利用，实现建筑固废从产生到回收处理的闭环。

从全国来看，工程/拆除固废预处理及资源化设施的布局很不均衡：一些省（市）集中处理设施规划实现了地（市）区覆盖，如上海市规划了12座永久性建筑固废资源化利用工厂，已经建成金山、松江、马桥、嘉定、老港、青浦等11处设施；而部分省（市）只在省会或GDP居前的城市建有集中处理设施。据资料统计，目前全国城市年产能百万吨的建筑固废处理线仅70余条，形成经济规模的建筑固废预处理及资源化设施则占比较低。因此，产业升级及资源化产品方案提升空间巨大，按照目前工程/拆除固废的处理成本35元·t^{-1}粗略估算，到"十四五"末期工程/拆除固废处理行业将有近1400亿元的市场潜力。通过"无废城市"建设，可有效减少原材料和产品在提取、制造、运输、分配和处置等过程中的碳排放，具有减少固废污染、提升资源利用效率和减少碳排放的协同倍增作用。

8.2.3 建筑固废资源化技术存在的问题分析

目前，我国建筑固废资源化利用技术的研发还处于起步阶段，很多关键技术还有待突破，一些研究成果还未能实现产业化转化。尤其是建筑固废回收利用价值低的问题还未得到有效解决。这是我国建筑固废回收利用率低的根本原因。以建筑固废中的金属氧化物类固废的再生骨料技术为例，通过该技术制备获得的再生粗骨料与天然粗骨料相比，尚存在吸水率高、表观密度低和压碎值偏高等不足。这些短板对材料强度和再生混凝土制备都存在不利影响，因此以这种再生骨料为原料生产的产品品质不高、市场接受度低。同样地，其他再生技术由于受到原料和工艺的制约，在附加值、市场接受度、性能等方面都存在类似的问题，需要继续对其进行改性研究。

建筑固废资源化产业有着广阔的发展空间，但也面临着发展的短板和挑战，需要与该产业发展密切相关的政府部门、投资方、承建方等共同关注和面对。首先，建筑垃圾资源化产业技术、产品及市场创新不足，制约了建筑固废资源化产业的发展。目前建筑固废处置手段单一，传统的破碎筛分工艺仍然是大多数建筑固废资源化项目的主流工艺，设备机械化程度低、分选不够精细、资源化率低、再生产品无法突破传统的再生骨料、非烧结砖及干混砂浆等低值建材产品，加之市场上同质产品竞争激烈，致使末端消

纳渠道不畅、处置企业经营维艰。例如，一些采用公共私营合作制（PPP）模式建成的建筑固废资源化项目因为末端产品的消纳问题，不得不采用间歇式生产机制以消化库存，致使产能得不到充分利用，政府支付的固废处理费补贴不及预期，成为行业发展的痛点。

其次，建筑固废资源化产业政策不完善，供应链尚未打通，阻碍了企业生存和规模化发展。当前我国城市建筑/装修固废的收集、处理及资源化管理缺少统一规划，处于住建系统、市政市容、城市管理等多头管理状态。企业从业数量虽多，但缺少龙头，市场竞争处于无序状态，需要政府从建筑固废产生的源头抓起，制定相关政策、规范行业准入、搭建智能建筑固废收运体系、促进"收运处理"一体化等，使得建筑固废的收集、处理及资源化等环节全链条皆有法可依、有迹可循，最终形成闭环管理。做到上游来料有保障，中端处理有依托，下游产品有出路，扶持龙头企业发展壮大。

最后，缺少对建筑固废资源化产业的系统研究，以及跨学科、多专业的技术融合和协同攻关，致使建筑固废资源化率低、产品附加值低、行业景气度不高。建筑/装修固废组分复杂多样，资源化利用涉及环境、建材、有机化学、无机化学、机械等多学科、多专业的横向协作。一方面，在工艺上需提高建筑固废资源化利用率、丰富产品品种，并做到配比精准；另一方面，转变传统的建筑固废资源化产业发展模式，在生产上推行数字化管控，最大限度地实现装备智能化、模块化和便捷操作，以降低能耗、提高效率、减轻环境影响，生产出具有竞争力的高附加值产品。

8.2.4　建筑固废资源化及碳零排的提升策略

为应对全球温室气体排放持续上升的形势，实现"双碳"目标，我国将构建目标明确、分工合理、措施有力、衔接有序的碳达峰、碳中和"1+N"政策体系。其中，"循环经济助力降碳行动"是低碳政策体系中的重要组成部分，也是我国生态文明建设的内在要求。为推动实现碳达峰、碳中和，国家发展改革委编制印发了《"十四五"循环经济发展规划》，明确到 2025 年建筑固废综合利用率达到 60%，建设 50 个建筑固废资源化利用示范城市；到 2035 年，再推进 100 个左右地级及以上城市开展"无废城市"建设，经济社会发展与固废产生和碳排放基本脱钩，绿色低碳消费成为基本生活模式，全面实现无害化、减量化、资源化和低碳化。并就我国建筑固废资源化再利用现状提出几点提升

策略：① 借鉴国外发达国家在建筑固废资源化再生利用方面的做法。为此，需要借鉴日本、德国等建筑固废资源化程度高、技术先进的国家的经验和工艺，开发适合我国国情的建筑固废"四化"技术（减量化、无害化、资源化、产业化）。② 进一步完善我国关于环境保护和建筑固废资源化再利用方面的政策和法规。统筹规划建筑固废收运及资源化利用体系。根据年建筑固废的产生规模，依托"无废城市"建设实施方案，坚持多源固废协同处置的循环经济发展理念，系统规划各级次的建筑固废资源化终端设施，统筹论证，避免盲目上马、产能过剩和恶性竞争，从宏观和微观层次调节建筑固废资源化产业的上下游产业布局。③ 通过技术开发和技术集成，设计出高效率的建筑固废再生建材生产装备，提高再生建材的生产效率，这是实现建筑固废资源化利用的关键。鼓励相关政府科研机构、高等学校及大型骨干企业等加强建筑固废资源化领域的核心技术、关键技术的课题研究及产业化应用。通过多学科融合、院企/校企合作等，实现技术突破和提升，带动行业高质量发展。④ 政府主导，开发生产附加值高、市场认可度高、适用范围广的建筑固废资源化产品，扩展基于建筑固废再生建材的应用领域。目前我国在建的建筑固废预处理及资源化设施投资差别很大，建设标准不统一，缺少工艺技术和产品质量标准，导致地方政府在为固废处理服务费定价时无可参照的价格体系，极易引起市场的无序竞争，阻碍先进工艺及设备的研发和新技术的推广应用。因此，需要发挥政府的主导作用，引导规划、设计、施工、设备、运输、拆除等单位积极参与建筑固废预处理及资源化产品行业规范和标准的制定，因地制宜、循序渐进地推广新技术、新工艺、新设备和新产品在行业中的合理使用。

8.2.5 建筑固废资源化的前景展望

结合我国建筑固废资源化产业的发展现状及机遇分析，建筑固废资源化产业在"无废城市"建设及"双碳"背景下发展潜力巨大，需要通过对建筑固废资源化产业链条的进一步梳理和系统研究，构建多源固废协同处置、共建共享基础设施的系统化产业平台，来实现产业结构优化、全链条通畅、协调发展的系统目标。深入推进"无废城市"建设，可协同促进产业结构转型升级、淘汰落后产能，完善资源循环利用体系，统筹绿色产品设计、绿色制造和绿色供应链建设，提高资源综合利用效率，减少各类相关环节碳排放量，助力实现我国"双碳"目标。建筑固废再生产品要求做到能用尽用，应该在绿色低碳循环发展经济体系下，把握机遇，应用系统思维，积极探索建筑固废资源化发展

工作的新路径和新亮点,在内部搭建资源化利用技术研究中心等创新平台,开展再生骨料生产技术、强化技术研究,打破技术壁垒,生产更多、更重要、范围更广的再生产品,服务于市政交通、城市建设和环境治理等方面,着力提升建筑固废资源化利用水平,真正实现减量化,为生态文明建设作出更大贡献。

第3节 城市与建筑环境优化碳负排

8.3.1 城市环境现状

鉴于我国城市发展的速度较快,以往部分城市为了发展经济,忽视了对生态环境的保护。在我国城市建设的过程中,存在着不同程度的环境污染,现在每年有超过 500 亿吨的温室气体排放到大气中,比 1990 年的排放量高 40% 以上。CO_2 的排放量远超其吸收量,造成了气候变化。城市内部的生态环境建设工作,已经成为社会各界所关注的重点。在这方面,英国是世界上第一个做出具有法律约束力承诺的主要经济体,英国承诺在 2050 年之前将温室气体排放量降至净零。实现这一目标意味着,英国需要改变几乎所有的工作方式。

气候变化带来的威胁是人类史上面临的最大挑战,气候专家们一致认为,现在迫切需要大幅削减温室气体的排放。我国把碳达峰、碳中和纳入生态文明建设整体布局,做出 2030 年前实现碳达峰、2060 年前实现碳中和的减排承诺。"十四五"以来,国务院及相关部门陆续出台了多项政策文件,推进落实"双碳"战略。2021 年 10 月,《国务院关于印发 2030 年前碳达峰行动方案的通知》(国发〔2021〕23 号)明确提出,到 2025 年,单位国内生产总值二氧化碳排放比 2020 年下降 18%,到 2030 年,单位国内生产总值二氧化碳排放比 2005 年下降 65% 以上,顺利实现 2030 年前碳达峰目标。如图 8-3-1 所示,该通知明确了十个方面的重点任务,即"碳达峰十大行动"。

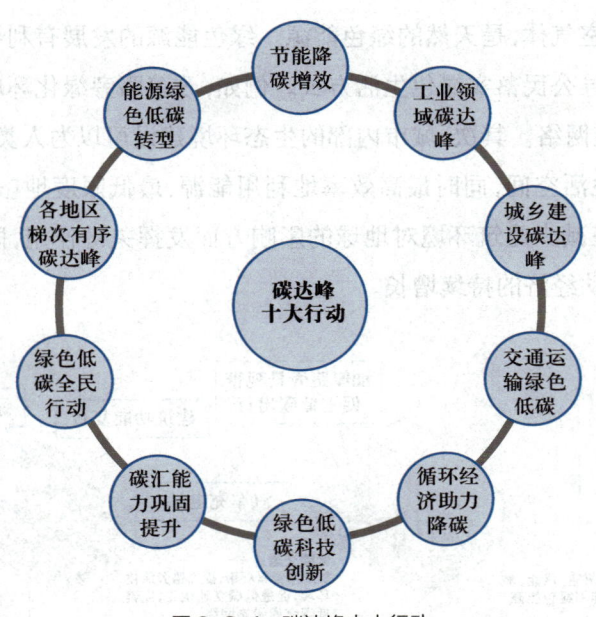

图 8-3-1 碳达峰十大行动

8.3.2 建筑中的"碳负排"

"碳负排"（carbon-negative）不是一个新词汇或者新技术。事实上，在追求"碳中和"的过程中，一定会用到这块技术，因为只有将之前排放出去的碳"收回来"，才能形成"中和"。

早在 2008 年，我国就有团队开始从事碳减排领域的技术研发。一开始，团队研究方向是"城乡有机废弃物资源化利用"，这是一种碳零排技术。后来他们发现，仅仅是零排放还不够，必须抵消已经产生的 CO_2，因此研究人员就开始钻研负排放技术。根据 2020 年 IPCC 的报告，如果要实现巴黎协定的"1.5 ℃温升标准"，就必须要采用负排放手段。碳负排技术（carbon-negative technology）是指能够将大量 CO_2 从大气中移除并储存或转化为无害物质的技术。碳负排技术的关键在于加强 CO_2 地质利用、CO_2 高效转化为燃料化学品、直接空气捕碳、生物炭土壤改良等碳负排技术创新；研究碳负排技术与减缓和适应气候变化之间的协同关系，引领构建生态安全的负排放技术体系；攻关固碳技术核心难点，加强森林、草原、湿地、海洋、土壤、冻土的固碳技术升级，提升生态系统碳汇。图 8-3-2 给出了日常生产生活中降碳减排的方式。首先，能源绿色发展是生态文明建设的重要内容。太阳能、风电、波浪能、地热能等可再生能源既不排放污染物，也不排放温室气体，是天然的绿色能源。绿色能源的发展有利于增强公民的绿色环保理念，从而引导公民落实绿色生活方式。例如，改善路旁绿化环境，促进低碳交通，完善低碳交通设施网络。其次，城市内部的生态环境建设可以为人类提供一个健康、舒适的工作、居住、生活空间，同时最高效率地利用能源、最低限度地影响环境。例如，绿色建筑的设计将在减少建筑环境对地球的影响方面发挥关键作用，同时也可以带动相关产业的发展，推动经济的持续增长。

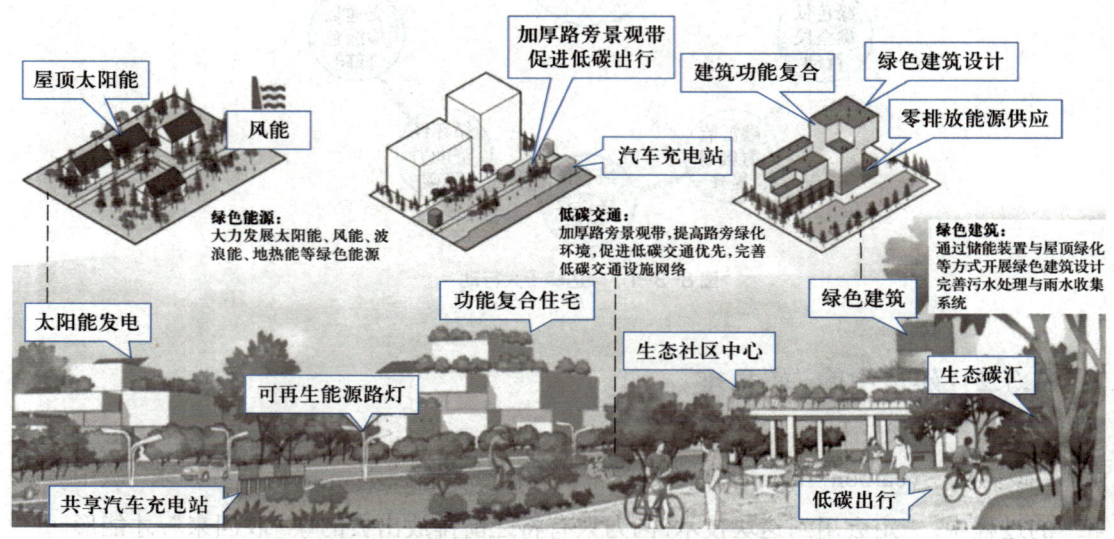

图 8-3-2　日常生产生活中降碳减排的方式

城市碳排放中有很大一部分源于建筑及其相关的维持运营需求，建筑是人们工作和生活的主要空间载体，建材的生产运输、建筑的建造以及建筑的运行均产生大量的能源资源消耗，是我国能源消耗的三大来源之一。随着我国城市化及建筑产业化的发展，大规模新型建筑的建设以及巨大存量既有建筑的运行，产生了大量的 CO_2 排放。根据《2022 年全球建筑和建造业状况报告》，2021 年建筑物运营所产生的 CO_2 排放量达到了历史最高水平，约 100 亿吨，比 2020 年增加了大约 5%，比 2019 年出现的上一个峰值高出 2%。如果包括生产建筑材料（如混凝土、钢、铝、玻璃和砖块）所产生的约 36 亿吨 CO_2 排放量，2021 年建筑物 CO_2 排放量占全球排放量的 37% 左右。我国每年产生的建筑固废约有 20 亿吨，而资源利用率不足 30%，远低于欧盟的 90% 以及日本的 97%，传统建筑材料的不充分利用也造成了自然资源的日益短缺。建筑固废资源化利用是城市发展循环经济的重要环节，也是节约土地、减少污染、促进绿色可持续发展的有效途径。在气候变化、空气污染和资源紧缺问题突出的今天,可持续城市和低碳建筑的发展问题需要更多关注。在推进城市更新进程中,应下大功夫对建筑固废等固体废物进行科学的环境管理,真正给市民带来显著的环境效益和经济效益。

建筑的未来趋势是努力向碳负排发展,这不仅有助于应对气候变化,还提供了可持续性建筑的创新解决方案。通过采用碳捕集技术、碳负排材料和自然系统集成,让建筑不再是碳排放的源头,而是碳排放的解决方案。城市建筑的碳负排技术是通过碳的捕集、利用以及储存等技术将钢铁行业生产需要排放的 CO_2 进行收集,通过化学手段将 CO_2 转化成具有利用价值的气体,经过长时间的封存处理,以及自然环境的影响,降低 CO_2 给空气带来的污染。

8.3.3　推动建筑固废综合利用,促进节能减排和资源再生

建筑固废的处理问题已经变成了我国城市发展中不可忽视的问题,这个问题是否能够有效地解决,直接决定了整个城市是否能够正常运行,因此,推动建筑固废的再回收利用极为重要。如今,建筑垃圾已经变成了我国生活垃圾的重要构成部分,占全国垃圾总产量的 40%。如图 8-3-3 所示,根据国家环境保护总局的数据,我国的建筑垃圾的构成如下。

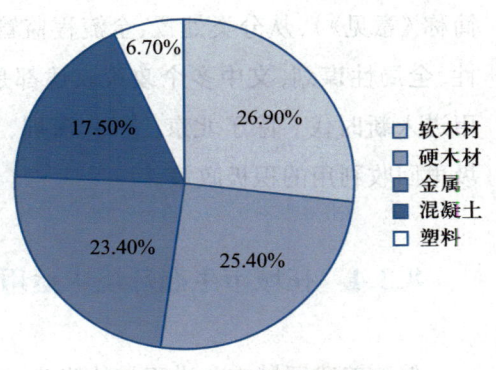

图 8-3-3　建筑垃圾的构成

目前,我国针对建筑固废回收再利用的法律法规还不够完善,只出台了部分的法律条文以及相关规定,如 2013 年《绿色建筑行动方案》(国办发〔2013〕1 号)里将"推进建筑废弃物资源化利用"作为十大重点任务之一,提出了"住房城乡建设、发展改革、财政、工业和信息化部门要制定实施方案,推行建筑废弃物集中处理和分级利用,加速建筑废弃物资源化利用技术、装备研发推广,编制建筑废弃物综合利用技术标准,开展建筑废弃物资源化利用示范,研究建立建筑废弃物再生产品标识制度"。与此同时,我国部分城市已经提出了一些实施策略,其中,2011 年,北京市政府发布《关于全面推进建筑垃圾综合管理循环利用工作的意见》,着力构建完善的建筑垃圾管理

体系和处置体系,推动建筑垃圾循环利用产业链形成,建立了联席会议制度。2020年7月,北京市政府专门颁布实施了《北京市建筑垃圾处置管理规定》,重塑了北京市建筑垃圾管理机制,明确了建筑垃圾管理职责,理顺了行政监管体系,实现建筑垃圾源头管控,并对建筑垃圾分类处置和资源化利用提出了更加详细的要求,进一步加大处罚力度。近年来,北京首钢建筑废弃物绿色循环再利用生产线是北京市实施建筑垃圾资源化的重点示范项目之一。早在2015年,北京2022年冬奥会和残奥会组织委员会已正式入驻首钢位于北京石景山区的老工业区(首钢园),开展冬奥会相关的筹备工作。首钢集团利用工业遗存的老厂房改造短道速滑、花样滑冰、冰壶、冰球四个冬季运动训练场馆。在老厂房改造过程中,北京首钢资源公司采用山美股份关键设备和技术的建筑废弃物资源化工厂,共同开发的建筑废弃物绿色循环再利用生产线,去除建筑垃圾中的废金属、废木材、废塑料、废织物等杂物并回收渣土,最终得到不同规格的再生骨料产品。建筑垃圾再生产品均通过了第三方检测,质量符合标准要求,并被授予"绿色建筑节能推荐产品证书"。2022年11月,北京市城管委等10部门联合颁布《关于进一步加强建筑垃圾分类处置和资源化综合利用工作的意见》(以下简称《意见》),从分类处置、全流程监管、资源化处置能力、利用优惠等方面进行战略性、全局性谋划,文中多个政策表述都是首次出现,代表着北京市建筑垃圾再循环利用进入新时代。除了北京,上海、深圳、青岛、邯郸等城市也都颁布了一些针对建筑垃圾再回收利用的积极政策。

8.3.4 在城市生态环境中运用新型建筑材料

伴随着我国城市化进程加快脚步,城市内部的生态环境建设工作已经成为社会各界所关注的重点。肖力光等认为随着我国城市化及建筑产业化的发展,传统建筑材料的大量应用造成自然资源的日益短缺。而新型建筑材料具有轻质、抗震、耐火、保温、抗冻等优点,将其应用于工程建设中既能缓解资源短缺的现状,又能提高建筑的节能效率。并且,过去固化的建筑模式已无法适应居民对于建筑环境的新诉求,绿色建筑和新型建筑材料成为关注焦点,致力于建筑模式的创新和优化,应用新的建筑设计理念与技术成为当下建筑行业的主流趋势。

新型建筑材料是指在传统的建筑材料基础上,增加新的成分再复合组成,在提高传统建筑材料性能的同时,又能满足现代建筑市场需求的建筑材料。新型建筑材料具有

以下特点：① 环保性：新型建筑材料不会对环境造成污染，也不会危害人体健康，绿色环保是新型建筑材料的基本要求；② 节能性：新型建筑材料能实现能源的合理利用，节约能源、提高能源利用率；③ 经济性：新型建筑材料不仅具有较高的质量水平，而且价格相对比较便宜，在满足基本功能要求的基础上能够降低成本；④ 多样性：新型建筑材料能够适应不同地区、不同环境和不同用途的需求，并赋予建筑物多样的特点；⑤ 多功能性：新型建筑材料往往具有多种功能和多种用途，如保温隔热、防水防潮、吸声隔音等。

新型建筑材料通常具有良好的透气、保温、保湿性能，可以有效控制室内温度，避免各种能源的大量消耗。在城市生态环境中，使用新型建筑材料可以实现节能减排的目标。传统的建筑材料，如混凝土、钢筋、黏土砖等，在投入运用之后，不仅会消耗掉大量自然资源，还会在建设过程中产生噪声、粉尘、各种固体废弃物，直接污染生态环境，影响城市的风貌。新型建筑材料的运用有助于城市的可持续发展，使城市建设的各个环节不需要依赖大量的非可再生资源。除此之外，新型建筑材料的生产过程有着较强的环保性，可以做到循环利用，从而使降低能耗、降低碳排放量、保护生态环境从理论转化为现实。在材料设计环节，要将绿色设计理念融入建筑物的设计环节。绿色设计理念就是在规划、设计、建造、运营的同时，减少对周边生态环境的影响，使建筑能效提升，能够达到可持续发展的目标。新型建筑材料需要与绿色设计理念搭配，以便于建设城市的生态环境。相关建设单位或者部门，可以以绿色设计理念为设计基础，选择比较环保的新型建筑材料。例如，可以将植物纤维制成的隔热材料运用于建设环节；寻找可以降解的建筑材料并加以应用，如能够通过生物手段降解的塑料建材等。不仅如此，绿色设计理念还可以在造型设计之中凸显作用，部分新型建筑材料具备较强的可塑性，能够使建筑物的造型更为自由，打破传统建筑外形的局限，与城市的生态环境建设相呼应。新型建筑材料的应用对节能减排、居民健康、建筑多功能多样化都有着重要的意义，能够对城市生态环境的建设和发展起到积极的促进作用。

建筑行业的碳负排是一个严峻的问题，通过选择合适的建筑材料、优化建筑设计和控制施工过程中的碳排放，人们可以有效地减少建筑行业的碳排放。这不仅有助于改善环境质量，降低全球气候变化的影响，还将为建筑业的可持续发展提供重要支持。建筑行业和相关领域将共同努力，积极采取措施，实现碳负排的目标。

思考题

1. 简要回答如何才能发挥绿色建筑节能减排的优势。
2. 绿色建筑的设计理念可以应用在哪些方面?
3. 建筑固废主要分为哪几类?
4. 目前主要以哪些方式处理建筑固废?
5. 针对我国目前的建筑固废资源化你有什么建议?
6. 什么是"碳负排",它与"碳中和"有什么区别?
7. 什么是新型建筑材料,它有什么特点?
8. 新型建筑材料的使用对环境有什么好处?

第 8 章参考文献

第 9 章
碳中和与信息

第 1 节
大数据与云计算节能

全球气候变化的影响正给全人类的生存发展带来重大挑战,主要国家和地区纷纷加速向碳中和迈进。绿色低碳发展已是当今时代科技革命和产业变革的主要方向,绿色经济成为全球产业竞争重点。我国明确提出力争在 2030 年前实现碳达峰、2060 年前实现碳中和。国务院印发《2030 年前碳达峰行动方案》,对推进碳达峰工作做出总体部署。目前,我国仍处于工业化、城镇化深入发展的历史阶段,传统行业所占比例依然较高,战略性新兴产业、高技术产业尚未成为经济增长的主导力量,推动工业绿色低碳转型任务艰巨。伴随着全球新一轮科技革命和产业变革深入发展,以数字化转型驱动生产方式变革,采用新一代信息技术提升能源、资源、环境管理水平,深化生产制造过程的数字化应用,赋能绿色制造,逐渐成为业内共识。据全球电子可持续发展推进协会的研究,数字技术在未来十年内通过赋能智慧能源、智慧制造等领域可以减少全球 20% 的碳排放。我国碳达峰、碳中和"1+N"政策体系中也明确提出要推动工业互联网、大数据、人工智能、5G、云计算、边缘计算等新兴技术与绿色低碳产业深度融合,推进工业领域数字化、智能化、绿色化融合发展。目前电力行业占我国碳排放总量的 40%,因此"双碳"目标下,电力行业降碳迫在眉睫。其中,我国输配电损耗占全国发电量的 6.6%,随着未来我国电气化率的进一步提升,社会用电量还将持续增长,输配电网络损耗将成为不容忽视的能源浪费。电网公司基于数字化技术加强电网运行状态大数据的采集、智能分析处理,实现设备状态感知、状态监测、故障精准定位,通过提升电网管理水平来降低输配电网络损耗,从而逐步推动电网节能降碳。在用户端,基于先进的数字技术,也可助力使用者精细化管理自身能源消耗、精准定位高能耗、智能分析用电行为,从而优化电力调度,达到提升用电效率、降低碳排放的目的。在工业生产领域,也可通过数字孪生技术将工业流程数字化,构建数字流闭环,并通过智能算法提高能源使用效率。在工业设备层面,基于数字技术的模拟预测能力能够通过开展瑕疵产品识别和设备预维护来减少生产浪费，最大限度地减少特定设备和流程的温室气体排放。在工业控制系统方面，将优化的控制算法与图像识别和时间延迟神经网络等技术相结合的方法，机器学习可以潜在地提高工业控制系统的效率，减少系统的温室气体排放。除此之外，在其他领域，数字技术也有着更为广泛的应用场景。毫无疑问，数字化已成为我国实现碳中和的重要技术路径。

9.1.1 云计算与大数据

云计算（cloud computing）的概念由 Google 公司于 2006 年首次提出。它的本质是一种分布式计算范式，融合了分布式计算、并行计算、效用计算等传统计算机技术。云计算可以利用虚拟化技术将大量同构和异构的各类可配置计算资源（如网络、存储、CPU、应用服务以及其他 I/O 设备）抽象为一个统一的、底层透明的、可按需提供服务能力的共享资源池。用户可以通过方便的、普遍存在的、按需的网络访问申请共享资源池中的资源，按使用量进行结算付费。因此，云计算具有弹性可扩展的特性，而无须考虑硬件资源的异构性或型号的差异，不同资源实体可以动态实时地加入和退出。根据服务层次的不同，云计算可以分成以下三类服务模型：

（1）软件即服务（software as a service, SaaS）　这类云计算服务将应用软件作为一种服务能力通过网络按需提供给用户。用户不再需要为了使用某应用程序而购买该软件，也无须管理或控制底层基础设施，只需通过浏览器等网络接口或其他网络程序接口来访问相应的云计算 SaaS 服务，按使用量付费即可获得相应的软件服务。

（2）平台即服务（platform as a service, PaaS）　这类云计算服务与 SaaS 类似，也是将软件作为一种服务提供给用户，但它提供的是一套软件开发平台或者是通过使用提供商支持的编程语言、函数库、服务和工具创建的用户定制应用程序。由此可以将 PaaS 部署到云基础设施中向用户提供平台服务，而用户无须管理和控制底层基础设施。

（3）基础设施即服务（infrastructure as a service, IaaS）　这类云计算服务提供用户的服务是能够部署和运行任意软件（包括操作系统和各级别应用程序）的处理器、存储、网络和其他基本计算资源与 I/O 设备，即虚拟化资源池。用户不需要管理和控制底层云基础设施，但可以使用云基础设施服务控制操作系统、存储和部署的应用程序。

事实上，SaaS 和 PaaS 都是建立在 IaaS 之上具有特定服务方向的云计算服务模型，

而根据概念可知,云计算本身提供的服务是计算资源的服务,即底层云基础设施服务。应用服务的作用和内部逻辑与用户相关,而云计算仅是针对相应的计算任务提供资源,形成相应的计算能力来完成服务,因此通常所说的云计算本质是 IaaS 云服务模型。云计算即是通过虚拟化资源池向用户提供弹性可扩展计算资源的分布式计算系统,与高性能集中式计算机和传统分布式计算系统相比,云计算可以实时动态地扩展其计算能力。随着信息技术和软件理论的不断发展,计算机程序对底层计算能力的需求增速已经远超硬件电子技术的发展速度。研发新的超级计算机系统成本巨大,无法广泛应用到社会生产生活的各个层面中,也就无法从根本上解决这个难题。但是云计算的出现使得该问题的彻底解决成为可能,云计算系统可以在线将已有的异构和同构计算机系统扩展进虚拟化资源池,而无需额外的管理成本和系统状态的改变,通过"一虚多"充分利用已有资源,利用"多虚一"形成强大的计算能力。因此,云计算理论上可以利用现有的普通计算机或服务器无限地扩展其计算能力来满足相应的计算需求,这对信息时代下人类科学技术的发展和重大问题的解决起到支撑的作用。

大数据的高效处理和未来深层开发利用需要弹性、可扩展的强大计算能力,因此云计算无疑是最佳选择。目前无论在工业界还是学术界,云计算都已经成为大数据的默认支撑平台。云计算之所以能够凭借它的弹性和易扩展性实现强大的计算能力,是因为云计算利用其底层物理资源和虚拟化资源池可以更好地实现高效的并行计算。云计算环境下的并行计算模型通常是将一个计算作业分成多个计算任务,而每个任务被部署到云资源池的物理主机上,或被封装在虚拟化单元(如虚拟机)中而被部署到云资源池的物理主机上。利用多任务或多虚拟机在云计算资源池的多物理主机中的并行计算来实现高效的作业处理。这里所说的一个作业可以理解为一个大数据分析处理需求,是一个数据处理程序,执行一次大数据处理程序就是执行一次该作业。而实际中可以将它分成多个任务,然后利用云计算实现其高效的并行计算。那么,云计算下多任务如何部署,即云计算下的多任务部署策略就是一个亟须解决的问题。同时,利用虚拟机封装任务可以实现灵活的资源分配管理。通过虚拟机的动态迁移,可以实现负载的实时调整,进而实现最大化资源利用率和更优的执行性能与效率。虚拟机的动态迁移目的地通常不止一个,那么如何利用这一过程进一步地进行云平台优化,进而从整体上促进大数据的高效处理,即虚拟机的动态迁移策略,就是一个至关重要的研究问题。针对以上两个问题,现有的方法还存在一定的提升空间,如方法的长期优化视角、算法的全局优化性能等方面。

9.1.2　云计算飞速发展的痛点

随着人们对数据和网络服务的需求日益增长，互联网在数据中心、网络通信和终端用户设备等各个环节都消耗了大量电力，其碳排放也在不断增加。如果将互联网视为一个国家，那么它将在电力消耗方面排名第三，在污染方面排名第四。

过去十年内，页面传输资源大小在 PC 端和移动端分别增长 162.5% 和 392%。目前大多数互联网应用：

① 托管在由化石燃料提供动力的机器中；② 旨在获得用户注意力，增加内容和交互，强化用户参与度和忠诚度；③ 已经开始关注并重视无障碍设计，但是尚未从设计角度考虑对环境的影响；④ 开发者在实现时一般不会考虑可持续性与碳效率，大多情况下考虑的是性能和可靠性等维度。

如何通过技术让互联网应用改善对环境的影响和减少碳排放，是值得 IT 从业者思考和解决的问题。首先要做的就是开始构建低碳的 Web 网站。2009 年，阿里巴巴在江苏建立首个"电子商务云计算中心"，标志着云计算在我国的首次出场亮相；2010 年，腾讯云、华为云开始战略部署；2012 年，百度云也奋起直追；此后，金山云、UCloud、青云、天翼云、京东云等纷纷开始发力，云计算在我国彻底爆发。到 2020 年，国家发展改革委首次对"新基建"的概念进行正式解读，其中，云计算成为新基础设施的一部分，正式走向产业政策和人力资本投入的中心，将与人工智能、5G、物联网、工业互联网等新兴技术融合发展，从底层技术架构到上层服务模式两方面赋能传统行业智能升级转型。与此同时，云计算也成为企业数字化转型的关键要素。

相比于传统数据中心，云数据中心为企业带来了更低的成本、更短的周期上限和可伸缩性。离散的企业数据中心到大型中心的计算聚合推动聚合计算资源实现更高效率，云数据中心可以更有效地管理电源容量，优化散热，利用最节能的服务器并提高服务器利用率。当企业系统业务负载激增时，云计算可以调度闲置计算资源，保证网络及应用程序的稳定运行；当企业系统业务负载下降时，云计算可将冗余资源转入节能模式，或缩减企业基础架构，降低成本的同时提高资源利用率，发挥绿色低碳特性。在新基建助推下，云计算与互联网厂商纷纷加码数据中心建设投入。其中，云计算数据中心在资源集约化、平台运行效率、资源分配时滞等方面对传统互联网数据中心（internet data center，IDC）做出进一步优化，可实现效率和成本的边际最优。

国家发展改革委等四部委发布意见指出，要加快构建全国一体化大数据中心协

同创新体系。根据智科咨询研究报告数据显示，2019年，中国IDC业务市场规模达到1562.5亿元，同比增长27.2%，市场规模绝对值相比2018年增长超过300亿元。不过，由于电力成本占比过半，行业耗电量不断攀升，IDC的强需求、高能耗矛盾凸显。国内IDC市场规模的扩展，带来了行业耗电量的攀升。据国网能源研究院预测，到2030年，我国数据中心用电量将突破4000亿千瓦时，占全社会用电量的3.7%。另据绿色和平与工业和信息化部电子第五研究所计量检测中心联合发布的《中国数字基建的脱碳之路：数据中心与5G减碳潜力与挑战（2020—2035）》报告预测，2035年，中国数据中心和5G的碳排放总量将达2.3亿~3.1亿吨，约占中国碳排放量的2%~4%。其中，数据中心的碳排放将比2020年最高增长103%。此外，我国IDC行业数据中心能源效率（power usage efficiency，PUE）偏高也造成了耗电量的增长。PUE是评价能效的重要指标，等于数据中心总能耗除以IT设备能耗，其中数据中心总能耗包括IT设备能耗和制冷、配电等系统的能耗，其值大于1，越接近1表明非IT设备耗能越少，即能效水平越好。2022年，我国数据中心平均PUE为1.21，仍处于较高水平。随着5G逐步商用，数据中心的发展已势不可挡，而"碳中和"理念的逐步深化，也使得绿色节能建设的重要性愈发凸显。

9.1.3 云计算如何做到"绿计算"

谈到"云减碳"，近年极为流行的莫过于"绿色计算"。当前，业界普遍关注的是降低数据中心PUE的举措。PUE的产生更多是为了体现数据中心基础设施能耗的情况，但在"双碳"目标下，PUE存在种种局限性而无法全面评价数据中心的绿色节能情况。比如PUE无法体现实际消耗的电量，无法体现基础设施和IT设备内部各子模块能耗比例情况等。

"绿色计算"是利用技术突破来推动计算和其他IT资源的可持续发展，以实现可能的环境优势。绿色计算使计算机资源的使用和对环境的负面影响最小化，最大限度地减少了计算机资源的使用及其对环境的负面影响，同时增强了业务运营和流程。除降低数据中心PUE，实际上"绿色计算"还包括合理分配计算资源，让企业组织利用他们已有的计算资源来最大限度减少能源消耗。在绿色云计算的发展过程中，如何有效地减少能源消耗和碳排放是一个重要的研究课题。总的来看，主要包括两个角度：

（1）绿色设施设备 这包括节能和环保的信息与通信技术（information and

communications technology，ICT）工具，例如数据中心中使用的服务器、网络设备和存储设备。它还包括电源单元、冷却设备和容纳这些组件的建筑物。通过使用能效更高、性能更强的硬件设备，减少计算机能源的消耗。

（2）绿色软件工程方法论　包括管理数据中心和其他基于云的服务的所有应用程序。绿色软件工程方法背后的主要思想是构建可靠的应用程序，这些应用程序不仅可以满足组织的要求，而且具有能源效率。例如，开发人员可以实施代码和架构更改，以减少应用程序消耗的温室气体排放。

在海外，云服务商已经开始尝试对云服务碳排放进行核算并为用户提供碳账单，但国内对云计算碳排放核算方法尚未有统一标准，仍面临一定挑战。挑战主要表现在三个方面：一是云服务供应链中包含的环节多且复杂，云服务商与用户间碳排放核算范围难以界定；二是我国云服务碳核算所需基础数据库仍不完善，存在数据相对陈旧等问题；三是目前国际上碳核算标准仅涉及传统高排放行业，对云服务等软件服务行业未有明确定义。

此外，从云服务碳排放的核算范围看，应涵盖从建设、运营到回收整个生命周期中产生的所有碳排放。其中，建设过程主要涉及数据中心建设、IT 设备采买等，核算节点应包括建筑材料、能源消耗、服务器、机柜、散热设备等。

运营过程的碳排放核算应包含用户在使用私有云和公有云过程中所产生的碳排放，包括服务器、存储设备、网络设备、安全设备、散热设备、供电设备、照明设备、数据中心控制系统、发电机等节点，以及运营过程中的碳逸散，运营人员的碳足迹等维度。回收过程包含报废和碳回收两个环节的核算，涉及主要元件、辅助元件、热电联产、碳捕集等。

9.1.4　大数据和云计算技术的应用

1. 能源数字经济

能源数字经济能直接或间接减少能源活动的碳排放。当前，能源革命正在与数字革命走向深度融合，各国纷纷加快在能源领域推广大数据、云计算、人工智能等数字化技术，积极探索能源数字化转型的可行路径。我国提出构建以新能源为主体的新型电力系统，在这一过程中，无论是提升新能源的消纳能力、实现电网的安全高效，还是助力负荷的可控可调，数字化技术都发挥着关键作用。能源数字经济是数字经济在能源领

域的具体应用。数字经济在能源的生产、消费、传输、运营、管理、计量、交易等环节和链条广泛应用,能够直接或间接减少能源活动产生的碳排放量,助力我国"3060"双碳目标的实现,是能源领域实现高质量发展的重要途径和必然选择。能源数字经济助力碳减排的主要路径如下:

(1) 在能源生产方面 物联网、传感器等数字化技术能够提升能源生产侧的高效采集和广泛互联能力。各种数字化技术在能源生产侧的广泛应用是新能源大规模并网和消纳的必要前提,也是能源生产运行安全可靠的底层基础。

(2) 在能源消费方面 大数据、人工智能等数字化技术能够助推合同能源管理、环境污染第三方治理、环境托管、虚拟电厂等发展,助力工业、商业、住宅等传统消费者从单纯的"消费者"向"产消者"转变,有效提升能量管理和成本管理的精细化水平。

(3) 在能源传输方面 无论是适应新能源的大规模、高比例并网,还是支撑分布式能源、储能、电动汽车等交互式、移动式设施的广泛接入,都需要数字化技术为能源传输赋能,促进"源网荷储"的协调互动,推动电网升级成为更安全、更智慧、更友好的能源互联网。

(4) 在能源企业运营方面 大数据、人工智能、物联网等数字化技术以及数据中台、业务中台等新型IT架构模式能够优化决策流程、提升决策效率、缩短决策时间,减少传统生产要素的投入数量。能源大数据能够以"数据"的流动减少甚至替代人员、货物等传统生产要素的流动,以"数据"的"多跑"实现其他要素的"少跑";图像识别、语音识别等人工智能技术在电力设备产品的检测、标识识别等环节的应用可以节省大量的人工投入;物联网技术能够优化能源物品的配送路线,缩短配送时间,减少库存等。

(5) 在能源资源共享方面 物联网、云计算等数字化技术能够推动形成能源开发利用的新业态、新模式,以商业模式和服务模式的创新,促进闲置能源资源和生产能力的共享、复用。利用共享经济、平台经济等能源数字经济的新业态、新模式,实现能源资源利用方式的重组、能源商业模式的重构以及能源资源配置方式的优化。

(6) 在能源计量方面 大数据、云计算、区块链、数据挖掘、数字孪生等数字化技术能够在碳排放源锁定、碳排放数据分析、碳排放监管和预测预警等方面发挥重要作用。通过实时监测企业进行碳排放的全过程,支撑监管机构构建完整的碳排放监控体系。

(7) 在能源交易方面 大数据、区块链、人工智能、云计算等数字化技术能够支撑数字化交易平台的建设,促进碳资产管理、碳交易、碳税征收、绿证交易、绿色金融的效率提升。

2. 智慧城市

建设智慧城市离不开物联网、大数据与云计算技术的强力支撑。据此，可以构建以物联网、大数据、云计算、智慧应用为基础的智慧城市建设模型，并应用于智慧城市。可以说，智慧城市的建设已经成为当下满足社会发展需要，提高人民生活水平的客观要求。

智慧城市的四层架构模型，将物联网技术作为基础，运用传感器技术、射频技术、集成电路、嵌入式开发等技术，实现人与人、人与物、物与物之间的信息互联。通过物联网技术，对事物进行识别、监督，同时对识别到的目标进行数据采集与分析，产生大数据。将大数据作为第二层，大数据具有体积量大、种类繁多等特征。大数据涉及的技术很多，包括分布式文件系统、分布式数据库等技术，以此对大数据进行数据挖掘与数据清洗等，为城市的智慧化提供稳定、准确的数据支持。而第三层的云计算层则运用到了虚拟技术、分布式存储、网络安全、软件安全等技术。云计算技术具有降低计算机运行成本、提高数据可靠性、具备海量存储等功能，因此，很好地解决了大数据所带来的数据量大、运算困难、种类复杂等技术难题。智慧应用作为最后一层，是人们所追求的目标所在。智慧应用的种类很多，包括智慧农业、智慧快递等。

物联网作为智慧城市的基础层，其架构主要由感知层、网络层和应用层构成。大数据对智慧城市起到支柱性作用。智慧城市通过物联网采集到大量数据，包括图片、视频、文档等。数据的种类复杂且数量巨大，这就造成单一的计算机根本无法处理如此庞大且繁杂的数据。要想解决这一棘手问题，必须采用分布式设计思想。大数据的存储方式主要采取的是基于分布式架构的分布式存储方式。大数据的技术架构通常分为数据收集层、数据存储层、数据处理层、数据整合层和数据应用层。云计算的本质是运用分布式思想，将大数据分解成多个小组数据，将小组数据分配给不同的服务器进行运算处理，将得到的结果反馈给用户。云计算技术在大数据与智慧城市之间起到了桥梁性作用。大数据的价值，也只有通过云计算才可体现出来。云计算技术的架构主要分为显示层、中间层和基础设施层。智慧应用作为智慧城市的最后一层，可以说包含了智慧城市的方方面面。智慧应用主要包含两方面，一是智慧项目，二是用户。智慧项目主要包括智能家居、智能医疗、智能公交、智能快递等智能应用，构成了智慧城市的基本单元。而用户的社会身份是复杂的，针对不同的社会人员，开发适合不同人群的智慧应用才是智慧城市建设的关键。

3. 其他行业的应用

大数据与云计算技术在多个行业都有着重要的用途,随着科学技术的发展,大数据和云计算技术也在不断完善。随着电力系统规模的扩大,电网数据越来越多,传统计算与分析方式不能满足要求。云计算是一种计算模型,在电力系统中应用可快速整合相关资源,并且建立一个存储平台,同时具有信息处理与计算功能,具有效率高与准确性强的特点。云计算应用下,电力系统管理控制能力会提升,电网数据信息也能被高效利用,综合效益得到大幅提升。基于此电力系统,大数据要加强云计算应用研究,确定可应用的部分与应用的方式,以确保云计算应用成效最大化。云计算具有强大的计算能力,也能满足大数据存储的要求,同时具有灵活性强的优势,应用前景好。云计算也可用于暂态稳定分析中,通过高速率的计算提高时域仿真计算效率与质量,这样就能强化电力系统安全分析和协调控制能力。另外,当电力系统出现故障的时候,在恢复中也可以运用云计算技术。供电中断以后,恢复比较麻烦,针对此种情况要进行网格计算,构建云计算系统平台,供电恢复将会实现信息共享与融合,并且能够协作处理,从中得出最好的恢复与稳定供电方案。此外,电力系统运行之中,可靠性评估十分重要,在云计算的协助下这项工作将会更好开展。

在燃煤电厂节能减排工作中,大数据和云计算技术有着重要的用途。将大数据和云计算技术应用至整个发电环节可以实现对各环节的有效监控,能够为节能减排工作的优化与创新提供更多有效的参考数据,结合具体的排放指标和生产特点不断调整节能减排方法,能够进一步地提升燃煤电厂节能减排的质量,推动燃煤电厂的可持续发展。因此,有必要结合燃煤电厂发展转型遇到的问题和技术特点制定大数据和云计算技术的应用模式,推动燃煤电厂更加科学地转型。数据收集系统是不可缺少的结构,其主要作用是对燃煤电厂的各项数据进行收集,结合特定的语义对这些数据进行分类,进而提供足够的参考数据信息。数据收集主要通过传感器实现,传感器中设有物理化学反应装置,能够动态地对各项数据进行监控,并将这些数据传输到控制中心,控制中心能够将数据分类并存储,对于异常的数据还能进行进一步地处理,从而提供更多精确的排放数据,图9-1-1所示为大数据与云计算的结构。

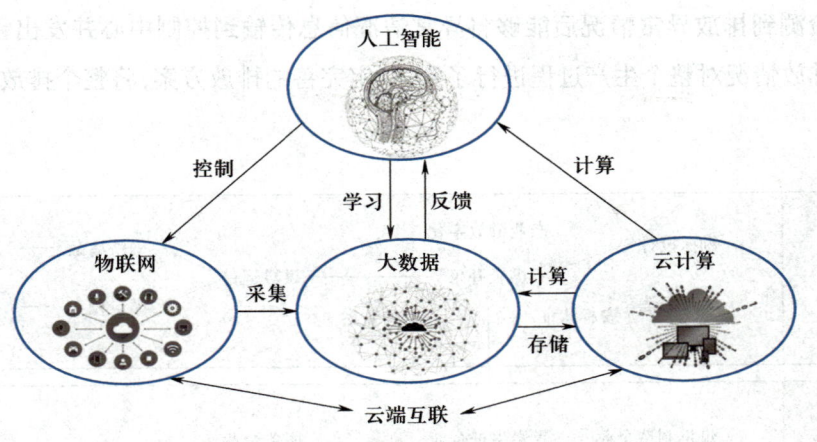

图 9-1-1　大数据与云计算的结构

　　燃煤电厂的碳排放量非常大,需要通过相应的存储系统进行存储。在数据中心中设置了数据存储结构,大数据系统在处理完排放数据后会将处理后的数据保存在数据存储结构中,存储结构以云技术为主。管理人员结合相关的数据可以对生产中存在不足的环节进行控制。数据处理系统的处理效率关系到整个控制中心的工作质量,大数据与云计算技术的应用有效地保障了系统在处理数据方面的效率,通过实时和动态的数据能够掌握燃煤过程中排放物的含量和扩散情况。此外,数据处理系统也能对生产设备的工作情况进行了解,通过掌握生产设备的运行情况能够提供调整生产方式的方法,有效地提升燃煤排放控制质量。数据分析系统能够进一步地分析分类整合后的数据,进而提供更为精细化的管理依据。数据分析系统中的云计算系统最为关键,可以结合相关的计算规则和以往的数据对排放的趋势进行预测,从而提供参考性更强的数据。此外,数据分析系统还增加了排放指标预测功能,可以围绕既往的排放特点和排放趋势对相关指标进行预测,为人们提供更多参考,解决排放量过大的问题,图 9-1-2 所示为"煤智云"大数据中心面向煤炭产业链提供赋能服务。火电厂排放监测中最为重要的一个环节是大气监测,大数据和云计算能够为检测提供更为有效的监测手段,通过大气中各成分含量的变化进行警报和预测,为燃煤电厂调整生产方式提供更多有效依据。燃煤转化检测系统主要用于检测燃煤产生电能的效率和燃煤后产生的各类污染物的比重。系统能够对各类燃煤的燃烧转化物进行监测,并与排放后的烟气成分进行比对,为燃煤方式的调整提供依据。大数据和云计算技术在燃煤转化检测系统中有效地降低了燃煤发电过程带来的能耗问题,大大提升了发电质量。故障警报系统使用了大数据和云计算技术,系统能够通过判断各项数据的异常情况来提供更多有价值的排放参考。

系统在检测到排放异常情况后能够将异常情况信息传输到控制中心并发出警报,结合具体的排放情况对整个生产过程进行了解,制定完善的排放方案,将整个排放过程进行完善。

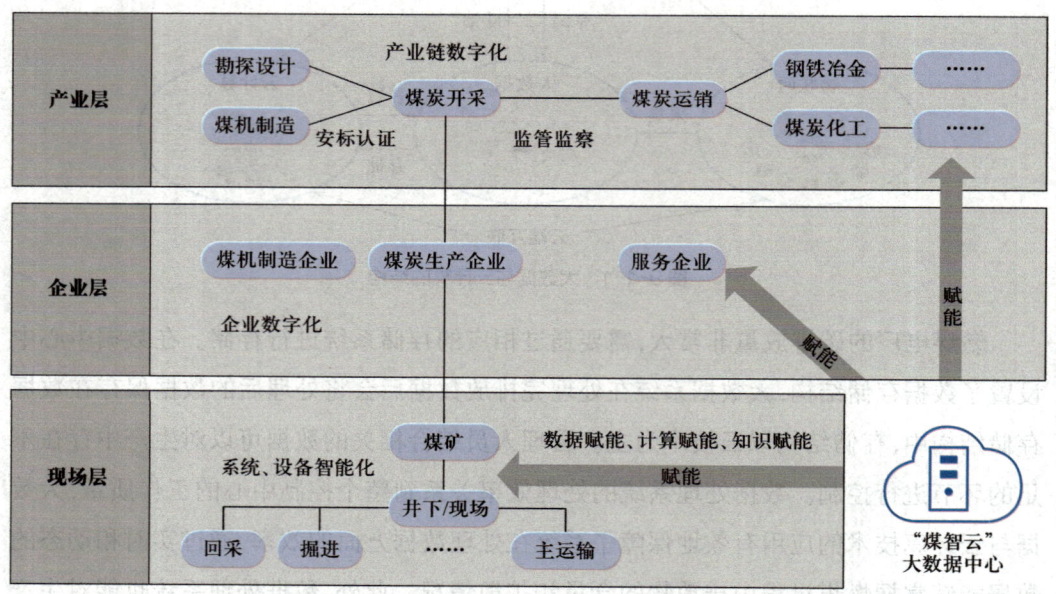

图9-1-2 "煤智云"大数据中心面向煤炭产业链提供赋能服务

在气象行业,首先,云计算可以提供更快捷、更准确的气象预测。气象预测需要处理海量数据,包括气象站、卫星、雷达观测数据等。云计算技术可以将这些数据进行高速处理,并且利用深度学习等算法来进行气象模拟和预测,使气象预测更加准确,为社会提供更有价值的应用。其次,云计算可以提高气象数据的共享和交流效率。云计算可以将气象数据存储在云端,不同机构和个人可以自由地进行数据共享和交流,以此促进气象领域的合作和发展。最后,云计算还可以提高气象系统的安全性。气象系统需要处理非常重要的数据,如气象预警和预报等,这些数据的泄露或损坏会对社会生命财产造成重大影响。云计算技术可以提供更高的安全性保护,将气象数据存放在云端,严格限制数据访问权限,保证数据的安全性和完整性。总之,云计算对气象系统的重要性是不可忽视的,其在气象预测、数据共享和安全保障等方面都有非常重要的作用。

要想在通信行业发展过程中更好地发挥大数据、云计算等技术的优势作用,首先要做好总体架构工作,立足相关技术的实际应用需要,建立专业化的技术平台,解决好技术应用存在的问题。一般来说,平台模块应当采用相互独立的分层结构,同时各个层次

间要利用标准接口连接,或者也可以采用外部应用系统开发模式,进而保证业务的多样化。在专业化技术平台的支持下,可以有效保证业务的多样化,使得大数据以及云计算等技术能够灵活应用于多个平台。

  随着互联网的发展和普及,数据逐渐成了继土地、劳动力、资本和技术之后的第五大生产要素,是信息化时代的核心资源。而社会的持续发展则为矿产资源开发等相关产业提供了长期的广阔市场,同时也为矿山测绘技术的迭代更新提供了良好契机。大数据指的是在一定时间内采集、管理、处理并整理归纳的,能够用于企业经营决策需求咨询等提供支撑的一种数据集合及相关数据技术体系,而云计算则是一种基于互联网的增加、使用和交付模式的计算方式,它通常涉及通过互联网来提供动态、易扩展且大多为虚拟化的资源。云计算作为一种新型的数据处理技术,有着高扩展性、敏捷性以及安全性的优点,为高质高效分析巨量地理信息数据提供了一种全新的途径。同时大数据、云计算技术的高速发展也推动了地理信息数据系统的发展,并为其提供了全新的发展机遇,基于大数据和云计算所制定出的技术方案也必将改变传统地理数据处理模式和理念。在矿山测绘地理信息中应用大数据和云计算技术不仅提升了矿山测绘的效率,同时也提升了矿山测绘数据信息的精准度,推动了矿山测绘技术的发展。但从整体上来看,无论是大数据还是云计算技术,将其应用于矿山测绘之中都应将其各自的优势和测绘地理信息进行充分结合,建立起相应的矿山测绘地理信息标准,以实现矿山测绘地理信息数据的共享,提升数据信息的利用效率。

  云计算作为现代信息技术和数据处理技术领域内的最新应用成果,在很大程度上改变了信息数据的存储方式,为各个行业的信息化转型提供了极大便利。在矿山资源管理过程中,构建云计算平台是打造智慧矿山和数字矿山的基础,其不仅能够推动矿山企业的信息化发展,同时也能够彰显出矿山测绘信息所具有的公益性价值。而云计算在矿山测绘地理信息中的应用会对粒度不同的数据进行统一改造,使之更标准化,进而实现多粒度的智能化服务,优化整合位于不同服务器上的矿山测绘碎片数据,并将其集成为数据云和混合数据云,以便满足用户对于矿山测绘使用的不同需求。基于云计算的大数据存储流程如图9-1-3所示。

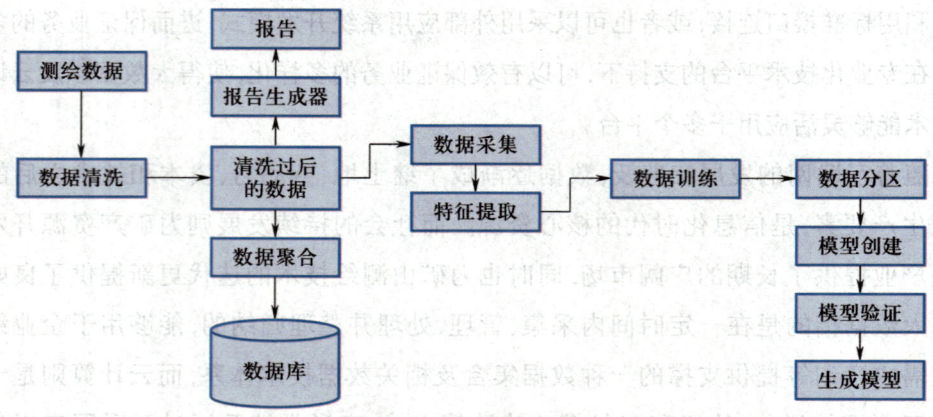

图 9-1-3　基于云计算的大数据存储流程

第 2 节
人工智能物联网

人工智能和物联网在实现碳中和目标上有很大的潜力。人工智能技术可以根据企业当前的工作过程、减排方法和需求,预测未来的碳排放量,有利于帮助企业更加准确地制定、调整和实现碳排放目标。据分析,使用人工智能可以帮助减少 26 亿~53 亿吨的 CO_2,占减排总量的 5%~10%。物联网的万物互联,能够有效监测、分析和管理设备能耗,减少碳排放,进一步提高能源利用率。根据世界经济论坛发布的数据,物联网与 5G、人工智能等技术相结合,在全球范围内助力减少的 CO_2 排放量可达 15%。总的来说,人工智能和物联网在碳达峰、碳中和过程中的各个细分环节都具有一定潜力。然而,目前技术的成熟度参差不齐,在某些关键领域还没有走到"能够改变格局的阶段",因此仍需要加大研究投入,加强通力合作,从而推动人工智能技术在可持续发展领域的成功应用。

9.2.1 人工智能

在大数据的基础上,依靠人工智能(artificial intelligence,AI)能够更高效地使用这些数据,实现更高的价值。AI 是由计算机或机器模拟来拓展人类智慧,是通过知识学习以总结解决问题的办法的应用系统。AI 多是一种泛称,包含了多个关键技术,如机器学习、知识图谱、自然语言处理、人机交互、计算机视觉、生物特征识别以及虚拟现实/增强现实等。

1. 人工智能支撑工业运行节能技术

焦炭生产质量的影响因素有很多,其中参与生产的原料煤的成分和比例最为重要。根据现实生产情况的变化,需要的配煤比也在实时地发生变化,运用 AI 算法预测实际需要的配煤比能够满足其实时变化的要求。

首先,在建立神经网络模型的基础上,预测焦炭质量。建立神经网络模型需要根据焦化过程数据完成,并且在训练过程中引入遗传算法,完成对网络权值的改进。这种方法得到的配煤比可实时变化,达到煤炭质量的最优水平,减少冶炼环节设备运作产生的 CO_2 等温室气体,提升设备的能源利用率。

另外,保持高炉炉温稳定可减少化石能源燃烧产生的碳排放。在高炉冶炼过程中,高炉炉温稳定是确保生产出高质量铁水的前提。要达到对高炉炉温的管控和预测,需要支持向量机预测模型与随机森林预测模型的协助,通过高炉生产数据的不同特征建立预测模型,进而维持高炉炉温的稳定,提高冶炼过程燃料的燃烧效率,有效减少高炉设备的碳排放。

2. 人工智能支撑农业运行节能技术

现代农业不断朝着智能化、精准化方向发展,人工智能技术可应用于智慧农业。这项技术帮助农业节约土地、水、电力等资源,在提高产量的同时也提高了农业生产效率,降低碳排放,促进了农业的可持续发展。

由人工智能系统组成的智能机器人借助图像识别、机器学习等技术分析判断农作物生长情况、生长环境等,实现播种、灌溉、施肥、收获等农事活动环节由机器人代替完成,大大解放了劳动力。

同样,通过人工智能算法或者机器识别技术能够实现对农作物病虫害、作物生长态

势以及周围杂草等环境情况的监测,针对性开展下一步工作,提高农业生产效率,促进农业智能化发展。人工智能的数据挖掘和深度学习技术能够发掘农业工作数据中的关联特征,预测未来的发展趋势,优化农业投入管理流程,为农业管理者提供最优决策建议,提升生产资源利用率。

9.2.2 物联网

物联网与大数据、云计算和人工智能之间存在着紧密联系,通过融合这三大技术,能够进一步提升物联网的工作效率。物联网技术能够有效地减少一些行业的能源消耗以及碳排放。

1. 物联网支撑工业运行节能技术

(1) 化工应急管理系统 针对减少工业生产过程中碳排放的问题,根据物联网构建化工应急管理系统。其中基础支撑层为系统运行保证了安全有效的软硬件运行环境,同时提供视频监控等基础信息;数据支撑层保证各子系统的正常运行、数据交换、公众服务等,化工园区日常数据同样存储于其中;应用支撑层包括监测监控、安全监管、应急服务等子系统。

① 监测监控:运用二、三维地理信息系统(geographic information system,GIS)对环境、能源和设备进行监控,对排放气体进行实时监测,控制温室气体的排放。② 安全监管:实行危险源管理和风险管控,进行风险的管控和排查,降低化工泄漏风险,发现化工生产管理中不合理的地方,减少管理过程的人力、电力消耗。③ 应急管理:利用三维 GIS 与虚拟现实(virtual reality,VR)技术进行拟练,构建应急救援演习数据库,使参与人员快速地了解事故情况、人员调度和车辆行驶情况,实现应急资源的高效分配,减少风险发生时园区的损失。

(2) 有色金属加工设备远程运维技术 有色金属加工行业的特点是小批量、多工序,导致有色金属加工流程长、技术集成度高,所以设备运维是保障有色金属相关企业稳定生产的基础。有色金属加工设备远程运维系统根据信息流向划分为传感层、数据层、服务层和数据展示层。

① 传感层:首先,传感层中的智能网关与现场可编程逻辑控制器(programmable logic controller,PLC)或智能仪表相连接,PLC 或智能仪表取出设备数据。然后,将数

据通过多种无线传输方式传向数据层,无需电缆等传统传输媒介,传输过程安全节能。② 数据层:数据层中的实时数据库接收并汇总来自内部接口协议的数据,并对其进行存储与处理。③ 服务层:根据用户的实际需求,为用户实现碳排放检测等功能,有节制地进行碳排放。④ 数据展示层:使用户可通过客户端或手机 APP 对运维信息进行访问。

有色金属加工设备远程运维系统实现了设备的监控报警、智能分析等功能,大大节约设备运行、维护的消耗,减少电力的使用。

2. 物联网支撑智能交通系统

(1) 智能物联网交通系统　此系统通过物联网等技术对当前道路拥挤情况进行分析,并据此来对车道方向以及车道导向进行控制,有利于改善道路的拥堵情况,从而减少车辆能源的消耗以及碳排放。通过红外对射传感器对当前道路的车流量数据进行采集,并将数据传送给服务器,服务器通过相关智能算法做出判断,从而进行车道方向与导向的控制变化。

目前,我国交通领域碳排放量占总量的 10.4%,成为温室气体排放较多的领域之一,其中,公路交通碳排放量占比超过 70%。共享单车、共享电动汽车等代步工具的出现,在一定程度上减少了汽车尾气的排放,共享单车利用 NB-IoT 智能锁,结合定位系统可实现车辆的精准定位;由于机动车频繁减速刹车的过程油耗大、碳排放多,高速公路收费站使用电子不停车收费系统减少车辆启停,每年可减少 CO_2 排放量超过 65 t,推进了节能减排;车路协同系统集合了物联网、5G、云计算等前沿技术,通过控制对道路车辆进行智能交通规,同时积极研发机动车自动驾驶功能,为机动车设计最快速、节能、省时的路线,不仅可以减少交通拥堵,而且能够降低能耗,减少 CO_2 与污染物的排放。

(2) 车联网技术　通过车联网(internet of vehicles, IoV)技术来减少交叉路口车辆的拥堵情况,有利于减少汽车能源的消耗以及碳排放。

当次路车辆进入交叉路口的控制区域后,车辆通过车联网技术获取周围其他车辆的速度、轨迹、位置等信息,并结合自身的速度等交通信息来判断车辆在通过交叉路口时是否会与主路上的车辆发生碰撞,若不发生碰撞,则直接通过;若会发生碰撞的话,主路上的车辆将通过车联网技术获取的其他车辆以及自身的交通信息进行分析,从而改变与前车的车距来使次路上的车辆能够通过这个车距穿越主路。这个方法能够有效地减少主路、次路上车辆的拥堵情况,提高交叉口的通行效率,达到节能减排的目的。

3. 电力物联网

传统的电网系统以物联网平台为基础,与互联网、云平台、人工智能相结合,在各个环节实现人机交互、万物互联,形成电力物联网。表 9-2-1 给出了能源领域数智技术应用的演化。电力物联网可实现对不同区域的精准监测,及时发现用电异常区域与电力故障区域,通过对用电数据的高效快速处理,协调各区域的输电分配,实现节能调控。

表 9-2-1 能源领域数智技术应用的演化

电网类型	应用场景	主要功能	数智技术
智能电网	智能计量和监测、电力市场交易实时定价、分布式电源接入等	从电厂到终端用户的整个输配电过程中,实现节点间信息和电能的双向流动	智能电表、传感测量技术等
能源互联网	多元能源消费主体参与可再生能源生产和交易(每个人既是消费者,同时也可以成为生产者)	建立基于"高熵"可再生能源的、分布式、开放共享的平台网络	能源路由器 IEEE 1888 标准、大数据分析、机器学习和预测等
泛在电力物联网	海量设备、机器、系统的接入与互联,虚拟电厂(VPP),故障预测预警,综合能源服务等	建立坚强安全可靠的大电网,在"源网荷储"过程中实现数据贯通、不同时空尺度的电力智能调度和统一物联管理	智能物联表、工业物联网、车联网、智慧楼宇、先进通信技术(5G)、云计算、机器视觉、仿真模拟等
新型电力系统	跨时空和多维度耦合的电力电量平衡,绿电/联信用来源追溯,大型风光电基地接入和跨区域调度,传统能源逐步退出(不同阶段煤炭和新能源优化组合)等	以新能源为主体(能源消费占 80% 以上),终端能源利用高度电气化推动能源技术与现代信息、新材料和先进制造技术的深度融合	智能融合终端、数字能量计算装置、人工智能物联网(AIoT)、城市大脑、数字孪生、区块链、边缘计算、元宇宙等

在清洁能源领域,电力物联网可以加速推进新能源的资源、电网、负荷、储能一体化,风力发电机设备利用温度、风速等多种传感器感知周围环境变化,实时进行数据采集、处理和分析,通过算法预测设备运行状态,如图 9-2-1 所示,为源网荷储联合调度模型。光伏发电系统凭借着物联网、可视化模拟等技术,可以实现无人化、远程监控,提高工作效率。

4. 物联网支撑建筑节能技术

电能作为建筑物消耗的主要能源,每年消耗量巨大。建筑设备管理系统(management system of building equipment)融合物联网、云计算技术,包含照明、空调、供配电、电梯、给排水等多个子控制系统。其中,照明控制系统依托中央控制系统对局域网的控制,通过传感设备感知周围环境,实现环境的自动化检测,能够有效节约能源;

空调控制系统可通过温度传感器感知建筑物内部温度,管控空调运行状态与参数设置,依据实际情况定时关闭,以此来降低能源的消耗,达到理想的节能效果;供配电控制系统根据建筑布局与用电设备分布情况,实时监控并管理设备的用电情况,为管理人员提供相关数据,方便检修与管理,提高了效率。

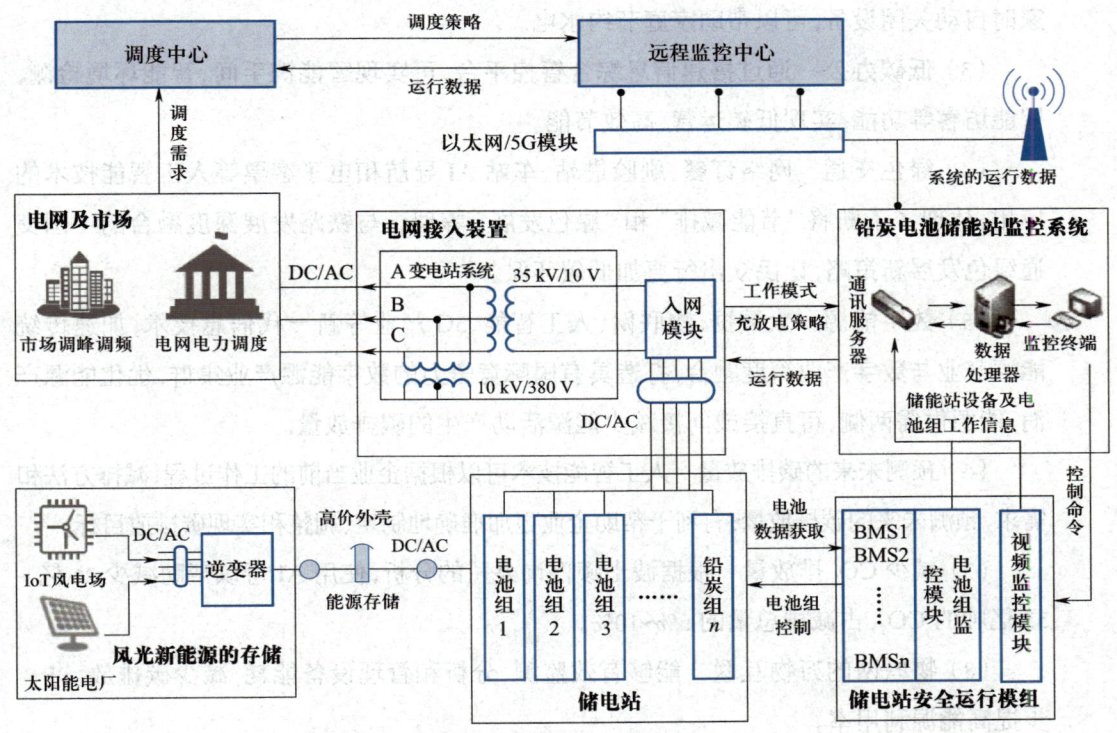

图 9-2-1　源网荷储联合调度模型

基于物联网的建筑节能系统主要由环境监测模块、远程抄表模块、新风控制模块等构成,将物联网技术融合到建筑中,达到节能减排的目的。在环境监测模块中,各传感器采集建筑中的温湿度、光照强度、空气质量等数据并进行分析处理后上传至服务器,为照明系统、空调系统等的自动调节提供数据支持。远程抄表模块则对设备耗能数据进行采集,以及整合分析,通过判断能耗情况将设备调节到最佳的运行状态,从而提高能源的利用率、达到节能减排的目的,并且可以通过这些数据制定建筑的节能方案。新风控制模块能够根据环境监测的数据解析结果判断空气质量达标与否,若不达标则通过双向换气并结合高导热效率材料来实现外部空气的流入以及室内温度的降低,从而减少空调的使用,达到建筑运行节能减排的目的。

总的来说,人工智能和物联网为实现碳中和提供了强大的工具,在碳中和方面发挥

了重要作用，以下是一些主要的应用：

（1）城市智慧管理　人工智能和物联网可以利用大数据驱动城市智慧管理，利用深度学习算法、AI中台赋能城市生活各个场景的应用降本增效，进而减少碳排放。

（2）居家能耗管理　例如，借助自动化系统集成监控，可以实现能耗管控；无人在家时自动关闭设备，可以帮助家庭节约水电。

（3）低碳办公　通过搭建信息综合管控平台，可实现智能洗手间、智能环境检测、智能访客等功能，实现低碳运营、高效节能。

（4）绿色交通　网络订餐、刷脸进站、车站AI导航和电子客票等人工智能技术的应用，体现了不断将"节能减排"和"绿色发展"等理念与铁路发展深度融合的中国交通绿色发展新策略，让民众出行更加低碳环保。

（5）数字能源　大数据、物联网、人工智能、5G产业等新一代信息技术，加速传统能源产业与数字产业深度融合，打造具有国际竞争力的数字能源产业集群，优化能源产消、能源供需两侧，可直接或间接减少能源活动产生的碳排放量。

（6）预测未来的碳排放量　人工智能技术可以根据企业当前的工作过程、减排方法和需求，预测未来的碳排放量，有利于帮助企业更加准确地制定、调整和实现碳排放目标。

（7）减少CO_2排放量　根据波士顿咨询公司的分析，使用AI可以帮助减少26亿~53亿吨的CO_2，占减排总量的5%~10%。

（8）物联网的万物互联　能够有效监测、分析和管理设备能耗，减少碳排放，进一步提高能源利用率。

第3节
通信基础设施减碳

为降低通信网络的碳强度指数，通信运营商需要使用可再生电力，同时采用更有效的节能技术来降低能耗。移动云计算能够提升网络设施及通信、移动设备和云服务中心的资源节约率，增强共享和虚拟化处理能力，从而合理地控制系统能耗。通信基础设施减碳可以从以下几个技术开展。

9.3.1 基础设施节能技术

1. 基础设备硬件节能

硬件节能是指从基站各种工作设备方面减少碳排放。典型的硬件节能有两种,即基站主设备硬件节能及配套设施节能减排。

（1）主设备节能技术　5G 基站主设备的典型配置为 1 个基带单元和 3 个有源天线单元。基带单元的能源消耗主要来自基带板,基带板能耗约占总能耗的 70%~75%。基带单元受接入移动用户的影响较小,其功耗较为稳定。有源天线单元的作用是将基带数字信号转换为模拟信号,再将模拟信号调制为高频射频信号,借助功放单元放大该信号的功率,并使用天线发射该信号。有源天线单元设备为了解决天线设备产品设计的难点,将 5G 射频处理单元与大规模天线阵列集成在一起,从而构成有源天线阵列,以此实现大规模多输入多输出（multiple-input multiple-output, MIMO）技术。有源天线单元的功耗主要来自功率放大器、数字基带、收发信板等关键器件。有源天线单元的能耗大,且受接入移动用户的影响较大,其功耗与接入移动用户呈正比例关系。主设备节能主要考虑以下两方面的工作：一是在保证 5G 系统性能及后续升级能力的基础上提高器件集成度,从而降低设备基础功耗,不断优化有源天线单元设备功放效率；二是利用半导体新工艺,减少单片面积、提高芯片集成度,这样不仅可以大幅提升 5G 系统性能,也有利于进一步降低基站设备功耗。

（2）配套设备节能技术　① 通信基站供能系统：基站可从环境中收集能量并将其转换成电能进而减少从主电网购电。尽管这种方法不会直接减少系统运行所需的能量,但可利用清洁能源为无线网络供电,从而减少通信基站的碳排放。目前主要存在两种能量收集方式：一是环境能量收集,从自然资源中获取清洁能源,如太阳能和风能；二是射频能量收集,从无线电信号中获取能量,从而回收以往被浪费的能量。

由于可再生能源出力具有波动性和间歇性,如何应对随时变化的可再生能源出力以及可能带来的能源中断问题成为基站利用能量收集技术的主要挑战。为了应对上述挑战,现阶段主要存在两种方法：一是随机优化,假设可再生能源出力服从某种概率分布,然后基于概率信息对通信基站运行进行优化。二是基于机器学习的方法,利用历史大数据预测可再生能源的出力情况,从而使通信基站适应外在的不确定性。通信基站

还配备储能设备,可再生能源出力与大电网互补,为基站供电并给蓄电池充电,通过能源的优化调度实现光伏供电优先、不足部分再从电网购电补充,当可再生能源出力不足或电网购电价格较高时,蓄电池向基站供电。

就射频能量收集而言,空气中可用的电磁能量的数量一般是未知的,因而也存在能量随机性的问题。然而,射频能量收集技术可与无线能量传输技术相结合,从而使网络节点相互共享能量,这具有双重优势。首先,它可以重新分配网络总能量,延长电池能量不足的节点的寿命。其次,可以在网络中部署作为无线能源的专用信标,从而消除或减少射频能源的随机性。并且可以更进一步地将能量信号叠加在常规通信信号上,从而产生无线携能通信。该技术能够极大地提升能源分配的灵活性。

② 通信基站制冷系统:通信基站内的通信设备等需要在一定的温度和湿度条件下运行,同时对空气的清洁度也有一定的要求。基站内的电源系统、配电系统以及通信设备在运行过程中都会发热,因此要保证基站维持一定的温度,需要配置合适的制冷系统。目前,大部分无人值守的基站的制冷系统都是不间断工作的,其耗电量约占总耗电量的 40%。降低制冷系统能耗是基站节能的有效途径。液冷技术利用低沸点液体在基站内部进行热交换,能有效提升散热效率。例如,2020 年,运营商 Elisa 在芬兰部署的全球首个液冷 5G 通信基站,在采用液冷技术后能够大幅降低制冷设备的能耗,可降低 30% 的站点能耗和 80% 的 CO_2 排放量。

设备级能源管理方法为降低通信基站能耗提供了基础,但该方法的实现依赖于通信基站关键器件技术的发展。因此,设备级能源管理方法的应用需要经历一定的时间。此外,基站设备级能源管理需要产业链合作伙伴的共同参与,在产品设计、研发、生产、优化等各流程中都把降低基站硬件功耗作为设备能力的重要指标之一。随着通信行业产业链的逐步发展和基站硬件技术设备的迭代优化,设备级能源管理方法的节能效益将会逐步显现出来。

2. 精简集成化基站

基于站点上存在多个前代无线接入技术,许多运营商根本没有足够的空间容纳额外的 5G 基础设施。通过提高设备能效,可以在保持性能的同时,进一步缩小远程无线电单元、基带单元、电源和电池的外形尺寸和质量,从而在现有站点上部署这些元件。不同的模块可以组合安装在更小的机柜中,或直接安装在杆塔、墙壁或屋顶上。与传统基站相比,机柜和刀片式站点大大减少了占用的面积。此外,这些安装方法还可以使用自然风冷代替空调，从而降低能耗。

刀片式站点解决方案可以通过将有源 3 GHz 天线和有源大规模多进多出天线系统集成到单个刀片式基带单元中，简化天线配置。类似地，电源和电池也可以整合到刀片中。所有 5G 单元都可以直接部署在塔台上，而无须将设备安装在机柜或掩体中。由于其质量轻，刀片也可以部署在电线杆或路灯上。

为减少运营商必须供电的站点数量，应尽可能整合信息技术（IT）和通信技术（CT）站点。因此，可以通过 IT 和 CT 基础设施共享电源和备用电池，从而节约成本和能源。

蜂窝站点正在从大型空调设备室转变为更小、耗电更少的部署形式。随着电子设备的小型化，基站组件可以安装在电线杆上，进一步减少移动基站的占地面积，不仅可以节省租赁费用，还具有更低的能源需求。

9.3.2 无线网络低碳技术

1. 5G 无线传输技术和无线网络技术

随着 5G 融入云计算模式中，针对网络设施与通信的节能降耗将变得不可忽视。为了实现 5G 主导的云计算模式下的网络设施与通信的节能降耗，需要提升无线网络性能。无线网络节能降耗主要集中在基础硬件设施节能上，主要技术包括无线传输技术和无线网络技术。

（1）无线传输技术　无线传输技术是一种通过空间电磁波来传输信息的技术。无线传输技术涵盖的范围很广，既包括允许用户建立远距离无线连接的全球语音和数据网络，也包括为近距离无线连接进行优化的红外线及射频技术。

无线传输技术有多种类型，包括无线广域网（WWAN）、无线局域网（WLAN）、无线城域网（WMAN）和无线个人局域网（WPAN）。此外，还有一些其他的无线传输技术，例如超宽带（ultra-wideband，UWB）和近场通信（near field communication，NFC）。UWB 是一种无载波通信技术，利用纳秒至飞秒级的非正弦波窄脉冲传输数据，能在 10 m 左右的范围内实现数百兆比特每秒至数千兆比特每秒的数据传输速率。NFC 则是一种近距离连接协议，提供各种设备间轻松、安全、迅速而自动的通信。

在 5G 无线传输方面，一些技术能够深入挖掘频谱效率以提升自身潜力，进而节能降耗。大规模 MIMO 技术可以大幅度提升频谱效率，使得基站覆盖范围内的多个移动终端在同一时频资源上能够与基站同时进行通信。同时，它还可以使用大规模天线带

来的分集与阵列增益，提升基站与用户通信的功效。此外，还有全双工技术、滤波器组多载波技术（filter-bank based multi carrier，FBMC）等。

（2）无线网络技术　无线网络技术是指无须布线就能实现各种通信设备互联的网络。无线网络技术涵盖的范围很广，既包括允许用户建立远距离无线连接的全球语音和数据网络，也包括为近距离无线连接进行优化的红外线及射频技术。无线网络普遍和电信网络结合在一起，不需要电缆即可在节点之间相互链接。在5G无线网络方面，超密集异构小区部署、统一的自组织网络、软件定义无线网络等技术将被更加智能和灵活地使用。

2. 无线通信网络中的"云基站"技术

无线通信网络中的"云基站"技术是一种将云计算和基站技术相结合的新型通信技术。这种技术可以将信息上传到云计算中心进行处理，而不是在硬件上进行处理，从而节省了硬件资源，为大流量数据节省了空间。随着近些年来无线电接入网络的流量需求增加，通信基站的数量大幅增长，伴随而来的是更多的能源损耗。具体来说，云基站技术通过将基站的基带处理单元（building baseband unit，BBU）与射频单元（remote radio unit，RRU）分开部署，并将多个BBU集中到一个骨干机房，实现资源的共享和设备的集中维护。射频单元RRU则以多种灵活方式部署在各个站点，通过光纤资源链接到BBU，实现资源的虚拟化和超强的动态分配。该云基站由包含远端射频模块和天线的分布式无线网络，以及包含高性能通用处理器和实时虚拟技术的集中式基带处理单元之间的高宽带、低延迟的光传输网络连接。该技术兼具虚拟化与集中式的特点，通过架设云基站网络，可以在增加网络容量和扩大网络覆盖面积的同时，降低设备能耗。

此外，云基站技术的部署方式还可以降低运营商的网络建设成本并进一步实现节能降耗。在激烈的竞争环境下，运营商需要寻求低成本为用户提供无线业务的方法，云基站技术正是一种可行的解决方案。

9.3.3　设备休眠节能技术

通常而言，网络设备的使用频率并不是一直处于高频阶段，也会有闲置状态，但是闲置状态时电能的消耗量同样非常大，资源浪费严重。休眠节能指自动休眠或关闭基站在闲置状态时没有参与工作的部分从而减少能耗。设备休眠节能技术分为以下几个方面。

1. 智能符号关断节能技术

在 5G 基站设备中，有源天线单元（active antenna unit，AAU）的射频器件（如功率放大器）消耗的能量最多。功率放大器（power amplifier，PA）的功耗分为静态功耗和动态功耗。PA 开启后，静态功耗就一直存在，不会随负荷的变化而变化，但动态功耗会随着负荷增加而增加。符号关断节能的本质是通过降低 PA 静态功耗，达到降低 AAU 整体功耗的目的。符号关断节能的方法是在集中的符号上快速传完数据，然后关断剩下符号，这样就节省了关断符号上的 PA 静态功耗及收发信机单元的静态功耗，从而降低 AAU 整体的功耗。符号关断对应用场景无特殊要求，因此可以在大多数场景下使用。符号关断分为基本符号关断和增强型符号关断两种，具体说明如下：

（1）基本符号关断　当基站检测到符号没有承载数据时，实时关闭远端射频模块 RRU/AAU 的射频器件，以降低系统能耗；当基站检测到符号有承载数据时，实时打开 RRU/AAU 的射频器件，以保证数据传送的完整性。基本符号关断如图 9-3-1 所示，1 个周期中，符号 5、7、10 等空闲符号周期内可以关闭 PA。

（2）增强型符号关断　增强型符号关断模式也称为多播/组播单频网络（multmedia broadcast/multicast service single frequency network，MBSFN）子帧关断模式，是指通过集中子帧调度方式，结合实际负载情况将业务集中在部分子帧上发送，并将没有承载业务的子帧配置成 MBSFN 子帧，以实现关闭更多的符号。MBSFN 子帧只在下行符号 0 和下行符号 1 打开 PA，其他下行符号都关闭 PA，增强型符号关断如图 9-3-2 所示。

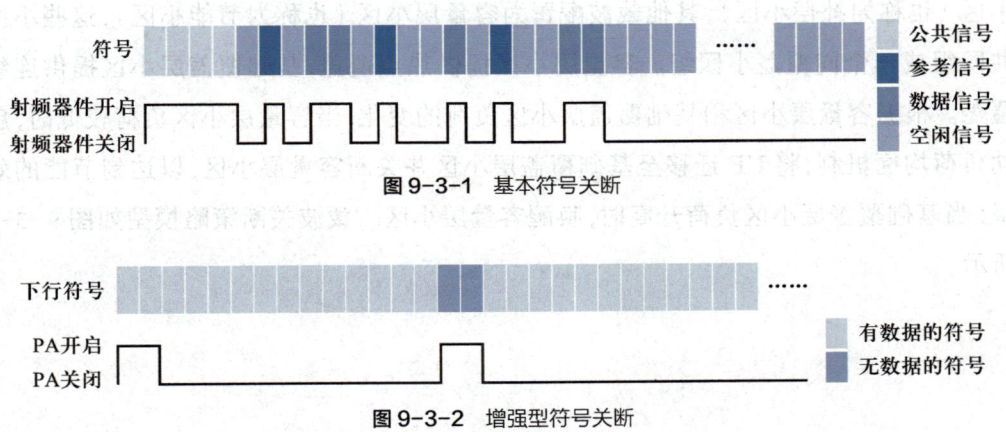

图 9-3-1　基本符号关断

图 9-3-2　增强型符号关断

开启增强型符号关断后，当下行物理资源模块（physical resource block，PRB）利用率低于 50% 时，对应的小区将进入增强型符号关断。当满足小区下行 PRB 利用率大于等于 50%，或者在多制式共用射频模块场景下其他制式的载波退出节能关断状态时，小区将退出增强型符号关断状态。

两种符号关断策略对网络性能的影响如下：

① 基本符号关断功能通过动态检测符号有无数据发送，在小区部分符号没有数据发送时，动态关闭对应符号周期内的 RRU/AAU 射频器件，因此对网络性能没有影响。

② 增强型符号关断是基于 MBSFN 子帧配置，而 MBSFN 子帧的配置不是实时更新的。当待发送的数据忽然增加时，不会立刻减少 MBSFN 子帧配置，因此速率不会立刻提高，而且会有一定的延时（100 s 左右）。另外，增强型符号关断的前提条件是网络中的所有用户设备（user equipment，UE）都要支持对 MBSFN 子帧配置的识别和处理。如果 UE 不支持，打开增强型符号关断功能后，UE 将无法进行正常的信道测量和数据业务。

2. 载波关断节能技术

基站在某些固定时段处于轻载或空载状态，但设备依旧处于运行状态，基站能耗仍然较高，定时载波关断功能可通过设置特定的时间段内闭塞小区，使射频模块处于载波关断状态，从而达到更大程度减少基站能耗的目的。

在新空口（new radio，NR）多层覆盖场景下，载波关断策略是针对双载波或多载波的同覆盖组网场景设定的节能模型。具体就是将其中一个载波配置为基础覆盖层小区（也称为补偿小区），其他载波配置为容量层小区（也称为节能小区），这些小区共同组成一个同覆盖小区组。容量层小区提供热点覆盖，基础覆盖层小区提供连续覆盖。根据容量层小区和基础覆盖层小区负荷的变化，当容量层小区负荷较低时，启动负荷均衡机制，将 UE 迁移至基础覆盖层小区并关断容量层小区，以达到节能的效果；当基础覆盖层小区负荷升高时，唤醒容量层小区。载波关断策略模型如图 9-3-3 所示。

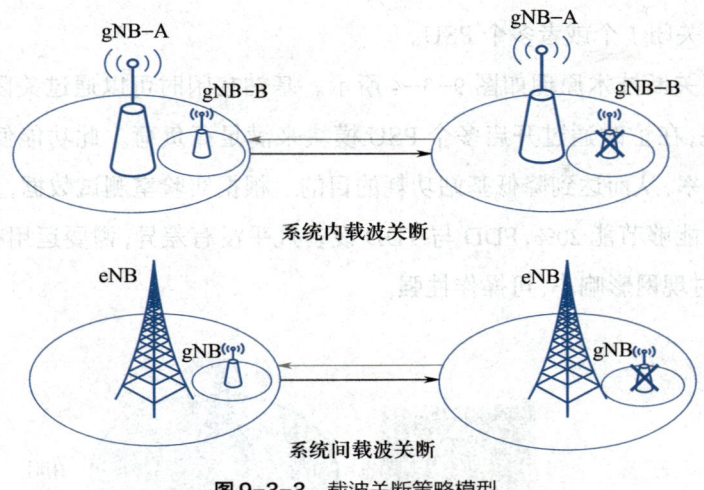

图 9-3-3 载波关断策略模型

根据目前 5G 网络组网情况，载波关断策略主要分为系统内载波关断和系统间载波关断两类，具体说明如下：

（1）系统内载波关断　5G 系统内载波关断策略是针对 NR 小区同覆盖小区设定的节能模型，基础覆盖层小区与容量层小区均为 NR 小区，需要 NR 小区多层载波组网支撑。由于目前 5G 网络处于建设期，现网 5G 组网方式仍以单层网络为主，NR 小区整网覆盖能力仍严重不足，无法大规模部署 NR 系统内载波关断策略。

（2）系统间载波关断　主要针对非独立组网（Non-Standalone, NSA）设定的 NR-LTE 系统间载波关断节能功能模型。5G 网络建设初期，从 NSA 过渡到 NR 过程中主力覆盖仍以 4G 网络为主，5G 用户相对比较少，5G 基站网络负荷相对比较低。因此该策略模型典型的应用场景是 LTE 作为覆盖层，5G 站点作为热点容量层，在 5G 小区业务负荷较低的情况下，关闭 5G 小区、保留 LTE 小区，以达到降低基站能耗的目的。

3. PSU 智能关断技术

电源供电单元（power supply unit, PSU）支持将 AC 110 V/220 V 转换成 DC −48 V。一般情况下，PSU 的个数根据基站最大功耗要求进行配置，以确保基站在最大负荷下也能正常工作。但是在大多数场景下，基站不会满负荷地运行，这就意味着 PSU 并非始终满功率输出，通常 PSU 的转换效率与其输出功率成正比，而转换效率的降低将会直接影响基站的整体功耗，基站在使用多个 PSU 供电时，PSU 智能关断功能可根据实际的负载情况关闭 1 个或者多个 PSU。

PSU 智能关断技术原理如图 9-3-4 所示。基站在闲时可以通过关闭多个 PSU 模块来减少功耗，在忙时通过开启多个 PSU 模块来满足高负荷。此功能使 PSU 始终保持在高转换效率，从而达到降低基站功耗的目的。根据实验室测试数据，基站使用该功能在闲时最多能够节能 20%，FDD 与 TDD 设备几乎没有差异，需要运用在有多个电源模块的基站，对现网影响小，可操作性强。

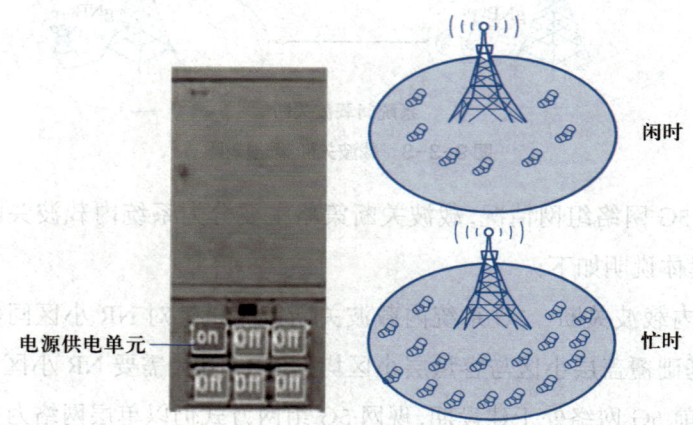

图 9-3-4　PSU 智能关断技术原理

通道关断技术基于通信网络业务负载的变化，选择恰当的时间对部分发射接收器（transmitter receiver, TR）进行休眠，从而达到节能的效果，如图 9-3-5 所示。监测当前上行和下行资源块（resource block, RB）的利用情况，如果资源块满足关断的条件，则触发执行通道关断操作；若资源块利用率较高不满足关断条件或已经达到了预先设定的节能结束时间，则退出通道关断状态，从而起到节约资源的作用。该方案主要应用于夜间通信网络低业务负载的场景。此外，基站在进行通道关闭时需要考虑诸多因素。一方面，降低通信基站发射功率后可能对通信网络重要性能指标造成影响；另一方面，为了防止通信网络业务负载情况估计失误的情况出现，需要考虑上行资源块的接受性能。因此，在实际工作中，需要对上行和下行的通道关断功能分开考虑，以保障通信网络性能达到预期水平。

通道关断策略节能方案分为通道完全关闭以及通道内分时段关闭两种情况，具体说明如下：

（1）通道完全关闭　以目前网络建设常用的64通道AAU为例,5G网络端可以监测到每一个通道的业务流量承载情况,如果通道业务流量低于设定的特定门限值,则开启该通道的全量迁移尝试,尝试将原来承载的业务流量迁移到相邻的通道,相邻通道是否接收,取决于相邻通道自身的负荷承载能力。同时,AAU由于其波瓣具有自我恢复能力,因此通道关闭后对AAU覆盖性能的影响可以忽略不计。

（2）通道内分时段关闭　通道内分时段关闭是指当5G网络的AAU检测到部分应该发送下行信号或者上行信号的时刻,而没有检测到有数据发送时,则关闭PA,以减少PA静态功耗。当AAU检测到有信号发送后,则立刻恢复PA为正常状态。

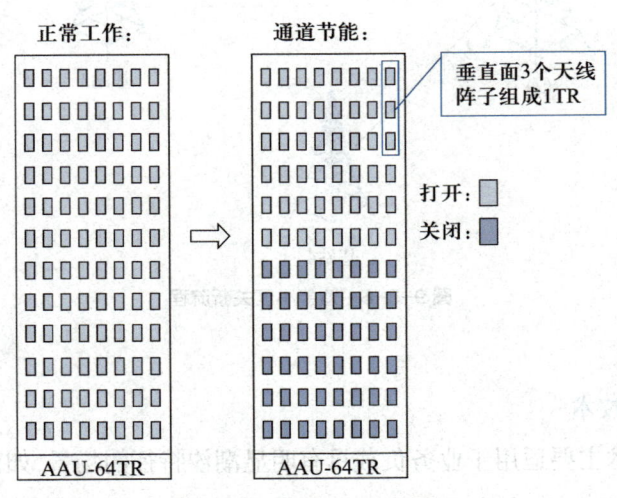

图9-3-5　通道关断功能示意图

4. 基站射频智能关断技术

基站射频智能关断的技术原理是当本基站的用户数目小、基站的负载较低时,可以关闭本基站射频,同时周围基站进入节能补偿模式,通过提高发射功率等一系列措施扩大其覆盖范围,以弥补节能基站射频休眠时产生的网络覆盖区域的空白。在城区和密集城区环境中,运营商有可能会用多个LTE频点来进行覆盖,在保证覆盖的同时满足数据容量的要求。一般来说,低频段频点作为覆盖小区,高频段频点作为容量小区,在业务量低时,可以选择关闭容量小区,仅保留覆盖小区,以维持原有的LTE数据覆盖和基本流量要求;在业务量高时,则唤醒容量小区来满足大数据量的要求。智能小区关断流程如图 9-3-6 所示。基站 1 为容量小区，在流量低时，通过 X2 接口的基站配置更新消息通知基站 2、3、4，告知基站 1 即将关闭，此时基站 2、3、4 测试自身业务量较低时，回复基站 1 可以进行关断。

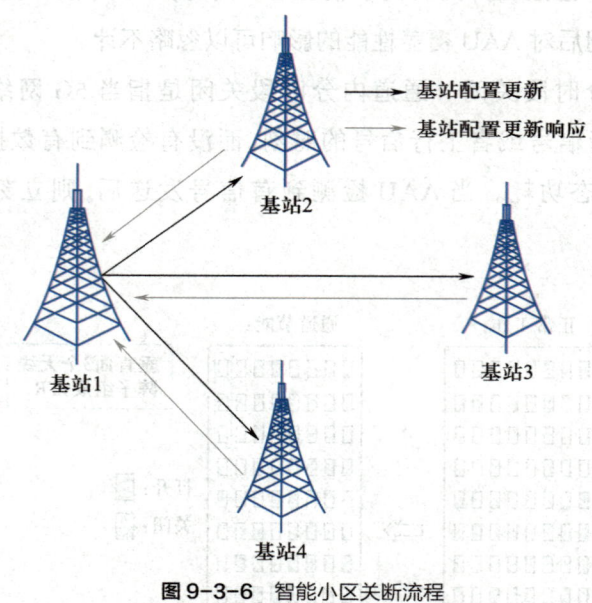

图 9-3-6　智能小区关断流程

5. 深度休眠技术

深度休眠技术主要适用于业务负载具有明显潮汐特征的场景，如商场、地铁等。在这些场景中，一天的不同时刻存在业务空闲段和业务繁忙段。在业务负载量较少时段，基站关闭数字通路、有源天线单元功放以及绝大多数射频设备，仅保留最基本的数字接口电路，从而在不影响用户体验的基础上实现降低通信基站能耗的目的。当业务负载量增加并高于预先设置的休眠阈值时，则激活基站内设施设备，恢复至休眠前的工作状态。

具体地说，预先设定深度休眠的启停时间和检测周期。如果到达节能启动时间，基站内无业务负载且无终端驻留，则启动深度休眠。在有源天线单元进入深度休眠前会进行相应的用户迁移以保证用户体验不受影响；如果通信基站内存在业务负载或有终端驻留，则下一个周期再执行检测；如果到达预先设定的节能终止时间，则基站恢复到正常工作状态。因此，只要设定好深度休眠模式的启动与关闭时间，便能在有效的空闲状态下实现通信基站的节能目的。

关断技术主要作用于有源天线单元的动态功耗,且应用效果与通信网络的业务负载量密切相关。通信网络的业务负载量越低,应用关断技术所能达到的节能效果越好。此外,节能参数的设置也会影响关断技术的节能效果。节能起止时间间隔越长,关断阈值设置越低,关断技术的节能效果往往会越好。因而,在实际操作过程中,可在不同的节能场景下配置不同的节能参数,从而实现最佳的节能效果。

6. 智能节能技术

传统的节能技术主要还是依赖简单的模型或人工设定好的门限来决定开关与否,其参数设置相对保守,导致节能效果有限。所有参数都是由基站统一设置,并不能很好地适应如今复杂多变的环境,无法解决不同环境下各基站节能策略的独立选择性问题,难以在用户体验和节能效果间达到平衡。利用人工智能技术,如图 9-3-7 所示,通过历史数据学习构建模型,同时引入实时数据不断训练修正模型,进而能够在当前环境下进行节能场景的识别、负荷的智能预测、节能策略的智能推荐,在保证用户体验的条件下,基站能达到智慧节能的效果。

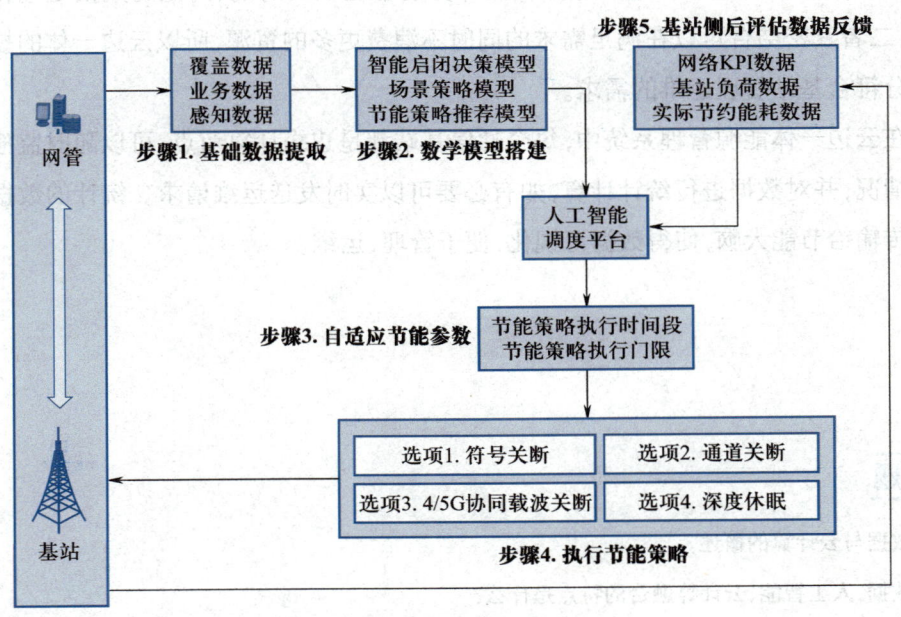

图 9-3-7　智能节能技术流程模型

通过收集历史时空特性数据分析无线资源利用率变化规律,对覆盖小区的 KPI 进行监控和评估,利用人工智能技术充分考虑网络覆盖、用户分布、场景特征并根据历史和实时数据对无线资源利用率进行预测和评估,给出具体的节能配置策略,保障网络性能的同时有效降低能耗。

9.3.4 智慧基站能耗管理技术

除了提高通信网络设施设备效率,还必须对整个设施实施精确的能源管理,充分利用能源。

大多数运营商通过多个频段提供 4G 和 5G 服务。为了满足拥挤地区(如地铁站)的高容量需求,可用的频段在交通高峰期都将得到充分利用。然而,当移动业务需求较低时,只需保留单个载波,其他载波可以暂时关闭。如此就避免了无线电传输中基本不必要的功耗。通过智能网络管理,可以动态地改变网络,利用最少的能源匹配不断变化的需求水平。

建设基站能源管理运维系统、改变现有的能耗和用电管理模式是一种长期的、可靠的降低基站能耗的途径。边缘计算和云计算能够提供实时的、海量的数据处理和分析功能,二者紧密结合可以在满足需求的同时不浪费更多的资源,所以云边一体的技术架构十分符合基站管理运维的需求。

在云边一体能源管理系统中,每个通信基站都是边缘计算节点,可以随时监控能源消耗情况,并对数据进行统计计算,如有必要可以实时发送运维请求。统计的数据通过网络传输给节能大脑,使得数据可视化,便于管理、运维。

思考题

1. 大数据与云计算的概述。
2. 大数据、人工智能、云计算融合的特点是什么?
3. 举例说明当前人工智能物联网在碳中和方面所起到的作用。
4. 为什么数字化是新型储能产业摆脱核心困境的途径?

5. 通信基础设施低碳节能技术的分类有哪些?
6. 低碳节能技术在信息通信基础设施中的应用指南是什么?

第 9 章参考文献

第 10 章
碳中和与农业

第1节
土壤碳循环过程

在全球气候变暖的背景下,陆地生态系统碳循环对大气 CO_2 浓度升高的贡献及调控措施受到研究者的广泛关注。土壤有机碳库是地球表层系统中最大且最具活动性的碳库之一,是全球碳循环的重要组成部分。碳在土壤生态系统中的流动中具有以下内在特征:生产和消耗、周转和固定、交换和迁移。土壤生态系统中的碳可以通过生物和非生物过程进行周转和固定,也可以通过交换和迁移流动;光合作用产生的碳经循环最终回到大气中(图10-1-1)。据估算全球 1 m 深土壤的有机碳储量约为 1500 Pg(1 Pg=10^{12} kg),约占整个陆地生态系统碳库的 2/3,是大气碳库(750 Pg)的 2 倍,因此即使是土壤碳库较小的改变也将导致大气 CO_2 浓度很大的波动。农田生态系统是受人为扰动影响最大的陆地生态系统,大约储存了陆地土壤碳库的 8%~10%,且碳库具有周转速率快的特点,对维持全球碳平衡意义重大,因而成为国际地学和生态学界研究的热点。

我国是一个典型的农业大国,耕地面积约 1.2×10^8 hm^2。作为陆地生态系统重要组成部分的农田生态系统具有碳源和碳汇的双重特性,调控农田土壤固碳减排,对于保障粮食安全以及实现"碳中和"战略目标具有重大意义。农田土壤固碳是提升土壤肥力、保障和实现农田持续稳定生产能力的关键所在。固碳被认为是一种可持续减缓气候变化的重要碳汇方式,而土壤在固碳中扮演着重要角色。

10.1.1 农田土壤的固碳过程

土壤中的碳包括有机碳和无机碳两个部分,土壤有机碳(soil organic carbon,SOC)库约为 1550 Gt,包括动植物碎屑、土壤微生物分泌物或产物以及土壤微生物和土壤动物等,主要通过生物固碳过程得以积累。土壤无机碳(soil inorganic carbon,SIC)库约为 950 Gt，主要以碳酸盐和碳单质的形态存在，通过非生物固碳过程得以积累。农田土壤的固碳途径可以归结为两点：① 提高作物生物量，即通过增加有机物输入来提高土壤碳储量；② 减少干扰，即通过降低农田土壤碳的分解提高土壤固碳能力与潜力。

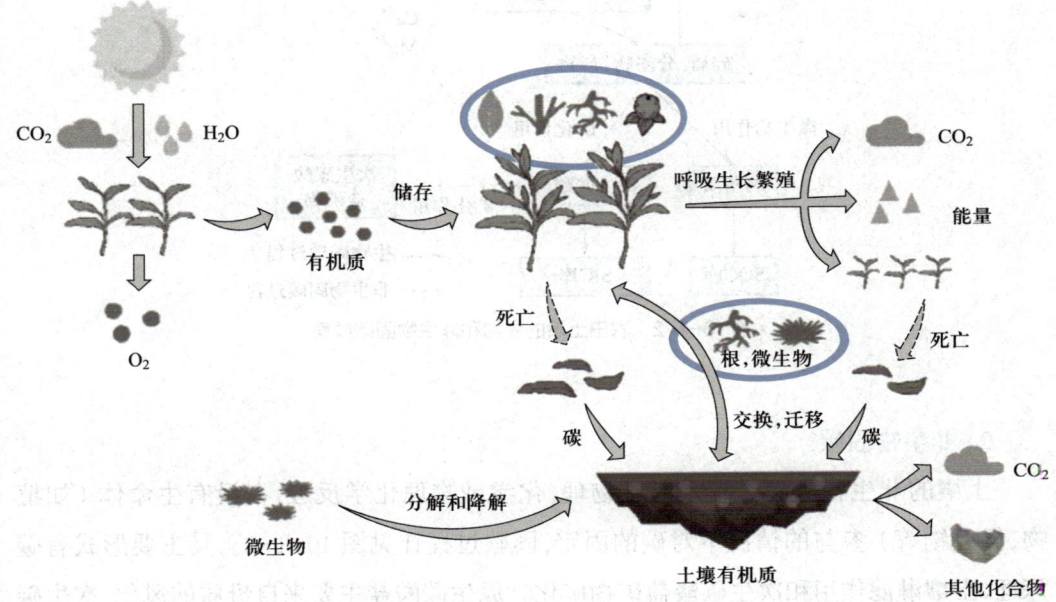

图 10-1-1　土壤碳循环图

1. 生物固碳

土壤的生物固碳过程是有高等植物和微生物参与的将大气中 CO_2 固定在土壤中的过程，详见图 10-1-2。土壤生物固碳过程主要进入土壤的 SOC 库。高等植物通过光合作用将大气中的 CO_2 固定在植物中，通过枯枝、落叶、花果、根株等形式进入土壤后成为 SOC 库的主要来源。另外，土壤中动植物碎屑在微生物的作用下形成腐殖质进而增加了土壤 SOC 量，或者通过微生物的矿化作用进入 SIC 库。微生物的活动还可以促进次生碳酸盐的形成，增加 SIC 库，由于其具有分布广泛、环境适应性强等优势，利用这种耗能较低、经济可行、绿色无污染的微生物固碳已成为目前固定 CO_2 研究的热点之一。

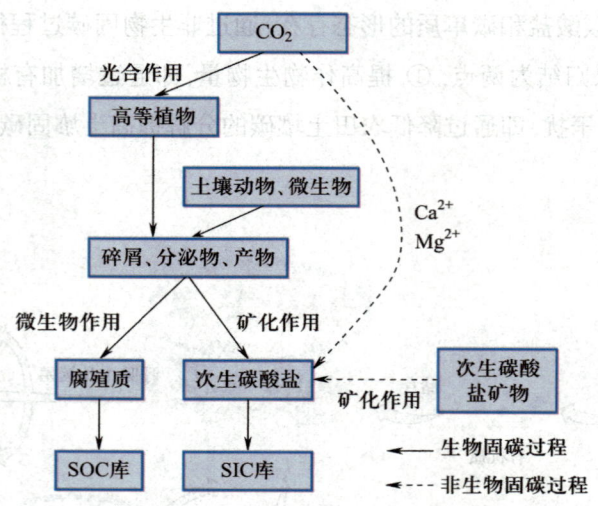

图 10-1-2 农田土壤的生物和非生物固碳过程

2. 非生物固碳

土壤的非生物固碳过程是基于物理、化学或物理化学反应,在没有生命体(如植物、微生物等)参与的情况下对碳的固定,固碳过程详见图 10-1-2。其主要形式有碳深埋、土壤淋滤作用和次生碳酸盐矿物矿化。原生碳酸盐主要来自母质的风化,次生碳酸盐由大气中的 CO_2 与 Ca^{2+} 和 Mg^{2+}(主要来自大气降尘、灌溉、施肥)反应形成。次生碳酸盐大多以胶体分散状态存在于土壤中,具有活动的晶格和较强的吸附能力,能够吸收水分和膨胀,具有明显的胶体特性,影响土壤性质。

10.1.2 农田土壤固碳的影响因素

1. 气候条件

气候因素是土壤有机碳周转和固定的主要驱动因子。首先,气候条件可影响作物的生长发育,进而改变来自作物根系、秸秆和残茬的碳投入量。20 世纪 80 年代早期,我国农田秸秆碳年投入为 C 0.4 $Mg·hm^2$,到 21 世纪初期增至 C 1.4 $Mg·hm^2$。另外,80 年代、90 年代和 21 世纪初期我国农田有机碳总投入平均速率为 1.9 $Mg·hm^2$、2.4 $Mg·hm^2$ 和 2.7 $Mg·hm^2$(包括有机肥、根茬、秸秆还田等)。其次,气候条件可改变土壤的水热条件,影响土壤微生物种群的数量和多样性,进而改变土壤中有机物料的分解速率和土壤有机碳的矿化速率。由于全球气候变化，尤其是气候变暖可能造成的负面影响，温度的改变对土壤有机碳分解的影响机制的研究受到广泛关注。大量研究表明，土壤有机碳分解与温度呈指数关系，且土壤有机碳分解速率会在一定温度范围内随着温度的增加而增加。

2. 土壤质地的影响

土壤类型、土层深度、母质、pH、质地、黏土矿物等均会影响农田土壤的固碳潜力。研究表明，红土固碳潜力最大（0~20 cm 土层 5.32 TgC），黄土（铁铝始成土）固碳潜力最小；0~20 cm 的表层土壤固碳潜力最高为 4.47 TgC，由千枚岩发育而成的土壤固碳潜力大，第四纪黏土发育而成的土壤固碳潜力小。土壤质地对土壤碳稳定性和固碳潜力的影响主要体现在对土壤生产力的影响和土壤颗粒组成下的土壤有机碳物理、化学保护机制。对于农田来说，良好的土壤质地，可以为植物生长发育提供物质基础，从而有利于土壤生物物质的输入，便于提升土壤碳储量。土壤颗粒组成是影响土壤有机碳物理保护机制的重要因子，黏粒及土壤团聚体对有机碳具有物理保护作用，从而可以稳定土壤有机碳，减少碳损失。与细小土壤颗粒结合的土壤有机碳是土壤相对稳定态碳，并在土壤有机碳中占有较大的比例，粗质地土壤的有机碳更容易损失，有机碳与黏粒结合后其化学稳定性更强。

3. 管理措施

施肥是农田管理措施中影响土壤有机碳的主要因素，不仅可以改变有机碳的含量，还可以影响有机碳的组成。其原因有以下几点：施肥可提高土壤中有效养分含量，促进根系生长，增加根系分泌物和脱落物数量；可以影响土壤微生物的数量、种类和活性。施用有机肥和化肥对于有机碳有着不同的影响。单施氮肥可以加速有机碳分解和老化，国内外的大量学者研究表明，与化肥相比，有机肥的长期施用可以增加棕壤、红壤和黑土中有机碳的含量。因为长期施用有机肥不仅可以向土壤直接输入有机碳，更重要的是有机肥本身是处于半分解状态的有机质，还能输入木质素、多酚等难分解成分含量较高的有机物。此外，由于微生物的氮素限制，当土壤氮素降低时，可以抑制微生物的活动，降低有机碳的分解。所以，高的碳氮比有利于有机碳的累积。耕作导致大团聚体的破坏加剧，形成大量的游离有机碳颗粒和小团聚体，这些游离态有机碳极易降解；耕作可以通过改变土壤中的小气候，如空气含量、水分含量等来影响土壤微生物的活

性;耕作提高了土壤表层温度,降低其含水量,提高其透气性,从而有利于微生物活动,加剧了对有机碳的矿化分解。相对于耕作,免耕被认为是提高农田有机碳的主要管理措施。农田作物是土壤有机碳的重要来源,其中农田作物主要通过渗出物、分泌物、黏胶物、掉落物和分解物对土壤有机碳素进行影响,这些化合物均具有各自的化学特性,从而导致其在土壤中分解速率各不相同。如木质素不仅自身难以分解,而且对易分解的土壤有机碳具有屏蔽保护的作用,因而,随着土壤中木质素的含量增加,其分解速率呈下降趋势;同时,农作物本身的生长还对土壤微生物活性有着不同的影响,间接改变微生物对土壤有机碳素的固持和分解。不同轮作方式可以通过影响根系残体归还的数量和质量来影响有机碳的矿化和固定过程,微生物残体及作物根系主要影响土壤微生物碳和水溶性有机碳的变化。选择含有较高的碳氮比和生物量的植物种进行轮作,辅之以氮肥的施用,可以改变根系残体的化学质量,从而降低传统种植制度对土壤有机碳的衰减效应。

10.1.3 农田土壤固碳措施

1. 生物炭输入

生物炭是指生物质如木材、农作物废弃物、植物组织或动物骨骼等在缺氧和相对温度较低(< 700 ℃)条件下热解炭化形成的产物,可溶性极低,具有高度羧酸酯化和芳香化结构,拥有较大的孔隙度和比表面积,高度稳定性。这些基本性质使其具备了吸附力、抗氧化力和抗生物分解能力。生物炭的特性使其在减少土壤养分淋失、促进土壤团聚体形成、提升土壤储存有机碳的能力、减少温室气体的排放等方面存在潜在优势。将生物炭作为一种改善土壤质量、增加土壤固碳的改良剂施入土壤的方法已引起了广泛关注。生物炭将光合作用固定的碳带入土壤长期储存,从而减少大气中 CO_2 的浓度,缓解全球变暖。生物炭输入增加了土壤微生物数量,尤其是营养限制条件下的非共生微生物的丰度,调控并参与土壤碳、氮循环的微生物活性。与此同时,大量的实验也表明了生物炭施入土壤后对固碳能力的影响不同,主要是由于不同研究中生物炭自身性质(原料、形成温度、风化程度等)的不同以及培养条件(温度、土壤类型、pH 培养时间)的不同。目前,通过施用生物炭来进行土壤固碳仍存在一些问题:一方面不同性质的生物炭对土壤的影响尚无系统研究;另一方面,由于对生物炭施入土壤后 CO_2 排放量的影响及其固碳机制仍然缺乏研究,且生态风险尚不清楚,部分政府(如欧洲)不允

许向农田土壤中施入生物炭。

2. 保护性耕作

保护性耕作通过减少对土壤的扰动,增加地表覆盖度,提高土壤耕层有机碳含量,减少了碳排放。许多科学家认为保护性耕作具有碳汇效应,有利于实现农田土壤由"碳源"向"碳汇"的转变。科学研究估计,若全球耕地实行保护性耕作,预计到2020年土壤有机碳含量已经增加到 1.5~4.9 Pg。但保护性耕作增加的土壤有机碳主要集中在土壤表层几厘米深度,深土层有机碳含量是否能增加这一疑问尚未在国际上得出一致的观点。一些学者认为,保护性耕作对表层土壤具有固碳效应,在 0~10 cm 土层范围内土壤有机碳含量较传统耕作提高近1倍,但对深层土壤有机碳含量影响不大,甚至有降低的趋势。同时,保护性耕作措施也可以节约能源消耗,以碳计可达 23.8 kg·(hm^2·年)$^{-1}$。秸秆还田是保护性耕作的主要措施之一,我国秸秆资源居世界之首,我国每年的农业秸秆产生量约为7亿吨,估计高达 50% 的秸秆被焚烧。生物质燃烧已成为全球重要的大气痕量成分排放源,据估算全球每年生物质燃烧排放量达 8.7 Pg CO_2,约占总 CO_2 排放量的 40%。大量研究表明,秸秆还田可以提高土壤有机碳含量,增强土壤固氮潜力。邓祥征等提出,实施秸秆还田能够有效促进农田土壤有机碳贮量的增加,且增汇效应具有显著的空间分异特征。此外秸秆还田对各粒级团聚体中的有机碳含量均有不同程度的提升作用,通过7年的保护性耕作试验,发现秸秆覆盖和免耕有利于提高轮作系统中土壤有机碳含量并改善碳库质量,而稻草还田还可以提高土壤总有机碳、活性有机碳和矿化碳含量及碳素有效率。因此秸秆还田是农田固碳最有潜力的一个措施。对土壤固碳而言,秸秆还田是避免我国大气 CO_2 浓度快速增加的有效措施,且有机碳的增加效应与平衡施肥有关,在均衡施用氮、磷、钾的条件下秸秆还田可以更有效提升土壤有机碳含量。免耕可以减少对土壤的扰动,从而降低土壤有机质的矿化分解。在全球尺度上,免耕能实现 (0.57 ± 0.14) kg·(hm^2·年)$^{-1}$ 的固碳速率。在对全国典型农业长期定位实验站数据分析的基础上,预测通过推广免耕可以实现 3.58 Tg·年$^{-1}$ 的固碳量。

3. 秸秆还田

我国每年秸秆产生量约9亿吨,针对农田土壤有机碳含量较低的现状,采取秸秆还田措施可有效提升 SOC 含量,有利于实现资源高效利用和减缓气候危机。研究发

现,气候条件、施氮量、土地利用以及秸秆还田的方式等因素都会影响秸秆还田对提升SOC含量的效果,但影响情况各异。

秸秆还田是增加农田SOC含量的有效措施。秸秆作为有机物料还田后主要通过微生物分解增加碳输入,从而可以直接增加SOC含量,但随着土壤深度的增加,增加效应呈现下降的趋势。在合适的施氮量、较高的年均温度、较高降水量条件下,表层土固碳作用较好,但深层土壤固碳作用受上述因素影响不显著。此外,长期秸秆还田较短期还田的土壤固碳速率低。总之,在不同自然条件和农田管理措施下,秸秆还田措施对土壤碳库的影响不同。

第2节
种植与养殖碳减排

气候变化是人类面临的全球性挑战,严重威胁全球生态系统。为了改善全球环境,需要积极、持续地应对气候变化,为社会和环境创造可持续发展的未来。我国承诺在2030年前力争达到CO_2排放峰值,在2060年前力争实现碳中和,即"双碳"目标。考虑到我国碳排放量大,在如此短的时间内实现碳中和是一个巨大的挑战。农业生产是温室气体排放的主要来源,为了实现碳中和,必须大幅减少农业碳排放。农业作为我国第一产业,是国民经济的基础,同时也是最基本的物质生产部门,是人类社会的衣食之源与生存之本。支撑和保障物质生产部门与一切非物质生产部门的存在和协调发展是整个国民经济发展与进步的必要条件。种植与养殖是农业这一整体的两个方面,它们之间存在着相互依赖和相互促进的辩证关系,都为人类提供生活生产资料。因此,种植与养殖碳减排是实现碳达峰碳中和的重要措施,也是潜力所在。

在数字经济时代,农业生产活动所产生的温室气体影响了全球气候变化,联合国的第四次气候评估报告中指出,农业已成为世界第二大温室气体排放源。在农业生产过程中,种植与养殖会产生温室气体,进一步加剧气候变化。由统计数据得,通过农业方式所排放出的二氧化碳、甲烷和氧化亚氮总量占人类总温室气体排放量的23%、57%和

75%左右。我国农业温室气体主要来源如图10-2-1所示。

图10-2-1 我国农业温室气体主要来源

我国碳排放量居高不下与种植过程中的耕地翻种和农机灌溉密切相关。我国是全球化肥使用量最多的国家,同时也是全球唯一一个由煤作为主要原料进行氮肥生产的国家,在此过程中排放出大量的CO_2,是种植业碳源增加的主要原因。而种植生产过程需要通过农用机械来完成,而农用机械以柴油为主要动力,柴油的消耗必不可少地会带来碳排放的增加。而农药的使用和农业机电灌溉也是农业生产活动中必不可少的环节,这些环节会消耗大量化石能源,同样产生大量CO_2,造成环境的污染。减少农业面源碳排放是实现碳减排的重要内容。近年来,各地强化投入减量、绿色替代、循环利用,农业面源碳减排取得了积极进展。图10-2-2给出了中国部分省(市)三大作物生产系统中温室气体排放的组成部分。

对于种植业来说,应当做到以下四点:① 深化农业领域的供给侧改革,减少生产过程中碳排放。政府做好监督和宣传教育工作,引导农民在提高产量的同时注重环境的保护,在生产环节减少农药、化肥等生产物资的投放,重视产品质量而非一味追求产量。在此环节,政府也需加强监督,严格把控进出口农产品的质量以及农业生产过程中生产物资的过度消耗,在增加GDP的同时,减少农村碳排放强度。② 搭建数字化服务平台。在传统农业生产方式下,生产要素得不到合理配置,生产效率得不到有效提高,由此产生的温室气体可以通过搭建数字化服务平台得到有效的控制。搭建数字化服务平台,为农业领域绿色转型、改进生产技术,加大创新力度,为实现农业领域"双碳"目标提供更好的服务。③ 数字化推动"智慧农业"发展。政府要借助数字化平台解决传统农业在灌溉、施肥等生产环节中造成的生产效率低下的问题，提高农业领域资源利用效率。推动农业产业升级，实现农业精准化、绿色化发展。④ 设置专项资金，鼓励农民创业和技术创新，助力种植业碳减排。农业碳减排的实现离不开技术创新和农民创业，政府可以设置专项资金，重点扶持绿色创新型项目的发展，引导农业领域科技成果的应用与转化，国家可以设立研究中心，加大科研经费投入，在注重技术创新的同时，加大对人才的培养力度，大力鼓励科研人员投身农业科技发展领域，深入了解农村技术创新及农业生产环节现阶段存在的问题，将农业领域固碳贯穿到农业生产的各个环节中。

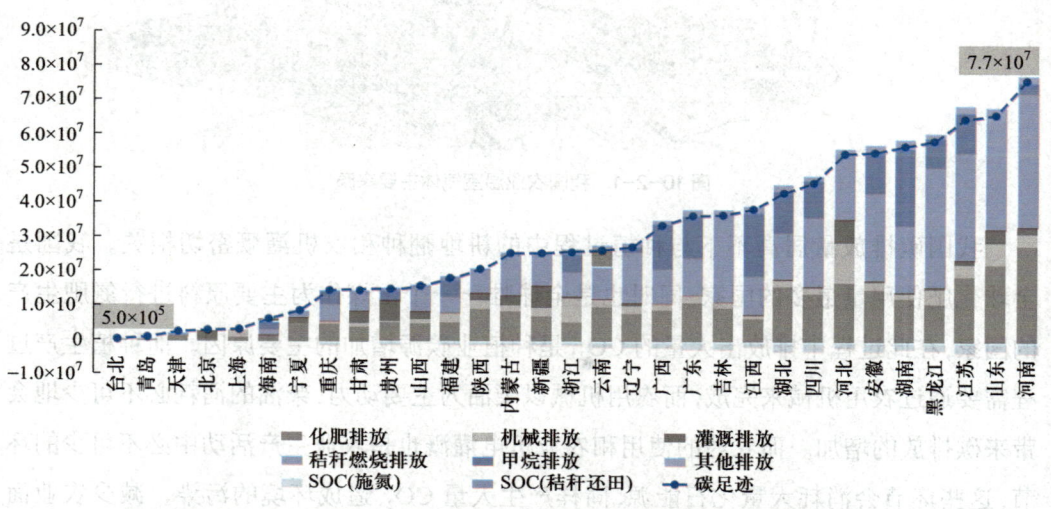

图10-2-2　中国部分省(市)三大作物生产系统中温室气体排放的组成部分

推进农业农村领域减排固碳，是我国碳达峰、碳中和的重要组成部分。这涉及种植业减排固碳、养殖业减排降碳、农机节能减排，以及加工流通领域绿色低碳。农业农村部门将一手抓减碳，一手抓固碳。在减碳上，推广科学施肥方式，改进畜禽饲养管理，减少种养环节温室气体排放。推广绿色节能农机，降低农业生产的化石能源消耗；在固碳上，加强退化耕地治理，推广有机肥施用、秸秆还田等，增加农田碳汇。发展综合种养、鱼菜共生等高效生态渔业，实现渔业生物固碳。

《自然—食品》期刊2021年发布的研究报告则显示，如果将计算范围扩展到整个农食系统，农业相关温室气体排放量约占全球排放总量的34%。全球农业活动产生的温室气体主要来自七大排放源，包括牧场动物肠道发酵（26%）、化肥施用（14%）、有机土壤排水（8%）、水稻种植（0.67%）、农场能源消耗（0.53%）、粪便管理（0.39%）、农作物残余（主要指秸秆燃烧,0.44%），另外焚烧土地占 7%，由于全球 80% 的森林砍伐活动与农业生产相关，因此森林砍伐造成的温室气体排放也计入农业活动产生的温室气体排放量中，占到 27%。其中牧场动物肠道发酵及生产中施用的化肥是前两大排放源，贡献 40% 的排放量。

农业主要排放 CH_4、N_2O 和 CO_2 三种温室气体，CH_4 主要来自家畜反刍消化的肠道发酵、畜禽粪便和稻田等，N_2O 主要来自化肥使用、秸秆还田和动物粪便等，CO_2 主要来自能源消耗。

各种碳排放总量核算和预测结果显示，我国畜禽养殖业减排形势严峻，如果不采取措施进行碳减排，随着畜禽养殖业的不断发展，畜禽养殖业碳排放量的增长速率将会持续升高，因此需要进一步加强低碳减排措施。经翟等人汇总我国畜禽养殖业碳排放的时空特征等数据得出，我国畜禽养殖碳排放的发展大致符合在 2005 年之前持续上升、2005—2008 年快速下降、2008—2016 年平稳上升、2016 年以后缓慢下降的变化趋势。

养殖过程中不可避免地要产生粪便、污水、恶臭气体等污染物，这些污染物如果不经处理直接排放入环境，会对水体（地表水和地下水）、农村土壤、大气，以及人畜健康等造成严重的影响，如使水体富营养化，水生生物死亡，丧失原有水体使用功能；危害农田土壤，造成土壤透气、透水性下降及板结；传播病菌和寄生虫，造成人、畜传染病的蔓延等。我国养殖业是农业产业体系的重要组成部分，随着农业产业结构的调整以及人民生活水平不断提高带来的需求拉动，养殖业迅速崛起。同时，养殖业所带来的污染也越来越多。养殖产生的污染物包括水污染物、固体废物和大气污染物等。养殖废水主要包括尿液，以及冲洗畜禽养殖类、动物身体、饲养场地、器具等所产生的污水，其中冲洗水占了绝大部分。养殖产生的固体污染物主要包括畜禽粪便、垫料和来自养殖过程的畜禽尸体等，其中畜禽粪便是主要的固体废物。畜禽大气污染物主要来自畜禽胃肠发酵以及畜禽粪尿、毛皮、饲料和熟料等含蛋白质废物的厌氧分解，主要包括甲烷、氧化亚氮等温室气体和氨气、二甲基硫醚、三甲基胺和硫化氢等臭味气体。其中养殖业所产生的温室气体严重影响着碳平衡。另外，养殖业产生的氨挥发到大气中，增加了大气中的氨含量，成为酸雨形成的影响因素之一；养殖及其粪便储存、施用过程中还会排放大量硫化氢、甲基硫醇、三甲基胺等带有酸味、臭蛋味、鱼腥味的恶臭气体以及尘埃和微生物等，造成空气中含氧量相对下降，污池度升高。这些气体不但危害畜禽的生长发育，而且也危害人类健康，特别是氨气和硫化氧，硫化氢含量高时，会引起头晕、恶心和慢性中毒症状，人长期处于氨气含量高的环境中，可引起目涩流泪，严重时可导致双目失明。

对于畜禽养殖业来说，污染物的减量化主要是通过粪污产生量和排放量的减少来实现，比如① 改进饲料配方：提高畜禽类对饲料的消化率和利用率，控制畜禽粪便排放量减少对环境的污染。② 选择合理的干清粪工艺：目前，我国规模化畜禽养殖场采用的清粪工艺主要有三种：水冲粪、水泡粪和干清粪。采用不同的清粪工艺，其排放的污水水质和水量差别很大。而且干清粪是目前比较理想的清粪工艺，推行干清粪工艺可以达到节约用水、明显减少废水排放量和降低污染物浓度的目的。③ 合理设计畜舍结构及设施：合理设计畜舍结构，在一定程度上可以减轻养殖场生产过程中产生的一系列污染，如采用半漏缝地板，排水系统实行雨水和污水收集输送系统分离等，可以有效减少废水排放，而且便于粪便处理，一举多得。畜禽类粪便中含有大量农作物生长所必需的元素，可以充分利用好各种粪污、废水无害化处理技术多方面减轻养殖业的污染。同时应该制定科学的补贴激励政策，引导养殖者应用清洁生产技术，遵循"无害化、减量化和资源化"处理原则，从源头控制污染，实现规模化畜禽养殖业的健康持续发展，共同推动碳中和。

从图10-2-3可以看出，2019年内蒙古自治区、四川省、云南省的畜禽养殖业碳排放量处于较高的水平，这是由于这些省份（自治区）是我国的畜牧大省（自治区），牧业总产值在全国排名靠前。相比之下，经济相对发达的长三角区域，畜禽养殖的碳排量较低。

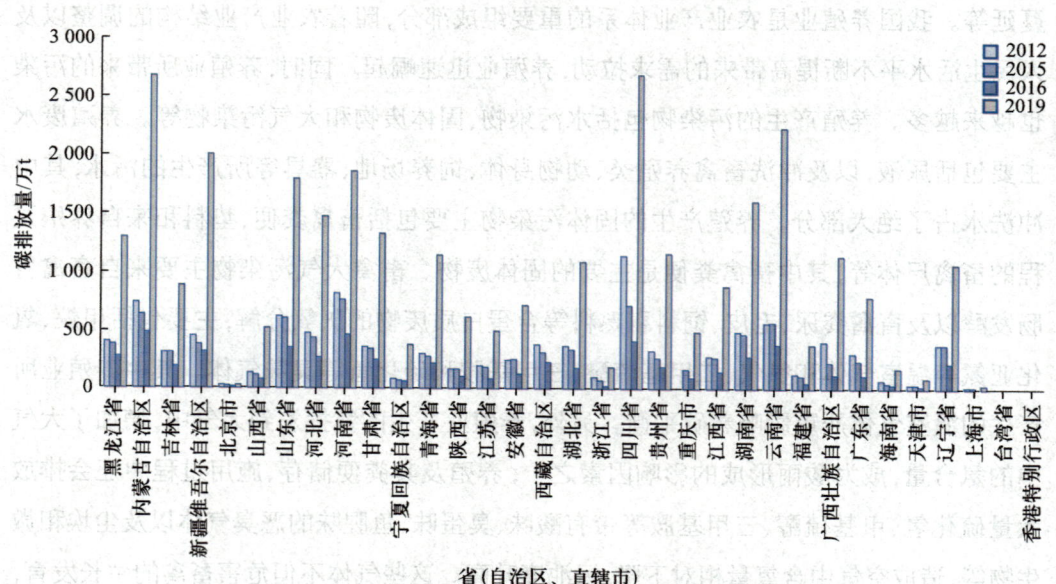

图10-2-3 畜禽养殖碳排放的空间分布

畜牧业的绿色转型和碳中和实践是实现可持续发展的重要举措。通过科学的测算和减排措施的实施，畜禽养殖业可以减少对气候变化的负面影响，促进环境保护和资源可持续利用，推动畜牧业向低碳、高效、环保的方向发展。

第3节
农业有机废弃物资源化利用

10.3.1 农业有机废弃物资源化利用现状及意义

农业废弃物是指农业生产和再生产链中资源投入与标的产出在物质和能量上的差额，是资源利用过程中产生的物质和能量流失的份额。农林废弃物是农业和林业生产与加工过程中产生的副产品，数量巨大，具有可再生、再生周期短、生物降解、环境友好等优点，是重要的生物质资源。在我国的现实社会环境中，农业有机废弃物资源化利用有着十分重要的意义，近年来农业废弃物在能源化、肥料化、饲料化和材料化上取得了显著的成绩，但是在此过程中仍存在着不少问题，主要包括以下几个方面：① 农业废弃物产生量巨大且总量不清；② 对农业废弃物重视程度不够；③ 农业废弃物粗放低效利用且闲置状况严重；④ 农业废弃物的资源化利用技术与产业化水平滞后；⑤ 农业废弃物利用相关的政策法规与社会化服务体系缺乏。

我国是农业大国，近20年来，随着社会和经济的发展，畜牧业虽然取得了巨大成绩，但是由于人口增加、耕地面积减少等原因，我国的畜牧业仍未摆脱对粮食的过分依赖。农业有机废弃物是全世界最丰富的饲料来源之一。我国作为一个人口众多，农业资源相对短缺的农业大国，狠抓资源的节约和综合利用，努力提高现有资源的利用率，是加快我国畜牧业和整个农业发展的一项战略性措施。目前，我国是国际上农业废弃物产出量最大的国家，其农业废弃物在没有得到有效利用的过程中，在一定程度上增加了农村农业生产的负担，更重要的是也造成了农村环境的污染，主要表现为种植物焚烧所引起的空气污染，植物中重金属和农药的残留所引发的土壤污染；畜牧的粪便引发

的河流等水源污染以及农业废弃物在长期腐烂所造成的细菌和病毒的传播。以上的环境污染问题都是现实存在的,也都是在农业生产过程中所产生的。因此,农业废弃物的重复利用在一定程度上可以有效地解决农村的环境污染问题,改善生态环境。随着我国对农业重视程度不断提高,提高对农业的投入水平以及农业生产集约化的发展,有效地促进了农业的生产和发展。在此过程中,传统的有机肥料逐渐被化肥等化学材料所代替,由于广泛地应用农药、化肥等大大降低了土壤的质量,也降低了土壤的缓冲能力,因此提高对农业废弃物的重复利用,可以有效地补充土壤养分,改善耕地土壤质量,进一步提高农业的生产能力。

10.3.2 农业有机废弃物资源化利用技术

近年来,国内外农业废弃物的资源化利用技术和相关研究得到了较大的发展,农业废弃物的资源化利用技术日益多样化。目前,对于植物纤维废弃物的资源化利用而言,主要采用废物还田、加工饲料、固化、炭化、气化、制复合材料、制造化学品等技术;畜禽粪便的资源化利用则主要采用肥料化技术、饲料化技术和燃料化技术等。从总体上来看,当前国内外农业废弃物的资源化逐步向能源化、肥料化、饲料化、材料化、基质化和生态化等方面发展。其中将废弃物肥料化的技术主要包括好氧堆肥还田和厌氧发酵利用两种。

1. 好氧堆肥还田

粪便、秸秆等农作物在堆放过程中会释放有害气体污染环境,禽畜类粪便中还含有重金属元素,直接还田会导致土壤和种植的农作物重金属累积超标。因此,需要进行适当的处理(如堆肥或发酵)后再利用,可显著减少农业温室气体的排放。

(1) 好氧堆肥作用机制　好氧堆肥是指在细菌、真菌、放线菌等好氧微生物作用下,使固体有机废物被生物降解,形成腐殖质及微生物自身组成物质的过程。根据堆体温度的变化,可以分为升温期、高温期和降温期三个阶段。在第一个阶段由于碳源充足,微生物活动剧烈,物料快速升温,当温度超过 45 ℃之后,堆肥进入高温期。高温时堆体中的微生物群落结构发生改变,嗜中温微生物在高温作用下活性受到抑制,数量急剧减少,而嗜热微生物数量增加,并占据主导地位。一段时间后,碳源减少,堆体温度下降,降温时剩余有机物被微生物进一步分解代谢,含量逐渐减少,进入长时间的腐熟阶段,形成安全无害且养分含量高的有机肥。

好氧堆肥具有降解周期短、堆肥速率快、无害化处理程度高、残余物少等优点，因此对于有机固体废弃物的处理大多采用好氧堆肥的方法。好氧堆肥模式示意图如图10-3-1所示。

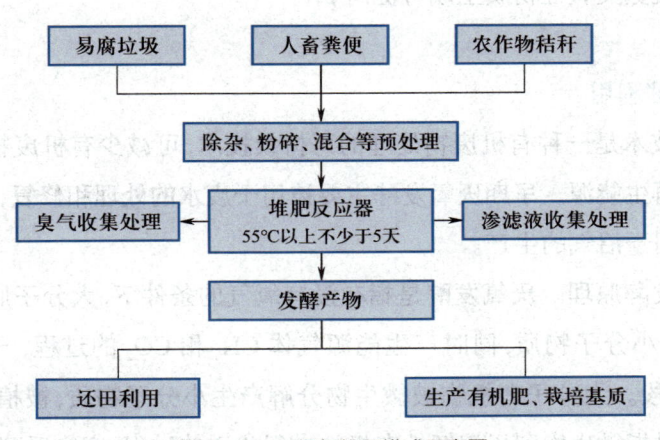

图10-3-1 好氧堆肥模式示意图

（2）好氧堆肥的影响因素 好氧堆肥是一个复杂的生化反应过程，在整个反应过程中受许多因素的影响，这些因素主要包括物料种类、堆肥含水率、堆体温度、原料碳氮比、pH等。

① 物料种类：不同物料元素组成及性质不同，导致堆肥腐殖化不同。堆肥常用的物料有粪便、秸秆等有机废弃物。

② 堆肥含水量：堆肥过程中，对于有机物的分解和微生物的生长繁殖，水是不可缺少的条件。堆肥混合原料中的水分含量一般应控制在50%~70%，堆肥原料的组成、性质和有机质含量对堆肥水分含量有着重要的影响。在堆肥中，水分含量低于30%时则无法反应，水分含量超过70%时将不利于反应。水分过低，不利于微生物的生长；水分过高，则堵塞堆料中的空隙，影响通风，会导致厌氧情况的发生。

③ 堆体温度：温度是好氧堆肥启动发酵的关键性因素，环境温度过低影响堆肥发酵启动。有研究表明，当堆体温度较低时堆肥过程将减缓或停止，一般在高温条件下，木质纤维素降解产生酚、醌等物质，这些是形成腐殖质的重要前体物质。但是当温度过高，超过微生物的耐受温度时，会导致微生物死亡，温度迅速下降，堆肥停止。

④ 原料碳氮比：堆肥材料中碳素是微生物活动的能量来源，需要氮素来进行代谢。较高的碳氮比有利于有机物的氧化，从而使其快速稳定；较低的碳氮比则有利于有机质

的积累,降低腐熟程度,增加氮损失。一般,初始碳氮比为 25~30 时最佳。

⑤ pH: pH 可直接影响微生物活性,从而影响堆肥腐熟过程。一般情况下,堆肥原始物料 pH 偏中性或者弱碱性。在堆肥过程中,微生物活动可释放有机酸,降低 pH,而有机酸的降解及氨类碱性物质生成可提高 pH。

2. 厌氧发酵利用

厌氧发酵技术是一种有机废物处理的可持续技术,可减少有机废物数量并以沼气的形式产生可再生能源。早期厌氧发酵主要被用于废水的处理和修复,近年来,厌氧发酵技术一直被用于沼气的生产。

(1) 厌氧发酵原理　厌氧发酵是指在没有氧气的条件下,大分子底物被微生物利用,完全分解为小分子物质,同时产生能源气体 CH_4 和 CO_2 的过程,一般分为四个阶段。① 水解阶段。大分子有机物被微生物分解产生小分子物质,被植物吸收。② 酸化阶段。酸化是指微生物利用溶解性有机物进行代谢的过程,产物受到厌氧发酵条件、底物类型以及微生物种类的影响。③ 产氢产乙酸阶段。在产氢产乙酸菌的作用下,挥发性酸、醇类物质转化为乙酸、氢气和 CO_2。④ 产甲烷阶段。厌氧发酵过程中大部分的甲烷都由本阶段产生,产甲烷菌利用乙酸、氢气、CO_2 等物质作为基底,生成甲烷和水。厌氧发酵处理技术模式示意图如图 10-3-2 所示。

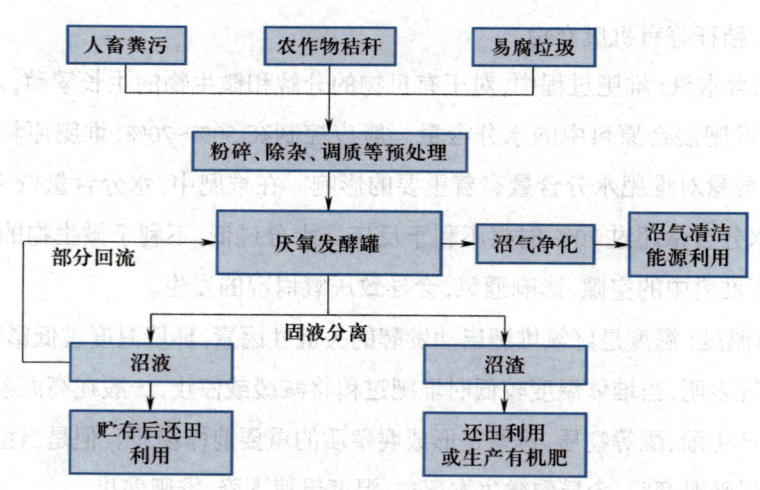

图 10-3-2　厌氧发酵处理技术模式示意图

(2) 厌氧发酵的影响因素　厌氧发酵产甲烷过程受温度、pH、氧化还原电位、碳氮比等的影响。

① 温度：外界环境温度是影响厌氧发酵效率的一大关键因素。因为在整个厌氧发酵产气的过程中，微生物发挥着极其重要的作用，微生物有其最适宜生长等各项生命活动的最适温度范围，一般来说产甲烷菌活性适宜的温度区间是中温 20~37 ℃，高温 50~60 ℃，在 40~50 ℃时产甲烷菌活性受到抑制，在中温 35 ℃和高温 55 ℃时出现最大的沼气产量。

② pH：pH 直接影响厌氧发酵系统中微生物的生长代谢，改变细胞表面活性位点，影响跨膜运输，改变营养物质供给平衡，影响参与微生物生长代谢的酶活性，一般厌氧发酵过程的最适 pH 为 6.8~7.8。

③ 氧化还原过电位：氧化还原电位会随着发酵液的溶氧过程而升高，过高的氧化还原电位会对甲烷菌产生毒害作用，需要保证系统的氧化还原电位为 −400 mV 左右。

④ 碳氮比：碳为微生物的细胞结构提供物质基础，并为其生命提供能源。氮是合成蛋白质、核酸、酶的主要成分，对新细胞的产生至为关键。

10.3.3　农业有机废弃物资源化利用未来展望

1. 农民充分发挥主体作用

站在农业生产发展主体层次上分析，需要结合自身情况加大新型农业经营主体力度，保证新时代下农民群众的职业素质得到有效提升，并且懂得生态健康环保、科学生产理念的重要性，将各种全新理念引入农业生产和发展中去。在不断的工作中发挥主体作用，充分展现出农业废弃物资源化利用的价值，自觉对各种有机废弃物进行合理处置，推动农业有机废弃物的健康稳定可持续发展，获取更多经济效益。

2. 新型技术快速推广

当前社会发展迅速，科技创新力度大大提升，所以需要基于创新发展理念做好技术创新、研发和推广工作，结合产学研一体化工作要求，做好高精尖平台构建，将其引入农业有机废弃物处理工作中。尤其是在新时代废弃物资源化利用水平和技术飞速提升的背景下，各种装备制造技术和高科技得到创新，并被有效运用到废弃物处理工作中。要推广各种新型技术和工具，为农业有机废弃物资源化利用提供充足保障，从而确保资源得到高效利用，为国家获取更多有价值信息，不断提升整体经济效益。

3. 规范化助推资源集约化发展

从产业化发展角度分析，规模化、标准化是推动产业发展的主要途径，时代的进步推动农业现代化发展，从而使得生产规模不断增大。所以，未来我国农业有机废弃物资源化利用的范围会伴随时代发展不断扩大。应做好区域协同，推动集约化发展。集约化发展是必要趋势，可以提高农业有机废弃物资源化利用效率，保证集约化生产效率得以提升，还能够保证行业间分工更加明确，带动产业联动。产业化发展不但可以提升人民群众经济收入，还可以提高人员清洁环保意识。实现对农业有机废弃物资源化利用，减少对周边环境的污染，可以对自然环境起到保护的作用，并且可以实现对各种资源的有效利用，缓解各种资源短缺的问题。所以，在新时期下，需要大力推动有机废弃物资源化利用，强化环境整治，为乡村振兴发展提供充足保障。

思考题

1. 什么是土壤固碳？
2. 土壤固碳为什么重要？
3. 哪些措施可以帮助提高农田土壤固碳？
4. 在实施土壤固碳措施时需要注意哪些问题？
5. 在联合国的第四次气候评估报告中成为世界第二大温室气体排放源的是什么？
6. 通过农业所排放的温室气体主要有哪些？分别占人类总温室气体排放量的多少？
7. 对于畜禽养殖业来说，怎样实现污染物的减量化？
8. 有机废弃物资源化利用存在的问题有哪些？
9. 简述你知道的农业有机废弃物资源化利用技术。

第 10 章参考文献

第 11 章
碳中和与碳排放经济

第1节 碳排放监测

通过综合观测、数值模拟、统计分析等手段，对碳排放强度、环境中 CO_2 浓度、生态系统碳汇等进行实时监测，并及时跟踪其变化趋势，能够给碳中和研究及管理工作提供服务和支撑。本节主要介绍用于碳排放监测的在线监测技术、遥感卫星反演技术和大数据监测平台。

11.1.1 在线监测技术

在线监测技术是利用烟气自动监测系统在线监测烟气浓度、烟气流量、温度、压力和湿度等。计算烟气中 CO_2 排放量的方法主要包括固定源 CO_2 排放监测和环境 CO_2 浓度监测，具有高度自动化、良好适用性和更高的精度等优点，因此被广泛应用于碳排放监测。

固定源气体监测主要指针对工业、交通、能源等固定领域的气体排放进行的监测，以便制定减排政策。除监测功能外，在线监测技术还需要采样、仪器校准、数据采集和处理等功能以提供准确、可重复的数据。完整的在线监测系统包括颗粒物（烟尘）监测子系统、气态污染物监测子系统、烟气排放参数（湿度、温度、压力、流速、含氧量等）监测子系统、数据采集子系统和传输与处理子系统。在线监测通过采样系统可同时进行气态污染物和颗粒物的温度、压力、流速、含氧量等多个参数的监测；数据采集子系统收集采样数据并处理分析，最后显示和打印各种参数、图表，通过传输与处理子系统将数据、图表传输至监控系统。以烟气排放连续监测系统在发电企业的碳排放监测中的应用为例，对该监测技术进行介绍。发电企业的碳排放主要来源于以下几个方面：化石燃料燃烧、脱硫过程及企业消费的净购入电力。将在线监测系统安装在机组尾部的烟道处，可直接监测碳排放数据，包括化石燃料燃烧和脱硫过程产生的碳排放。围绕

总体碳排放率和碳排放计量方法，主要通过监测尾部烟道中碳体积分数、烟气流量等关键指标，结合烟气温度、含湿量、烟气压力等来分析计算。

光学气体传感技术是一类利用气体的光学性质检测气体浓度的传感技术，根据不同的原理可以分为不同的种类，均在气体检测领域表现出巨大的潜力，成为现代微量气体检测的关键技术之一。使用光学方法检测气体具有非破坏性、非接触式测量、长期稳定、抗干扰能力强、实时性等优点。常见的光学气体传感器有红外型、紫外型、化学发光型、光电比色型、光散射型等，其中最常用的为红外型传感器。红外型传感技术利用红外辐射原理检测多组分气体中特定气体的浓度，使用红外光源和光谱分析技术来测量特定气体的吸收率和浓度，从而识别和量化气体浓度。红外气体传感器通常由一个光学系统、一个红外光源、一个检测单元和一个信号处理器组成。光学系统通过透过样品气体的光束将光传递到检测单元，检测单元会测量红外光线的强度，当气体吸收红外光时，光线的强度会减弱，这样检测单元就可以测量到气体浓度。现在主流的红外型气体传感技术主要有傅里叶变换红外光谱技术、可调谐半导体吸收光谱技术、非分散红外光谱技术等。其中，非色散红外气体传感技术利用宽带红外光源，根据气体在红外波段频段吸收峰的差异，吸收红外辐射，红外辐射产生一定的衰减，以此测定气体的浓度，这种检测方式要求红外光捕获模块具有较高的选择性。

大多数气体，如一氧化碳、一氧化氮、二氧化氮、甲烷、氨和臭氧在 2~16 μm 范围内有吸收。吸收光谱在 2~8 μm 范围内的气体会受到水蒸气的强烈干扰，然而具有窄带通光谱的滤光片在一定程度上帮助传感器解决了这一问题。事实上，不仅是水，非色散红外气体传感器还面临着来自其他分析物的强烈干扰，在这些情况下还需要通过过滤或补偿对多组分气体进行分析。

在环境 CO_2 浓度监测方面，有关部门充分依托我国当前已建成的 16 个国家级背景的监测站，对具备条件的站点（包括四川海螺沟、山东长岛等 5 个）实施温室气体监测系统的升级改造工程，进一步提升了温室气体监测能力。

11.1.2 遥感卫星反演技术

地表原位测量具有较小的区域代表性，而卫星遥感可以有效地观测全球 CO_2 的时空分布，也可以对全球温室气体进行长期有效的观测，因此卫星观测可以促进全球温室气体源汇分布的研究。目前在轨观测大气中 CO_2 总浓度的卫星有我国的

碳（TanSat）卫星和高分五号卫星、美国的 OCO-2 卫星等。作为太阳同步轨道观测卫星的 OCO-2，主要用于研究地球大气中 CO_2 的浓度分布，OCO-2 观测满足了 CO_2 源研究需要的高精度、高准确度和全覆盖的要求。我国的碳卫星也属于太阳同步轨道观测卫星，搭载"高光谱分辨率大气 CO_2 探测仪"和"云和气溶胶偏振成像仪"两个载荷。碳卫星利用地表反射的近红外/短波辐射作为光源，探测的波段信息与 OCO-2 观测波段相似，O_2 波段位于 0.765 μm 处，CO_2 的两个探测通道分别位于 1.61 μm 和 2.06 μm 附近。高分五号卫星是首颗实现对大气和陆地综合观测的全谱段高光谱卫星。高五搭载的观测大气温室气体的载荷为大气温室气体观测仪，该载荷共有 4 个通道用于测量地球大气中的温室气体，观测光谱的分辨率 0.6 cm^{-1} 和 0.27 cm^{-1}。

卫星遥感具有大尺度覆盖的优势，利用卫星观测不仅能研究全球 CO_2 浓度的分布，还可以利用特定的算法反演出 CO_2 在大气中的垂直分布。但是，卫星观测结果对地表浓度变化不敏感，而且不同地表的下垫面以及地面反照率的差异会导致卫星观测的底层大气数据误差较大。

11.1.3 大数据监测平台

近年来，"大数据、云计算、物联网、移动互联网"等新兴技术迅猛发展，数字技术与能源技术深度融合、广泛应用，显著提高了能源领域的数字化、智能化水平，深刻改变了能源领域管理模式。对接"双碳"目标，利用"大云物移智链"等先进技术，深挖能源大数据价值，促进能源生产清洁化、能源消费电气化、能源利用高效化，对推动构建清洁低碳、安全可靠、高效互动、智能开放的能源大数据体系，助推构建能源绿色新发展格局，具有重要意义。

平台设计需要依托"适当超前、总体创设、分期落实"这一思路，由工程技术团队、监控云平台、设备服务机构团队三个部分共同组成。其中监控云平台是碳排放监测系统的核心部分，包括交互界面、数据处理中心以及大屏幕投影；工程技术团队是为进一步提升设备维护质量、扩大数据采集点设立的团队；成立服务团队则是为充分适应客户要求以及对检测系统进行持续更新优化的需求设立。为保证设计方案可以合理科学、更加实用化以及健全，系统运行与实施过程中综合考量各类因素，形成技术、工程以及服务有机整合的格局，将云管理平台划分为用户应用层、中心管理层、信号采集

层、监测对象四个主要部分。在用户应用层设立政府端、综合管理端、公众端、企业端等多个不同端口,为政策提供在线检测服务、为企业提供咨询服务、为单个用户提供服务管理,让碳排放监测信息可以得到及时获取和应用。中心管理层主要由数据采集、数据库服务器、计算分析服务器、数据交换机、防火墙以及系统软件等组成,一般设置在服务展示大厅以及中心机房内部。信号采集层是服务前端碳排放数据采集点,通过在区域内布置通信节点、传感器完成,从节能减排方面组织实施监督检测,涉及的监测内容包括气体排放、用电量、煤消耗等数据。监测对象是结合政府相关部门管理要求确定。通过四个主要功能,系统化整合相关信息数据,实现碳排放监测系统的实时传递和共享。

碳排放监测是助推"双碳"任务深入落实的重要支撑,涉及能源的利用以及消耗等领域,需要对其进行重点、全面的关注。结合碳排放监测要求以及特征,构建专属的碳排放监测管理云平台、监测数据库以及监测评估系统,创设专属的碳排放监测体系,拓展碳排放监测范围以及渠道,协同助推各个领域、行业节能减排任务落实。

第 2 节
碳排放核算

在实际工作中,企业是实现"碳达峰""碳中和"低碳发展目标的主要践行者。"碳达峰""碳中和"目标需要采取一系列措施,其中准确核算碳排放数据,明确碳排放核算框架是非常重要的一环,如图 11-2-1 所示。本节将从碳排放核算主体、核算范围、核算分类、核算方法四个方面进行概述。

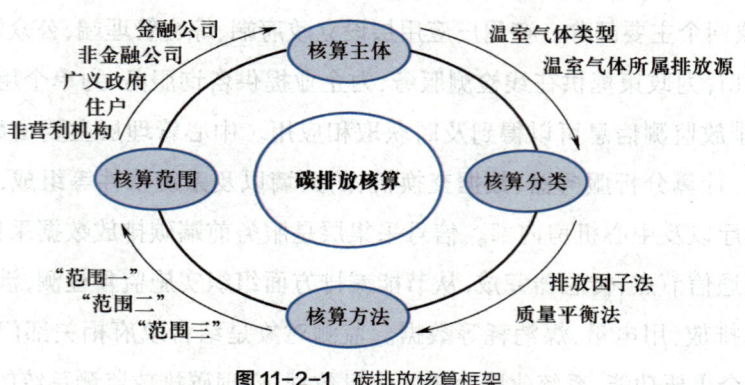

图 11-2-1 碳排放核算框架

11.2.1 碳排放核算主体

核算主体界定。核算主体包括金融公司、非金融公司、广义政府、住户和非营利机构五大机构部门。这些机构部门在经济活动中扮演着不同的角色,对于碳排放的核算和管理也具有不同的责任和义务。金融公司与非金融公司的区分并不显著,主要是因为金融公司和非金融公司在经济活动中的角色和作用越来越相互交织和融合。同时生产者、消费者和生产要素供给者之间的相互依存和相互作用也十分重要,这些角色在碳排放的核算和管理中也具有不同的责任和义务。五大机构部门作为核算主体,可以同时兼任生产者、消费者和生产要素供给者等多个角色。例如,金融公司可以作为生产者提供金融服务,同时也可以作为消费者使用其他机构部门提供的商品和服务。非金融公司可以作为生产者提供商品和服务,同时也可以作为消费者使用其他机构部门提供的金融服务。广义政府可以作为生产者提供公共服务和基础设施,同时也可以作为消费者使用其他机构部门提供的商品和服务。住户可以作为生产者提供劳动力、资本等生产要素,同时也可以作为消费者使用其他机构部门提供的商品和服务。相对于企业层面从微观视角的核算,城市核算与国家核算类似属于宏观视角的核算,并且城市核算是对多机构部门合集的碳排放核算。

另外,核算主体的界定应基于科学的方法和标准,确保核算范围的准确性和完整性。科学性原则要求在界定核算主体时充分考虑各机构部门的经济活动特征和排放源特点,采用合理的分类方法和核算标准。对核算主体的界定应遵循相关法规和标准,确保数据的规范性和可比性。规范性原则要求在界定核算主体时遵循国际和国家统一的规范和标准,以确保不同主体之间的可比性和协同性。界定应考虑实际操作中的可行

性和便利性,确保数据采集和处理的有效性。可操作性原则要求在界定核算主体时充分考虑数据收集和处理的实际难度和成本,选择易于操作的方法和工具,提高核算工作的效率和准确性。核算主体的界定应保持系统性和一致性,确保不同主体之间的可比性和协同性。系统性原则要求在界定核算主体时充分考虑各机构部门在经济活动中的相互联系和作用,建立统一、完整的核算体系,促进各主体之间的协调和合作。随着技术和环境的变化,核算主体的界定应保持动态调整,以适应新的排放源和排放方式。动态性原则要求在界定核算主体时充分考虑经济和技术发展的趋势和变化,及时更新核算范围和方法,确保数据的准确性和前瞻性。

11.2.2 碳排放核算范围

目前国际上的温室气体排放标准由四个体系组成,包括《温室气体核算体系》、《企业价值链(范围三)核算与报告标准》、《产品生命周期核算与报告标准》以及《温室气体核算体系项目量化方法》。《温室气体核算体系》将温室气体排放分为三个"范围":"范围一"(直接排放)是由企业内部所拥有或控制的碳排放,如企业制造车间的排放管道、取暖设备、空调设施及企业拥有并可控制的交通工具所产生的碳排放。"范围二"(间接排放)是源自企业的运行结果,但排放源为其他公司所拥有或控制的碳排放,如外购的电力和热力(蒸汽/热水)产生的碳排放。这些碳排放虽然不是本企业产生的,但电力或热力供应商产生碳排放的目的是向使用者提供产品或服务,因此应计入使用方的碳排放范围。"范围三"(其他间接排放)是企业在"范围二"之外的间接碳排放,包括企业供应链或价值链上下游产生的所有碳排放,如上游原材料采掘和生产过程中的碳排放、委托外加工制造的加工环节碳排放、员工上下班或商务旅行涉及的碳排放、消费者使用本企业产品和服务产生的碳排放等。这些分类和核算标准为企业提供了明确的方向,以更好地了解和控制自身的温室气体排放,并以此为基础采取相应的减排措施。

很多企业能核算的几乎全部为"范围一"和大部分"范围二"碳排放,但这两个范围的碳排放只占碳排放总量的 5%~10%。而"范围三"的碳排放涉及的边界远大于前两个范围的碳排放,不仅包括企业供应链上游的累计碳排放,还包括企业产品使用和报废处理环节的下游碳排放。这些碳排放都发生在企业外部,因此企业要收集这些碳排放数据并进行准确核算难度很大。在实际经济活动中,许多企业不愿意主动承担"范

围三"的碳排放责任,或者没有能力对"范围三"的碳排放进行准确的核算。这主要是因为"范围三"的碳排放涉及的环节和因素更为复杂,包括上游供应商、下游消费者以及报废处理等多个环节的碳排放,而且这些环节的碳排放数据收集和核算难度相对较大。因此,为了更好地推动企业进行碳排放核算和管理,需要加强相关标准和规范的建设和完善,提高企业对于"范围三"碳排放的认识和理解,促进企业对于供应链和产品生命周期的碳排放进行全面管理和核算。同时,也需要加强对于企业碳排放数据的监管和核查,推动企业提高碳排放数据的质量和透明度,从而更好地推动低碳经济的发展。

因此,企业需要明确碳排放的核算范围,不仅包括直接碳排放,更应该重视"范围三"间接碳排放。对"范围三"碳排放进行有效核算,不仅能促进企业内部实现低碳转型,如激励企业努力开发低碳技术和低碳产品,还能有效引导企业选择绿色供应商和客户,进而在全供应链范围内进行碳排放的整体规划,最终促进全社会的绿色发展。

11.2.3 碳排放核算分类

当前关于碳排放的分类主要基于两个维度:一是碳排放中的温室气体类型,二是温室气体所属的排放源。针对不同类型的排放源,可以采取相应的减排措施来降低碳排放。例如,针对能源行业的碳排放,可以采取提高能源效率、发展可再生能源等措施;针对农业和林业的碳排放,可以采取改善土地利用方式、推广植树造林等措施;针对废弃物处理过程中的排放,可以采取垃圾分类、回收利用等措施。通过综合分析温室气体类型和排放源,可以更全面地了解碳排放的来源和分布情况,为制定相应的减排措施提供科学依据。这不仅有助于减缓全球气候变暖的趋势,还有助于促进可持续发展和环境保护。

11.2.4 碳排放核算方法

碳排放核算主要通过收集历史碳排放数据,确定基准值,结合未来发展计划(例如产量、投资等)来测算未来碳排放潜力。根据CO_2的核算途径,碳核算的方式可分为自上而下和自下而上两类,前者主要指国家或政府层面的宏观测量,测量方法主要有排放因子法和质量平衡法。排放因子法是适用范围最广、应用最为普遍的一种碳核算办法。

碳核算基本方程：

$$\text{温室气体排放} = \text{活动数据} \times \text{排放因子}$$

其中，活动数据代表人类活动导致的排放或清除的数据，排放因子代表量化每单位活动的气体排放量或清除量的系数。温室气体可分为四大类部门：能源、工业过程及产品、农/林业及土地利用和废弃物管理，在这四类部门之下划分出一级或多级子类部门，通过适当方法核算各级子类部门排放并逐级汇总后，最终形成温室气体清单。

质量平衡法可以根据每年用于国家生产生活的新化学物质和设备，计算为满足新设备能力或替换去除气体而消耗的新化学物质份额。对于 CO_2 而言，在碳质量平衡法下，碳排放由输入碳含量减去非 CO_2 的碳输出量得到：

$$CO_2 \text{排放} = (\text{原料投入量} \times \text{原料含碳量} - \text{产品产出量} \times \text{产品含碳量} - \text{废物输出量} \times \text{废物含碳量}) \times 44/12$$

而后者则是下级单位的自行测算后向上级单位披露并接受汇总统计，包括企业的自测与披露、地方对中央的汇报汇总及各国对国际社会提交反馈。企业更多会采取实测法来对碳排放做出核算。

"范围三"的碳排放核算方法对企业的碳排放核算结果和数据的实用性产生了决定性影响。只有通过详细真实地追踪每个具体产品在其生命周期全过程中的碳排放数据，并采用正确的核算方法，才能提供对决策有用的碳排放信息。在碳排放核算中，不能仅关注企业能够直接追踪的"范围一"和"范围二"的碳排放数据，而应该更加关注属于产品全供应链的其他环节的"范围三"的碳排放数据。对全供应链各环节的产品的累计碳排放强度进行归集，即按照供应链的顺序逐级累计碳排放强度并进行准确的碳排放核算，最终通过供应链各环节对上下游产生联动效应来有效降低企业碳排放数据归集工作的难度，并如实记录供应链各环节的真实碳排放情况。在低碳经济的时代，越来越多的消费者将产品的碳排放数据作为消费决策的依据，不同产品的碳排放数据也日益成为产品差异化的重要特征。企业不仅要对自身环节的产品碳排放数据进行精准核算，还有义务对产品全供应链各环节的碳排放数据进行承接和传递，并向消费者提供产品使用和报废处理阶段可能产生的碳排放数据。再结合官方的碳排放数据认证，最终不仅能描绘出产品从起源到终结时点的完整碳排放全景图，还能对不同企业或不同产品的碳排放绩效进行有效的评价，从而在社会范围内形成节能减排的风尚，共同为实现"碳达峰""碳中和"目标而努力。

第3节
净零碳导向下的低碳转型情景分析

眼下全世界都迫切需要从高碳的化石能源"换道"到净零碳可再生能源的跑道上"超车"。从发达国家的碳排放历史轨迹看,要科学认识碳达峰,变革迈向碳中和,避免攀高峰的冲动与高碳投资风险。由于我国受资源禀赋和能源供给安全的双重制约,碳达峰需要付出更多的努力。现在各个部门、各个地区都在非常明确制定并公布碳达峰的规划,这样做当然可以,但要注意不要太过机械化。化石能源是不可持续和不可再生的,随着化石能源消耗增长所带来的问题日益突出,能源革命的重要意义越发彰显。曾经有段时间,人们总强调化石能源的"压舱石"作用,现在"双碳"目标提出了,大环境变化了,相应地要对此有新认识、新思考——不要投入太多的"压舱石",否则看似行稳而不能致远,甚至有压沉、侧翻、刺破"航船"的系统性风险。

可持续发展是破解全球性问题的金钥匙。减少碳排放的路径无非三种:第一种是提高能效,比如节能灯,这条路径是一种渐进式的改革,可以不断往前走,但如果仅在化石能源低碳赛道上持续探索,虽能达到低碳水平,却难以真正实现零碳目标。化石能源包括煤炭、石油、天然气,均具有含碳和能源服务的双重属性,但整个人类社会经济发展需要的是能源服务,并不是碳。第二种是碳移除的净零碳路径,这条路径中的碳捕集、封存受限于成本和风险,只能用于能源系统的应急、备用,经济社会发展动能弱,多赢效应有限,发展前景堪忧。化石能源有序退出是实现零碳的关键路径,相较于其他两条路径,其更具发展前景。眼下全世界都迫切需要从高碳的化石能源"换道"到净零碳可再生能源的跑道上"超车"。用上零碳的风光水、生物质能,有碳的化石能源自然会逐步退出市场,这是优胜劣汰。以化石能源电力为例,实现净零碳根本上在于颠覆煤电,而不是改良煤电。净零碳是最为重要的,如果没有化石能源有序地退出,碳中和就是一句空话。净零碳是人类的发展机遇,也是最终的目标。净零碳发展是一种发展范式的转型。零碳可再生能源具有去中心化的特点,其发展将打破集中和垄断。零碳能源革命已悄然发生，市场动能强劲，并将引发经济社会广泛而深刻的系统性变革。变轨零碳，要多元发力，以品质的增长带动更安全、更经济、更清洁、更公平的发展，创造更多的就业岗位；要在新领域中掌握核心的新技术，看准方向、稳步前行。

11.3.1 "抓住"电力系统

减排涉及诸多领域，电力系统是主要国家碳减排的工作重点。根据《基于激励机制和碳市场的净零路径》，2020年和2021年，全球电力系统的碳排放总量分别为135.02亿吨和143.78亿吨，约占全球碳排放总量的42%。在我国每年超100亿吨的碳排放中，电力系统碳排放占比为45%。电力系统净零转型包括电力供给侧的生产零碳化和电力消费侧的终端电气化。我国从碳达峰到碳中和，预计电力生产零碳化和终端用能电气化将分别贡献约31%和16%的CO_2减排量。相较于火电等传统发电方式，可再生能源发电的挑战在于其具有间歇发电的性质，需要备份容量和储能以支持电力系统低碳转型。其中，备份容量包括能够应急调峰的火电燃煤机组。目前我国现有的火电机组需要进行灵活性改造来承担应急调峰的角色。具体措施要结合我国能源结构，电力系统的低碳转型要先立后破，在大力发展可再生能源的同时，当务之急不应该是立即停止所有化石能源设备，而是互补配合，以应对调峰以及脆弱条件下的电力供应。绿色技术的突破至关重要。2020年，国际能源署和经合组织核能署联合发布的《电力成本估算报告2020》指出，长期运行核电站在平准化发电成本上已经低于利用煤炭、天然气等传统的化石燃料发电，对于电力行业的碳减排具有重要意义。目前，我国是全球核电大国，2021年核电机组装机总容量达到5328万千瓦，此外还有2419万千瓦核电机组正在建设中。核电发电量在我国电力结构中的占比已达5%，并仍在持续增长。预计2026年至2030年，我国核电年均投资水平约为300亿美元。到2060年，我国发展核电将减少25亿~35亿吨/年的碳排放。此外，还要最大限度发展并利用好可再生发电能力，对电网进行改造与智能化以吸纳电力，还需要扩建长距离电网来进行调度。同时，输变电中的线损等问题还需要输电技术取得关键突破。

11.3.2 激活碳市场

在应对气候变化，特别是推动碳减排中，碳市场在形成碳价并以此引导各种投融

资方面可以发挥重要作用。在全球范围内,通过综合的"碳税+碳市场"加上其他措施,可以形成价格激励机制,更好促进调峰和储能工作。碳市场是配额配置的一种重要方式,包括买卖碳排放额度、碳信用额度以及基于此类信用额度的金融工具。一方面,碳市场会寻找和决定碳排放的价格,并在奖惩两方面发挥作用;另一方面,碳市场和碳价格激励机制可以引导大量的跨期投资,并做好风险管理。从国际协调角度看,必须要关注碳底价问题。国际货币基金组织提出最快和最实际的碳定价政策是制定国际碳底价,即到 2030 年,发达经济体的碳价格要达到 75 美元·$(t\ CO_2)^{-1}$ 以上,中等收入发展中经济体达到 50 美元·$(t\ CO_2)^{-1}$ 以上,低收入发展中经济体达到 25 美元·$(t\ CO_2)^{-1}$ 以上。国际货币基金组织定义的广义碳定价包括碳税、碳交易、监管措施(如直接减排、拉闸限电带来的影子价格)以及补贴。不同的碳定价中,显性价格要优于隐性影子价格,因为其信号最强烈,资源配置最有效。希望碳市场联通,促进碳价格趋同,是为了有效减少利用碳价格差的"漂绿"行为。从理论上说,全球每吨边际碳排放效果应该是相同的,每吨边际碳减排、碳吸收或者是碳存储效果也应相同。但是,由于各国推动碳减排工作的起步时间不同,各国、各区域间的碳市场价格差距较大。在碳减排初期,一些较简易改进就能实现减排,使减排成本和代价较低,碳价格也较低,在一些发展水平较低的国家和地区尤其如此。此时,如果一些国际性排放大户通过购买此类碳信用来抵消自身过多的温室气体排放,就会面临"漂绿"的诟病。从这个角度来看,我国当前的全国碳市场价格远低于欧盟碳市场价格。对此,专家提出要注意免费配额的使用、各类市场的相互作用、碳价格的动态特征和碳底价等问题。其中,免费配额作为一种过渡性措施,应当按照一定的路线图和时间表逐步淡出。此外,碳排放权配额市场与自愿碳信用市场的相互作用非常重要,应逐步推动碳价趋同。

11.3.3 乡村的净零碳可持续转型

乡村绿色低碳可持续发展是实现国家"双碳"目标的重要支撑。相比于城市,乡村碳排放绝对水平较低而碳汇潜力较大,但乡村碳数据统计基础薄弱,其净零碳分析方法尚未形成统一共识,这成为制约乡村碳中和导向下绿色低碳协同发展的瓶颈。现有乡村绿色低碳研究往往集中于能源领域,尚未形成针对多部门的统一规范方法。碳中和目标的提出对中国乡村绿色低碳发展提出了新要求,也提供了探索实现乡村振兴和协同增益高质量发展的新机遇。生态碳汇是实现碳中和目标的重要托底手段,而中国农林湿地碳汇主要分布在乡村地区,同时乡村能源需求随着经济发展快速增长,乡村绿色低碳转型对实现区域碳中和有直接影响。因此,有必要建立科学的乡村碳系统分析方法,制定可持续的乡村绿色低碳协同发展策略,支撑乡村的净零碳转型。

现以浙江某乡村为例,为乡村净零碳转型路径提供理论依据和实证参考。通过研究该村庄化石能源燃烧活动产生的温室气体排放、电力消费产生的温室气体排放以及垃圾焚烧产生的温室气体排放的比例(图11-3-1),案例乡村温室气体的排放总量为1196 t,约80%来自能源活动。其中,能源活动引起的碳排放中,超过50%来自居民建筑,18.6%来自农林牧渔。由于该乡村边界内没有工业企业,制造业碳排放为零。乡村第一产业碳排放占比相对较高,以能源活动为主,主要能源类型是电力和液化石油气;碳汇主要来源为林地等自然植被。碳平衡分析表明,案例乡村的碳中和系数达到1.1,呈现负碳效应。在实证研究基础上,提出了"碳排放追踪与统计核算体系构建相协同——多部门碳减排实践与碳中和目标相适应——碳汇能力提升和生态价值实现相促进"的乡村净零碳转型路径。基于碳平衡分析的乡村净零碳研究框架可以提供碳中和转型目标和基准线,从而更好地引导乡村开展绿色低碳转型,为"双碳"目标下中国乡村振兴和转型发展提供参考。

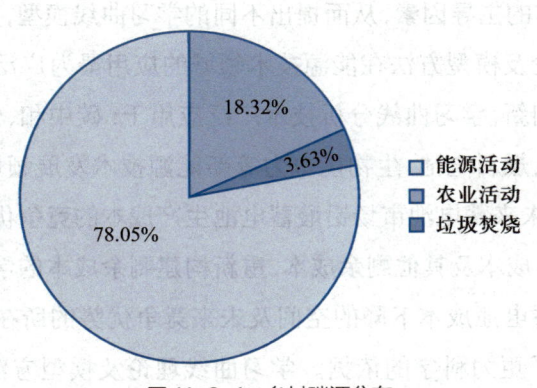

图11-3-1 乡村碳源分布

零碳是发展机遇,也是最终目标。零碳发展是一种发展范式的转型。零碳可再生能源具有去中心化的特点,其发展将打破集中和垄断。零碳能源革命已悄然发生,市场动能强劲,并将引发经济社会广泛而深刻的系统性变革。变轨零碳要多元发力,以品质的增长带动更安全、更经济、更清洁、更公平的发展,创造更多的就业岗位;要在新领域中掌握核心的新技术,看准方向、稳步前行,站在人类道义高位和市场强势地位,高歌猛进。

第 4 节
基于学习曲线的技术发展路径

学习曲线理论是一种描述技术发展过程中成本与产量之间关系的概念。它认为，在技术初始阶段，成本高，但随着经验的积累和技术的进步，成本会逐渐下降，产量会逐渐增加。在碳中和技术领域，学习曲线理论可以帮助我国理解技术的成熟度和市场可行性，指导政策制定和经济决策。

11.4.1 学习曲线定义

新能源技术的应用与推广总是与投入成本相关。学者们探索技术应用过程的特点及影响技术应用成本的主导因素，从而提出不同的学习曲线模型，来研究碳中和发展的状况。学习曲线理论及模型方法在能源技术领域的应用最为广泛。近年来，随着研究方法的不断改进与创新，学习曲线分析技术广泛应用于：碳中和、煤炭电力、风力电力、水利电力、光伏电力、燃料电池、生物能电力等新能源技术发展领域。可以基于单因素学习曲线模型，研究未来蓄电池市场铅酸蓄电池生产成本的竞争优势，作者将铅酸蓄电池的成本分解为材料成本及其他剩余成本，重新构建剩余成本的学习曲线模型，其研究很好地解释了铅酸蓄电池成本下降的空间及未来竞争优势的所在，从而为蓄电池市场能源政策制定提供了更为科学的依据。学习曲线理论及模型方法不断得到发展与改进，其应用也逐渐扩展到更广的新能源技术领域。同时，由于学习形式的不同，学习率的获得过程中存在很多的不确定因素，这些不确定因素既包含市场因素，也包含技术本身推广应用的特点。

国内对学习曲线理论应用研究的成果同样体现在新能源技术应用领域。研究者基于单因素模型，构建内生的技术学习曲线模型，通过不同的情景设定分析我国西部能源系统中清洁能源技术应用的学习率特征，包括风电技术、光伏发电技术、天然气燃料电池及热电联供等技术组,同时对比不同情境下西部发电总量特征,并分析未来西部地区一次能源的消费结构特点,提出增强西部地区技术转让、关键技术投入、构建新技术研发平台在促进西部新能源技术发展过程中的重要性。随着中国经济发展的环境压力越来越大,探索新能源、清洁能源技术不断得到业界的重视。基础设施及相关政策的支持使风电、碳捕集与封存技术在中国获得快速发展。而碳达峰、碳中和标准体系包括基础通用标准子体系、碳减排标准子体系、碳清除标准子体系和市场化机制标准子体系等4个一级子体系,并进一步细分为15个二级子体系、63个三级子体系。该体系覆盖能源、工业、交通运输、城乡建设、水利、农业农村、林业草原、金融、公共机构、居民生活等重点行业和领域,满足地区、行业、园区、组织等各类场景的应用。打造清洁低碳安全高效的能源体系是实现碳达峰、碳中和的关键和基础。要打造清洁低碳安全高效的能源体系首先要节能提效,要推动碳排放量的下降,同时要把能源的结构平稳地安全地从以化石能源为主,转向以非化石能源为主体,重视可再生能源。经济社会的发展,"双碳"目标实现牵引着可再生能源快速增长,而自然资源和技术能力的增加,以及这些可再生能源成本的下降,也在支撑着风、光等可再生能源的地位不断上升,从当初的微不足道到现在举足轻重,甚至下一步会担当大任。我国有丰富的可再生能源,而且已经开发的可再生能源不到技术可开发资源量的 1/10,因此我国的能源低碳转型资源基础是丰厚的。

低碳能源技术进步在技术推广过程中将扮演重要角色,从而对低碳发展路线产生重要影响。技术成本降低是技术进步的主要表现,不管是在技术推广的示范项目阶段,还是在技术成熟阶段,技术成本始终是首要考虑之一;降低技术成本也是各种政策机制的主要目标,一般用技术学习曲线来表示技术成本的规模效应或学习效应,即随着技术规模的不断扩大,技术成本不断降低。

11.4.2 学习曲线计算

近年来,我国高新技术产业发展迅速。新能源、新材料、电子信息、现代生物与医药等高新技术产业领域,已经成为国家和各地区发展的重点。同时,国际能源署初步估计我国已经成为世界第一大能源消费国,第二大温室气体排放国。能源危机与全球气候变暖使我国面临着巨大节能与碳减排压力。能源消耗(简称能耗)和碳排放的主要贡献者——工业,将是未来节能减排的重点。因此,我国亟须对高新技术产业的能耗和碳排放特征进行分析,探究其对于推动节能减排进程的意义。利用学习曲线探讨能耗强

度随经济发展的变化趋势,分析高新技术产业碳排放量与碳排放强度的变化趋势与构成特征至关重要,为未来高新技术产业政策提供依据。

截至目前,我国依然以煤炭为主要能源,华北、西北地区是我国主要的煤炭存储地。煤炭生产消费的碳排放占我国碳排放量的 65% 左右,是"碳达峰""碳中和"的关键所在。碳捕集与封存技术规模化应用的主要障碍在于其较高的捕集成本。从技术发展前景来看,燃烧前、燃烧后和富氧燃烧三大捕集系统都存在技术进步、成本下降的空间,但由于各种捕集系统的技术特点、发展现状等不同,其技术进步的潜力也存在差别。因此对各种捕集方法的技术发展成本进行比较,有助于理解未来碳减排约束下工业发展的技术选择,而技术学习曲线理论则为此提供了相关的方法基础。

技术学习曲线反映了技术成本随技术累积使用量增加而下降的规律。早期开展的关于能源技术学习的研究将技术成本下降规律描述为技术成本针对时间的规律,但后来更多的研究则基于技术学习率,即技术成本下降随技术使用量的变化规律,即

$$C_n = C_1 \cdot n^{-a} \qquad (11-4-1)$$

式中,C_n 表示某项技术第 n 套设备单位生产成本,C_1 为该技术第 1 套设备单位生产成本,n 为设备累积使用量,a 为成本关于累积使用量的弹性系数。式(11-4-1)是由大量技术生产成本的历史统计数据得出的,与之相应,衡量技术进步程度的指标即学习率的计算为

$$R = 1 - 2^{-a} \qquad (11-4-2)$$

式中,R 表示学习率,其代表的实际意义是当装置安装量翻倍时,单位生产成本下降的幅度。我国高新技术产业 2007 年碳排放总量为 10934.1 万吨,比 2000 年增加了 111.6%,年均增长 11.5%。高新技术产业碳排放强度逐年下降,从 2000 年 1.87 t/万元下降到 2007 年的 0.94 t/万元,下降了 49.7%,年均下降 9.2%。可见,我国高新技术产业随着发展成熟度不断提高,以及政府制定的各种节能减排政策,特别是"十一五"制定的国内生产总值能耗降低 20% 的目标以及相关政策,有效地促进了高新技术产业碳排放强度的降低。截至 2020 年,单位国内生产总值碳排放比 2005 年下降 40%,在碳中和新能源领域取得了很大的进步。对于新的学习曲线下的高新技术产业来说,要实现碳减排目标,还需要继续通过推动技术进步、制定提高能源效率政策、营造市场环境来助力。

11.4.3 其他发展路径

加快构建新能源占比逐渐提高的新型电力系统,安全稳妥实现电力行业净零排放。首先是燃煤发电。燃煤发电要继续做好煤电电力的供应,同时加快煤电灵活性改造,确保煤电存量能被可再生能源平稳地、逐步地替代。为了促进可再生能源的发展,还要同步发展储能技术。应推动抽水蓄能技术和进一步发展的电化学技术、压缩空气技术、制氢技术、飞轮技术等新型储能技术与新能源的结合,同时发挥市场的作用,要利用需求侧响应和虚拟电厂等手段,辅助新能源的消纳。此外,以电气化和深度脱碳技术为支撑,推动工业部门碳排放有序达峰以及渐进中和。工业部门有序地碳达峰、碳中和,需要通过产能调控(如钢铁、水泥等行业)、工艺升级、能效提升以及能源替代等多维度措施协同推进。

通过高比例电气化实现交通工具低碳转型,推动交通运输部门实现"碳达峰""碳中和"。交通低碳转型的关键是燃料替代、能效提升、结构优化三部分。此外,还可以以突破绿色建筑关键技术为重点,实现建筑用电用热零碳排放。建筑首先是要节能,而建筑要节能,既有建筑就要改造和延寿,倡导节能技术,避免大拆大建。建筑还要发展"光储直柔"新型建筑配电系统、以屋顶光伏为基础的农村新型能源系统以及电动车智能充放电系统。还要充分利用清洁的供热供冷技术,因为我国热的供应量还是很重要的一块,现在很多核电的余热已被用于供热了,但是我国还有很多余热的利用比例不够高,因此,要尽早地实现以清洁低碳的供暖方式来替代散烧煤。加快构建减污降碳一体谋划、一体部署、一体推进、一体考核的机制,建立健全减污降碳统筹融合的战略、规划、政策和行动体系,完善碳交易制度。减污、降碳虽然是两个概念,但是大家都着眼于能源的基础转型。减污和降碳可以说是一个方向,可以一起推进、一体考核,建立减污降碳的统筹融合的战略、规划、政策和行政体系。

首先,来看碳捕集与封存技术。碳捕集技术主要通过各种方法从工业排放源和发电厂等点源中捕集 CO_2,并将其永久封存在地下储层或其他介质中。目前,碳捕集技术还处于发展阶段,成本较高。然而,随着技术的不断成熟和规模效应的发挥,碳捕集成本有望逐渐下降。此外,还需要应对储存安全性、地质条件选择和监测等方面的挑战。其次,再来讨论减排技术。这些技术旨在减少 CO_2 等温室气体的排放量,包括能源效率提高、可再生能源利用、清洁燃烧技术等。这些技术已经在不同领域得到广泛应用,如可再生能源发电、建筑节能、交通运输领域的电动化等。随着技术的进步和市

场规模的扩大,这些技术逐渐成为经济可行和可持续的选择。关注碳中和技术领域的创新和发展,包括碳储存和利用技术,如碳纤维和碳纳米管的应用,以及利用 CO_2 生产化学品和燃料的技术。此外,碳中和还涉及自然碳汇的保护和恢复,如森林管理和海洋生态系统的保护。这些创新技术和措施有望为碳中和目标的实现提供更多的选择和机会。当然,碳中和技术的发展也面临许多挑战。如前所述,很多碳中和技术目前成本较高,限制了其大规模应用。此外,还需要解决安全性、储存容量、社会接受度和政策支持等方面的问题。这需要政府、企业和研究机构的共同努力,加大投入和合作。未来,碳中和技术的发展方向将是综合利用各种技术手段,包括碳捕集与封存、可再生能源利用、碳利用和增强自然碳汇等,形成多元化的碳中和解决方案。在技术层面,需要进一步推动技术创新和研发,降低成本,提高效率。同时,政府、企业和国际组织应加强合作,制定更加明确和有力的政策措施,为碳中和技术的推广和应用提供支持和激励。

综上所述,基于碳中和学习曲线进行能源预测是国家制定能源规划的关键一环,通过科学的能源预测,可以制定符合国家或地区实际的能源发展战略,从而更好地优化配置能源资源,实现可持续发展等。关于能源的供需及技术成本预测,国内外学者基于不同的角度,采用不同的技术手段对能源消费及其结构进行预测,基于学习曲线的碳中和技术发展路径还需要综合考虑技术创新、成本效益、政策支持、公众参与和国际合作等因素。通过持续不断的努力,实现全球碳中和的目标,为未来的可持续发展做出贡献。

思考题

1. 列举几类碳排放监测技术,并做简要概述。
2. 烟气自动监测系统由哪几部分组成?
3. 如何理解碳排放核算中的"范围三"?
4. 自上而下的碳排放核算方法有哪些?
5. 国家提出的"双碳"目标在推动乡村绿色低碳发展的作用是什么?
6. 乡村碳排放绝大多数占比是什么?

7. 我国近些年来在哪些可再生能源方面有所突破？
8. 未来一段时间内，我国经济社会发展是否可以离开煤炭？

第 11 章参考文献

郑重声明

高等教育出版社依法对本书享有专有出版权。任何未经许可的复制、销售行为均违反《中华人民共和国著作权法》，其行为人将承担相应的民事责任和行政责任；构成犯罪的，将被依法追究刑事责任。为了维护市场秩序，保护读者的合法权益，避免读者误用盗版书造成不良后果，我社将配合行政执法部门和司法机关对违法犯罪的单位和个人进行严厉打击。社会各界人士如发现上述侵权行为，希望及时举报，我社将奖励举报有功人员。

反盗版举报电话　（010）58581999　58582371
反盗版举报邮箱　dd@hep.com.cn
通信地址　北京市西城区德外大街4号
　　　　　高等教育出版社知识产权与法律事务部
邮政编码　100120

读者意见反馈

为收集对教材的意见建议，进一步完善教材编写并做好服务工作，读者可将对本教材的意见建议通过如下渠道反馈至我社。

咨询电话　400-810-0598
反馈邮箱　hepsci@pub.hep.cn
通信地址　北京市朝阳区惠新东街4号富盛大厦1座
　　　　　高等教育出版社理科事业部
邮政编码　100029